A DOUTRINA ESQUECIDA

— BOB SORGE —

Sorge, Bob

A doutrina esquecida / Bob Sorge; [tradução de Thayse Mota]. Curitiba, PR : Editora Atos, 2022.

16 cm x 23 cm – 248 p.

Título original: *THE CHASTENING OF THE LORD: The Forgotten Doctrine.*

ISBN: 978-65-995851-1-1

1. Vida cristã   2. Experiência religiosa   I. Título.

CDD: 248

Copyright© by Bob Sorge
Copyright©2022 por Editora Atos
Todos os direitos reservados

Coordenação editorial: Manoel Menezes
Capa: Leandro Schuques
Primeira edição em português: 2022

Nenhuma parte deste livro pode ser reproduzida, arquivada ou transmitida por qualquer meio – eletrônico, mecânico, fotocópias, etc. – sem a devida permissão dos editores, podendo ser usada apenas para citações breves.

Os textos bíblicos mencionados neste livro são da versão **Almeida Clássica Corrigida**.

Publicado com a devida autorização e com todos os direitos reservados pela EDITORA ATOS LTDA.

Atos

www.editoraatos.com.br

Encontre Bob em:
oasishouse.com
twitter.com/BOBSORGE
Facebook.com/BobSorgeMinistry
Blog: bobsorge.com
No Youtube.com, "Bob Sorge Channel"
Instagram: bob.sorge

Dedicatória

Dedico este livro à minha esposa, filhos e netos porque todas as histórias de redenção na Bíblia são sobre a família.

À Marci, porque você resistiu firmemente comigo no cadinho. Compartilhamos a mesma herança.

A Joel e Anna, porque vocês recorreram a Deus em suas correções.

A Ben e Katie, porque vocês têm uma herança em nossa história.

A Michael, porque você seguirá minha fé quando vir o resultado de minha conduta (Hb 13.7).

À Audrey, Noah, Alexander e Maxwell, porque vocês mudarão seu mundo.

À Emma e James, porque vocês foram marcados por Deus para um propósito sagrado.

Sumário

Dedicatória..3
Introdução..9
**Parte Um – Uma exposição de Hebreus 12
(o capítulo da correção)** 13
1   A doutrina esquecida..15
2   É tempo de lembrar...28
3   A cruz e a correção..34
4   Não despreze a correção...41
5   Ele disciplina aos que ama...51
6   Deus corrige apenas seus filhos.....................................62
7   Benefícios da correção..74
8   Mais benefícios da correção...81
9   A dor da correção..88
10 A correção produz frutos..97
11 Manco, porém correndo 102
12 A necessidade da cura...110
13 Jornada para a cura 123
14 Três propósitos da correção 131
15 O terceiro propósito da correção 141
16 Fuga da prisão do irmão Yun.......................................151

Parte Dois – O espinho de Paulo e outras questões..........................157

17 Deus é capaz de praticar o mal?...159
18 Cinco causas da aflição..170
19 É Deus Ou o diabo?...182
20 O espinho na carne de Paulo...191
21 Caricaturas da disciplina infantil..201
22 Sugestões práticas para a disciplina infantil..............................212
23 Respondendo questões e objeções..221

- Deus às vezes corrige Seus filhos com doenças?
- A doença aproxima as pessoas de Deus?
- Durante Seu ministério terreno, Jesus nunca adoeceu ninguém, apenas curou os enfermos. Se Jesus corrige nos ferindo, por que Ele não feriu ninguém durante Seu ministério terreno?
- Durante Seu ministério terreno, Jesus nunca adoeceu ninguém para ensinar algo, mas curou a todos. Você está dizendo que Ele agora torna as pessoas doentes para realizar uma obra mais profunda em suas vidas?
- Há momentos em que é a vontade de Deus que fiquemos doentes?
- Se a doença ou enfermidade nos torna crentes melhores, isso não significa que devemos pedir ainda mais?
- Se Deus é parcialmente responsável pela enfermidade de alguém, seria errado pedir a cura? Isso seria pedir a Deus que fizesse algo contrário à Sua vontade?
- Se alguém que está doente, enfermo ou aflito me pede para orar por sua cura, como posso saber se ele está sendo corrigido por Deus ou atacado pelo diabo?
- Se uma pessoa aflita me pede para orar por sua cura, e eu sinto que ela está sob a correção do Senhor, como devo orar?
- Há momentos em que não é a vontade de Deus curar alguém?
- Se há momentos ocasionais em que não é a vontade de Deus curar uma certa pessoa, por que Jesus curou a todos imediatamente?
- O Senhor disse: "Meu povo foi destruído porque lhe faltou conhecimento" (Os 4.6). Esse versículo significa, pelo menos em parte, que

alguns crentes morrem em suas enfermidades por falta de conhecimento sobre a vontade de Deus para curar?
- Alguns crentes estão aflitos porque estão em um processo de correção com Deus. Se eles me pedem para orar por sua cura, e eu não sei o tempo de Deus para sua libertação, como posso orar com fé? A fé não é baseada no conhecimento da vontade de Deus em relação à cura?
- Se Deus me quer manco agora porque Ele está me corrigindo, como posso ter fé para a cura?
- Como Deus pode ser bom em todos os momentos e, ao mesmo tempo, orquestrar calamidades malignas em nossas vidas?
- Se Deus corrige usando aflição ou enfermidade, como isso concilia com Tiago 1.17, que diz: "Toda boa dádiva e todo dom perfeito vêm do alto, descendo do Pai das luzes, em quem não há mudança nem sombra de variação"? Como podemos dizer que a doença e a enfermidade são uma "boa dádiva e um dom perfeito"?
- Deus é glorificado por me deixar doente, enfermo ou aflito?
- Como concilio a vontade de Deus de me fazer prosperar com o desígnio de Deus de me disciplinar?
- Se estou enfrentando uma provação, como posso saber se devo me submeter a ela porque é de Deus ou resistir a ela porque é do diabo?
- Ao corrigir um filho, um pai terreno cuidadoso não iria tão longe a ponto de ferir seu filho. Por que Deus deseja ferir Seus filhos? Ele é um Pai sádico?
- É correto aceitar minha enfermidade como minha sorte na vida, percebendo que Deus a está usando para me tornar uma pessoa melhor?
- Quando Jesus disse: "Tome cada dia sua cruz", Ele quis dizer "Aceite cada dia a doença"?
- Se Deus está me disciplinando com enfermidade, e o processo em mim ainda está incompleto, é possível que nenhuma quantidade de oração vá me curar agora?
- Como vemos a correção do Pai modelada e ensinada no ministério terreno de Jesus?
- Quando ilustra sua compreensão da correção, Bob, você costuma citar o exemplo de Jó. É possível estabelecer uma teologia sólida sobre o tema a partir da vida de quem viveu na época do Antigo Testamento?

- Jesus nunca ficou doente, nem deixou ninguém doente ou manco enquanto esteve na terra. Como, então, você vê a experiência de Jó consistente com a vida e o ministério de Jesus?
- Se dissermos que a enfermidade às vezes é a vontade de Deus para nossas vidas, não estamos invalidando a obra da cruz e, especificamente, a cura que Suas pisaduras compraram para nós (1Pe 2.24)?
- Eu tenho uma enfermidade. A possibilidade de que ela me foi dada por Deus está realmente matando minha fé. Como posso acreditar na cura agora?
- Se Jesus sempre quer curar aqueles a quem Ele fere, por que Jacó não foi curado de seu ferimento na coxa?
- Se deixarmos de atender à correção do Senhor, Ele continuará a corrigir nossas vidas até que finalmente entendamos?
- Deus bate?
- Sobre o que Paulo estava falando em 1 Coríntios 5.5, quando disse para entregar um homem a Satanás para a destruição da carne para que seu espírito fosse salvo?
- Alguém certa vez perguntou: "as consequências de um vício são resultado da correção de Deus?"

24 Carta de Joel 245

Introdução

Este tratado sobre a correção do Senhor foi escrito não como um estudo acadêmico, mas como a busca de um homem que está sob a mão corretora de Deus. Isso é pessoal para mim.

Reconheço que este livro não é para a maioria das pessoas. Eu o escrevi não para ser um livro popular, mas para ser o primeiro passo nas considerações pessoais com o Senhor.

Por que o estou chamando de *A Doutrina Esquecida*? Porque o Espírito Santo o fez em Hebreus 12.5. Eu explico isso no primeiro capítulo.

Hoje, a palavra *correção* está caindo em desuso. Mesmo assim, prefiro ela à palavra *disciplina* nesta obra por dois motivos:

➢ É uma palavra mais precisa do que disciplina. A disciplina inclui uma variedade de elementos verbais e não verbais, enquanto correção enfoca especificamente a correção não verbal por meios físicos.

➢ É a palavra que foi escolhida pela Almeida Clássica Corrigida em Hebreus 12, que é a versão que estou usando neste livro.

Os principais objetivos deste livro são:

Promover a reputação de nosso maravilhoso Pai celestial como bom, terno, amoroso e sábio. Ele nos ama o suficiente para nos disciplinar.

➢ Fornecer compreensão, conforto e esperança para aqueles que estão sendo castigados e talvez se esforçando para processar a intensidade de sua provação.

➢ Quando estava no Instituto Bíblico, não fui preparado por meus mentores para a correção do Senhor. Quando ela atingiu minha vida, fui catapultado para uma crise profunda e fiquei desesperado para entender o que estava acontecendo comigo. Agora que tive anos para ponderar e processar, escrevo este livro na esperança de que seja um recurso para você no dia das bondosas correções do Senhor.

Trabalho zelosamente neste livro para representar adequadamente nosso gracioso Pai celestial, e o faço porque quebraria meu coração retratá-Lo de uma forma que desvirtua ou caricaturiza Sua bondade. Quando se trata de corrigir seus filhos, é muito importante para você que seu coração seja retratado com precisão pelos outros. Por exemplo, eu ficaria profundamente ofendido se alguém observasse como criei meus filhos e dissesse aos outros que sou indiferente, distante e não envolvido – ou, pior ainda, cruel, caprichoso e exigente demais. Ninguém que me pinta nesses termos me conhece. Meu desejo é escrever este livro de uma forma que o Pai diga: "Sim, é o que Eu sou".

Nosso Pai está determinado a nos dar, literalmente, todo o *universo*! Mas Ele sabe que as bênçãos dadas a vasos não formados realmente prejudicam em vez de enriquecer. Ele nos ama demais para nos dar a promoção sem a poda. Em Seu amor, Ele corrige para que possamos ganhar a montanha de nossa herança sem nos autodestruir.

Uma vez que estou escrevendo para aqueles que estão em uma ardente provação, entendo que este livro não parecerá relevante para todos. Provérbios 27.7 diz: "A alma farta pisa o favo de mel, mas à alma faminta todo amargo é doce". Às vezes, Deus nos priva de nosso estado de saciedade para que fiquemos desesperados por Ele. Para alguns, as verdades deste livro parecerão amargas. Mas se você está desesperadamente faminto por Deus, provavelmente achará que as verdades destas páginas são incrivelmente doces.

A *correção* é uma metáfora bíblica para nos ajudar a entender a natureza da ardente provação que estamos experimentando, mas não é a única metáfora útil. As Escrituras também falam de peneiração, de poda, de refino do ouro, de deserto, de exílio, da roda de oleiro etc. É provável que nenhuma metáfora sozinha interprete totalmente a nossa provação, então a correção provavelmente não é a única coisa que está acontecendo em nossas vidas. No entanto, uma compreensão clara dos propósitos de Deus na correção pode ser extremamente útil na jornada.

Posso oferecer uma palavra de cautela? Por favor, não leia apenas parte do livro e suponha que você entendeu a mensagem completa. Para entender a mensagem deste livro, você deve ler sua totalidade. A mensagem vai até o último capítulo. Se você se aborrecer com algo no meio do caminho e deixar o livro de lado, poderá perder exatamente o que o colocará em foco para você. Este é um daqueles livros que fica melhor quanto mais você se aprofunda nele.

Este livro é dividido em duas partes. A Parte Um é uma jornada expositiva através de Hebreus 12.1-13, que é nossa bússola primária sobre o assunto. A Parte Dois explora uma variedade de questões relacionadas, como o espinho na carne de Paulo.

Se você tem perguntado: "Deus, o que Tu estás fazendo em minha vida?", então este livro pode ser exatamente o que você precisa neste momento.

PARTE UM

Uma exposição de Hebreus 12 (o capítulo da correção)

1
A doutrina esquecida

A correção do Senhor é a doutrina esquecida da igreja. Não quero parecer sensacionalista, como se fosse a única doutrina que esquecemos; pretendo simplesmente refletir o testemunho do Espírito Santo nas Escrituras:

> *E já vos esquecestes da exortação que argumenta convosco como filhos: "Filho meu, não desprezes a correção do Senhor e não desmaies quando por ele fores repreendido, porque o Senhor corrige o que ama e açoita qualquer que recebe por filho" (Hb 12.5-6).*

O que queremos dizer com *correção do Senhor*? Queremos dizer a maneira como Deus usa redentoramente as circunstâncias adversas, para corrigir e disciplinar Seus filhos para seu progresso e maturidade. Suas repreensões são Suas correções verbais (faladas ou escritas) e Suas correções são Suas correções não verbais (circunstanciais).

O que o Senhor quis dizer com *já vos esquecestes*? Ele quis dizer que esquecemos.

Meu primeiro impulso foi discutir com essa palavra. "Senhor, não acho que queres dizer que *esquecemos* literalmente a Tua correção; acho que estás dizendo que não demos a ela tanta ênfase quanto deveríamos".

Mas o Espírito Santo foi claro. "Não, realmente já vos esquecestes". O Espírito Santo testificou que nós não simplesmente a negligenciamos, nós realmente a esquecemos.

Pense nisso: quando foi a última vez que você leu um livro sobre o assunto ou ouviu um sermão sobre a correção na igreja? É improvável que você o encontre em um podcast ou link online, e não é provável que seja o tópico de uma mensagem de um pregador na TV. Não é o tipo de mensagem que as pessoas buscam. Como autor, deixe-me ser franco – não é algo sobre o qual você escreve se está tentando vender muitos livros. Simplesmente não é uma mensagem popular para se sentir bem e para atender às necessidades.

Eu gostaria de sugerir oito razões pelas quais a igreja, ao ensinar e discipular os crentes, se esqueceu da correção do Senhor.

1. Nós não conhecemos seus juízos

O Senhor falou por meio de Seu servo Jeremias: "O meu povo não conhece o juízo do Senhor" (Jr 8.7). Isso pode ser difícil de aceitar, mas o Senhor não mediu as palavras com Jeremias. O *juízo* é um termo legal. Refere-se às decisões judiciais de Deus e às ações que Ele toma de acordo com Suas decisões.

De acordo com 1 Coríntios 11.32, a correção é uma maneira pela qual o juízo do Senhor é expresso. Quando corrige, Deus toma medidas específicas para obter o resultado desejado em um de Seus filhos. Em linhas gerais, no entanto, o corpo de Cristo não entende como o Senhor julga Seu povo por meio da correção. Se você falar aos crentes sobre isso, pode muito bem obter uma resposta semelhante à de Pedro, que disse sobre a cruz de Cristo: "Senhor, tem compaixão de Ti. De modo nenhum isto Te acontecerá!" (Mt 16.22). Talvez Pedro tenha pensado que ele estava sendo positivo e cheio de fé quando declarou que nenhuma calamidade aconteceria a Jesus, mas Jesus reconheceu o som da voz de Satanás e disse a Pedro: "Para trás de Mim, Satanás!" (Mt 16.23). Pedro ainda não conhecia os juízos do Senhor.

Quando não conhecemos os juízos do Senhor, tendemos a ignorar essa perspectiva e acabamos esquecendo-a.

2. Nós não queremos um Deus que corrige

Esquecemos a correção do Senhor porque o homem natural, em sua carnalidade, não quer um Deus que corrige. Ele quer um Deus apaziguador e não invasivo. Ele quer um Deus de sua própria criação – feito à sua imagem. Ele acha que se Deus educasse mais como ele, seria um Pai melhor por isso. O homem carnal se supõe mais misericordioso do que Deus e prefere que Deus suprima toda a correção.

Lembre-se de quando você era jovem. Suponha que alguém lhe perguntasse: "Você gostaria de pais que batem ou pais que não batem?" Se você pudesse escolher, o que você escolheria? Se pudesse escolher, eu definitivamente teria optado por pais que não batiam.

Mas eu não pude escolher. Meu pai batia. E agora, nas mãos de meu Pai celestial, percebo mais uma vez que não tenho escolha. Deus bate.

Algo dentro de nós, no entanto, não gosta desse aspecto da paternidade de Deus. Gostaríamos que Ele não corrigisse. Talvez seja esse o motivo pelo qual nos esquecemos disso.

3. Nossa teologia não tem espaço para a correção

Em terceiro lugar, alguns de nós esquecemos de Sua correção porque construímos uma estrutura teológica que não tem espaço para ela.

Existem algumas posições teológicas que não podem ceder suficientemente para incluir uma doutrina abrangente de correção. Se você as cedesse para incluí-la, todo o sistema teológico se quebraria. Por exemplo, lembro-me de um anúncio que vi alguns anos atrás de uma escola bíblica que estava sendo lançada por um ministério famoso por ser feliz. Uma linha do anúncio dizia: "Convidamos todos aqueles que desejam se tornar pastores sem lágrimas". Quando li essa linha, meu coração afundou. Essa escola bíblica tinha uma visão de criar pastores que seriam tão felizes que nunca derramariam lágrimas. Obviamente, eles tinham pouco espaço em sua teologia para a correção do Senhor, porque quando Deus corrige é provável que haja muitas lágrimas. Um pastor sem lágrimas? Um pastor que não chora por sua nação, que não chora pela colheita, que não chora pela dureza de seu coração e que não chora em comunhão íntima com Jesus? Trágico! O ministério que deu início a esta escola bíblica é apenas um exemplo daqueles que têm posições teológicas tão importantes para eles (neste caso, sendo cheios de fé e alegria) que são incapazes de ceder o suficiente para aceitar a correção.

Quando nossa teologia não consegue acomodar a correção, nossa tendência é encontrar maneiras de desacreditá-la ou difamá-la. No momento em que terminamos de depreciar este aspecto dos caminhos de Deus, basicamente já o dispensamos. E, uma vez dispensado, ele é facilmente esquecido.

4. Nós neutralizamos a correção

É difícil encontrar um crente que não acredite na correção de Deus em algum nível técnico. Mas alguns restringiram tanto a definição de correção que a tornaram inofensiva.

No entendimento de alguns crentes, a correção se torna um tapa inconveniente na mão, que realmente não marca ou perturba a vida de um crente. "Se Deus o corrige", eles podem dizer, "então arrependa-se e siga em frente". A maneira como eles expressam essa doutrina torna as consequências tão brandas que a tornam irrelevante para a maioria dos crentes. A correção se torna um conceito tão insípido que é posto de lado e esquecido.

5. Nós não achamos que precisamos dela

Além disso, esquecemos a correção do Senhor porque não pensamos que precisamos dela.

"Por que o Senhor precisaria me corrigir? Estamos falando sobre *mim* aqui. Puro, sincero, devoto, zeloso, comprometido, piedoso, amável, fiel. Deus pode precisar corrigir aqueles outros caras, mas eu não sou como esses caras. Sou vigilante. Estou ouvindo. Tudo o que Ele precisa fazer é falar comigo. Não preciso de correção para receber a mensagem".

Você está dizendo que é melhor do que Jó, ou José, ou Jacó, ou Josué, ou Jeremias, ou Jonas, ou João, ou Jesus? Se você considera os outros melhores do que a si mesmo (Fp 2.3), não consideraria que, se eles precisaram de correção, você também precisaria?

Mas se você acha que não precisa dela, é provável que a esqueça.

6. Nós descartamos a vara de nossos filhos

Vejo uma sexta razão pela qual alguns se esqueceram da disciplina do Senhor. Cedendo às influências culturais em relação à criação dos filhos, alguns crentes abandonaram o uso adequado do que a Bíblia chama de *a vara*. O próximo passo, depois disso, é esquecer que Deus usa uma vara.

A Bíblia nos aconselha fortemente a corrigir e disciplinar nossos filhos, como se vê nestes exemplos do livro de Provérbios:

O que retém a vara não ama seu filho, mas, sim, o ama aquele que a seu tempo o castiga (13.24).

Castiga teu filho enquanto há esperança, mas para o matar não alçarás tua alma (19.18).

Os vergões das feridas são a purificação dos maus, como também as pancadas que penetram até o mais íntimo do ventre (20.30).

Instrui o menino no caminho em que deve andar, e até quando envelhecer não se desviará dele (22.6).

A estultícia está ligada ao coração do menino, mas a vara da correção a afugentará dele (22.15).

Não retires a disciplina da criança, porque, fustigando-a com a vara, nem por isso morrerá (23.13).

A vara e a repreensão dão sabedoria, mas a criança entregue a si mesma envergonha sua mãe (29.15).

Pressão incrível tem surgido nos últimos anos para obrigar os crentes em todo o mundo a pararem de administrar punições corporais (físicas) – *a vara* – a seus filhos. Algumas nações têm leis contra qualquer forma de castigo corporal, com graves consequências para os pais que desrespeitam essas leis. Em alguns países, os pais foram presos e seus filhos foram tirados deles porque eles batiam. Sob esse tipo de pressão, alguns pais pararam de usar uma vara.

Para fins de esclarecimento, quero enfatizar que me oponho veementemente à crueldade parental que usa força excessiva para desafogar frustrações sobre as crianças. Fico grato quando ouço falar de como crianças que sofreram foram salvas de horríveis vidas familiares. Os pais que usam vara para revidar nos filhos devem se arrepender diante de Deus e de seus filhos. Um casal foi preso por espancar sua filha adotiva tão severamente com uma "vara" que ela morreu em decorrência dos ferimentos. Tal história é repugnante e terrivelmente abusiva, e não é o que a Bíblia tem em vista quando fala da vara. A disciplina bíblica infantil é terna, amorosa, proporcional à ofensa, proposital, formativa e administrada com sabedoria em vez de raiva. Em outras palavras, reflete o coração de Deus na maneira como Ele disciplina Seus filhos.

A resistência global à punição corporal bíblica é, na verdade, alimentada por um desígnio demoníaco para caricaturizá-la como opressora, bárbara e abusiva. Por quê? Porque se acreditarmos que é cruel e severo disciplinar nossos próprios filhos, então consideraremos cruel e severo quando Deus nos disciplina. E Satanás quer que a bondade da paternidade de Deus seja blasfemada. Então, quando Deus nos corrige, em vez de cooperarmos com Seus bons propósitos e aparecermos como uma flecha polida em Sua mão, estamos sujeitos a nos tornarmos vítimas espirituais com uma raiz de amargura em nossos corações que contamina outros (Hb 12.15).

Além disso, quando uma geração carece de apreço pelo exercício adequado da disciplina infantil, ficará profundamente ofendida quando Deus exercer Seus juízos na Terra nas horas finais da história humana. A Bíblia retrata os juízos de Deus no tempo do fim como justos e motivados por amor excessivo, mas Satanás quer que as pessoas os vejam com cinismo – como abusivos, opressores e tirânicos. Ele deseja que a Terra compartilhe sua raiva contra Deus.

A Bíblia nos ensina a disciplinar nossos filhos porque, ao fazermos isso, começamos a ver as boas intenções de nosso Pai para conosco. Além disso, quando os pais disciplinam seus filhos adequadamente, eles experimentam toda a gama de emoções que naturalmente acompanham a correção adequada, como desejo nobre, zelo pela conduta piedosa, cuidado terno para o desenvolvimento pessoal, compaixão pela fraqueza imatura, dor no coração por infligir dor por um propósito nobre etc. Quando sentimos as profundezas de todas essas emoções, entendemos alguns dos motivos nobres que movem o coração do Aba Pai enquanto Ele nos corrige.

Alguns não experimentam esse aspecto do caráter de Deus porque se recusaram a usar a vara em seus filhos. Quando poupamos nossa vara, não demora muito para esquecermos como Deus nos disciplina com Sua vara.

7. Não reconheceremos casos de correção

Outra razão pela qual esquecemos sobre a correção de Deus é porque olhamos para os casos contemporâneos dela e concluímos: "Isso não é Deus". Alguns até se ofenderam com a sugestão de que a mão de Deus estava envolvida.

É tão fácil ver o que Deus está fazendo na vida de alguém, diagnosticar erroneamente e concluir incorretamente que Deus não está envolvido. A maioria de nós provavelmente já cometeu esse erro.

Jeremias lidou com isso diretamente quando escreveu,

Negam o Senhor e dizem: "Não é Ele; e nenhum mal nos sobrevirá, nem veremos espada ou fome" (Jr 5.12).

No contexto, Jeremias predisse que Deus usaria Babilônia para disciplinar Seu povo ao invadir Jerusalém e levar o povo de volta à Babilônia como cativo. Os contemporâneos de Jeremias, no entanto, não podiam acreditar que Deus usaria uma nação tão má como a Babilônia para corrigir Seu povo. De acordo com sua teologia, Deus simplesmente não fazia essas coisas. Então eles disseram: "Não é Ele. Deus não está fazendo isso".

Dissemos a mesma coisa sobre a cruz de Cristo. Olhamos para a cruz de Cristo e presumimos: "Isto nós sabemos: isto não é Deus. Deus não faz esse tipo de coisa. Se Jesus fosse o Filho de Deus, isso não estaria acontecendo com Ele. Esta cruz é uma evidência explícita de que este Homem não é o Messias. Se Ele fosse o Filho de Deus, Deus nunca permitiria a crucificação de Seu próprio Filho".

Então, quando Jesus ressuscitou dos mortos, nós pensamos: "Opa. Talvez Deus faça esse tipo de coisa afinal".

Como os amigos de Jó, os crentes têm interpretado mal a correção de Deus por séculos. Davi disse a respeito de seus adversários: "Pois perseguem a quem afligiste e acrescentam dor a quem feriste" (Sl 69.26). Em outras palavras, eles falaram negativamente da calamidade das pessoas porque não perceberam que o juízo foi realmente perpetrado por Deus e foi um sinal de Sua graça. É por isso que Davi orou para que eles "saibam que nisto está a Tua mão, e que Tu, Senhor, o fizeste!" (Sl 109.27).

É tentador olhar para os casos de correção de Deus (como com Davi e Jó) e concluir: "Deus não faz esse tipo de coisa para aqueles em quem Ele Se agrada". O próximo passo é esquecer completamente a correção.

8. Nós lutamos para conciliar a correção com a bondade

Deixei por último o maior motivo pelo qual esquecemos a correção do Senhor: não sabemos como conciliar Sua correção com Sua bondade.

Quando olhamos para a correção, vemos coisas como dor, sofrimento, aflições, perda, restrição e diminuição. E quando pensamos na bondade de Deus, visualizamos coisas como aumento, ampliação, provisão, abundância, portas abertas, graça, fé crescente e amor abundante. As duas listas parecem ser polos opostos. Parece contraditório para nós que Deus possa ser bom ao mesmo tempo em que orquestrou as circunstâncias que experimentamos como más.

Mas Deus é bom! Ele é bom em Suas intenções e também em Suas atividades. Vamos proclamar a bondade de Deus, mesmo em um dia em que o reino das trevas está tentando manchar a reputação de Deus. Nada jamais tirará essa confiança de nossas garras. Deus é bom o tempo todo.

Um bom Deus tiraria a vida do meu filho? Um bom Deus permitiria o câncer? Um bom Deus tiraria minha carreira? Um bom Deus permitiria uma falência? Um bom Deus não impediria meu cônjuge de se divorciar de mim? Um bom Deus me removeria do ministério? Que um Deus bom possa permitir ou orquestrar tragédias catastróficas em nossas vidas parece contraditório e paradoxal. Em nossa perplexidade com esse paradoxo, alguns descartaram e esqueceram Sua correção.

Para conciliar a bondade de Deus com Sua correção, devemos reconhecer esta qualidade fundamental de Sua natureza: *Deus nunca suspende qualquer atributo de Seu caráter para expressar outro de Seus atributos*. Por exemplo, Ele não põe de lado Sua misericórdia para exercer juízo; Ele não compromete Sua verdade a fim de exercer Sua graça; Ele não suspende Seu amor para demonstrar Sua ira. Em todas as circunstâncias, Ele sempre incorpora a plenitude de todos os Seus atributos. Dito de outra forma, *Ele é santo*.

Quando olhamos para um caso real de Sua correção, no entanto, lutamos para ver como *isso* poderia ser bom. Quando Deus fez de José um escravo e prisioneiro depois de ele ter feito tudo certo, como isso foi bom? Quando Deus tirou de Jó seus dez filhos, como isso foi bom? Quando Deus feriu Uzias com lepra, como isso foi bom? Como foi bom quando Deus tirou os olhos de Sansão, ou quando Ele levantou um inimigo contra Davi, ou quando Ele deu a Paulo um espinho demoníaco em sua carne, ou quando Ele designou uma morte excruciante para Seu Filho?

Nenhuma dessas provações nos parece, superficialmente, boas. Mas devemos concordar com a palavra de Deus de que elas eram boas. Deus é bom sempre que Ele corrige – mesmo quando não podemos ver no momento. Sua correção e Sua bondade não são mutuamente exclusivas, mas são exercidas simultaneamente.

Quando Deus corrige, portanto, não é apenas que Ele não *viola* Sua bondade; é que Ele *expressa* especificamente Sua bondade. Ele é tão bom que Se recusa a evitar a correção.

Ao estudar esse tópico, houve um versículo que lutei para conciliar com a doutrina bíblica da correção. O versículo desafiador era Provérbios 10.22: "A bênção do Senhor é que enriquece e não acrescenta dores". Este versículo declara que quando Deus nos enriquece com uma bênção, essa bênção não tem nenhuma tristeza associada a ela. Eu não sabia como conciliar isso com a correção bíblica porque quase todas as ocorrências de correção na Bíblia eram acompanhadas de tristeza. Se a correção é uma bênção de Deus, produzindo frutos eternos em nossas vidas, então por que ela vem acompanhada de tristeza?

Depois de anos ponderando sobre essa questão, aqui está minha melhor resposta. A correção do Senhor não é uma bênção. Quando Deus lhe abençoa, Ele realmente abençoa. E quando Ele corrige, bem, Ele verdadeiramente corrige. Essas coisas não são iguais. Agora, a correção do Senhor produz uma bênção *no final*, para aqueles que foram exercitados por ela (Hb 12.11). Mas no momento não é uma bênção, é uma provação. A cruz não foi uma bênção dada a Jesus pelo Pai; foi uma provação dolorosa marcada por grande angústia e tristeza. No entanto, porque Ele suportou a provação, Ele alcançou a alegria que estava proposta a Ele, e agora Sua alegria não conhece limites (Hb 12.2).

Para ver a diferença entre a bênção do Senhor e Sua correção, deixe-me usar a mim mesmo como um exemplo. Se meu filho pedir uma bênção, eu não vou dar uma surra nele. Para uma bênção, eu poderia dar-lhe algum dinheiro ou um presente, mas não lhe daria uma surra. Isso significa que não há benefício numas palmadas? Não. Há muitos benefícios que vêm da correção. Mas ela em si não é uma bênção, é uma provação.

Porém, mesmo as provações que Deus envia a nossas vidas surgem de Sua bondade para conosco. Não há contradição entre Sua bondade e Sua correção.

A bondade de Deus no cativeiro babilônico

Praticamente todos nós lutamos, em algum ponto de nossa jornada, para vermos a bondade de Deus na correção. Isso também foi verdade para os israelitas na época do cativeiro. Deus escolheu corrigir Seu povo enviando-os para a Babilônia por setenta anos, após os quais os remanescentes retornaram a Jerusalém.

À primeira vista, a destruição de Jerusalém foi um dos eventos mais terríveis e devastadores da história de Israel. O templo foi completamente demolido, a cidade de Jerusalém foi arrasada e queimada, muitos foram mortos e o povo de Judá foi levado cativo para a Babilônia. Toda a nação lutou para ver a bondade de Deus em uma experiência tão terrível.

E, no entanto, quero enfatizar a bondade de Deus em orquestrar o cativeiro de setenta anos deles. Veja Sua bondade refletida por Jeremias:

Assim diz o Senhor, o Deus de Israel: "Como estes figos bons, assim conhecerei os de Judá, levados em cativeiro, os quais enviei deste lugar para a terra dos caldeus, para seu bem. Porei Meus olhos sobre eles, para seu bem, e os farei retornar a esta terra; Eu os edificarei e não os destruirei; os plantarei e não os arrancarei. E lhes darei coração para que Me conheçam, porque Eu sou o Senhor. Eles Me serão por povo, e Eu lhes serei por Deus; porque se converterão a Mim de todo o coração" (Jr 24.5-7).

O cativeiro veio com muita tristeza e, no entanto, Deus usou a palavra *bons/bem* três vezes na passagem acima para descrever Sua obra na vida dos cativos. Chegou o dia em que o povo de Deus viu que foi bondade de Deus conduzi-los ao cativeiro. Eles foram mudados por causa dele, preservados por meio dele e, por fim, restaurados a Jerusalém. A correção foi uma provação, mas, no final, Sua bondade entrou em foco.

Quem estava sob a rejeição de Deus? Na verdade, aqueles que *não* foram levados para o cativeiro, mas permaneceram em Jerusalém. Deles disse o Senhor, "Eu os entregarei para que sejam objeto de terror e um mal para todos os reinos da Terra. Em todos os lugares para onde Eu os arrojar, serão um provérbio, objeto de escárnio e maldição. E enviarei entre eles a espada, a fome e a peste, até que se consumam de sobre a terra que dei a eles e a seus pais" (Jr 24.9-10).

A visão de Deus sobre a correção é contraintuitiva para a nossa visão. Aos nossos olhos, os exilados da Babilônia estavam sofrendo a ira de Deus, e aqueles que viviam em liberdade de volta à terra de Israel eram os favorecidos. Mas para Deus, era exatamente o oposto – os exilados eram os favorecidos.

Como poderia a destruição de Jerusalém e o cativeiro de setenta anos serem considerados bons? Aqui estão algumas coisas boas que surgiram deles. O coração de Israel estava voltado para o Senhor. A idolatria que havia assolado Israel por séculos foi quase totalmente destruída. Seu retorno a Jerusalém deu início a uma sequência de desenvolvimentos que, em última análise, preparou a nação para a vinda de seu Messias. Esse último ponto, por si só, tornou o cativeiro algo consumadamente bom.

Seu plano nunca foi fazer mal a eles, como Ele disse por meio de Jeremias: "Porque bem sei os pensamentos que tenho acerca de vós, diz o Senhor; pensamentos de paz, e não de mal, para vos dar o fim que esperais" (Jr 29.11).

O Senhor expressou intenções semelhantes em relação ao cativeiro na Babilônia por meio do profeta Zacarias:

> *Porque assim diz o Senhor dos Exércitos: "Assim como pensei fazer-vos mal, quando vossos pais Me provocaram à ira, diz o Senhor dos Exércitos, e não Me arrependi, assim pensei de novo em fazer o bem a Jerusalém e à casa de Judá nestes dias. Não temais!" (Zc 8.14-15).*

O foco em Zacarias 8 estava na *determinação* soberana de Deus. Deus estava determinado a corrigi-los e purificá-los por meio do juízo do cativeiro. Mas Deus estava igualmente determinado, depois que a correção fosse completa, a fazer o bem a Jerusalém e trazer Seu povo de volta para lá.

Quando você percebe como o Senhor está determinado a fazer o que for necessário para levar Seu povo a Seus santos propósitos, você começa a estremecer o tempo todo. Ele é um Deus determinado que corrige para que possa nos avançar em Suas boas bênçãos.

Portanto, "não temais" (Zc 8.15). Você está em boas mãos!

Temendo a bondade de Deus

O profeta Oseias, ao falar do cativeiro babilônico, reuniu dois estranhos companheiros em sua profecia: a bondade do Senhor e o temor ao Senhor. Aqui está o versículo:

Depois tornarão os filhos de Israel e buscarão o Senhor, seu Deus, e a Davi, seu rei; e temerão o Senhor e à Sua bondade, no fim dos dias (Os 3.5).

Parece bastante estranho, à primeira vista, que temêssemos a bondade do Senhor. O que essa ideia significa?

No contexto, Deus falou por meio de Oseias sobre trazer Israel para Si mesmo no deserto da Babilônia com um propósito específico – desviá-la da idolatria. Babilônia seria a "prisão domiciliar" de Israel, durante a qual Deus reconquistaria seus corações. Após os setenta anos, os filhos de Israel voltariam a Jerusalém e buscariam o Senhor e Davi, seu rei.

Às vezes, não vemos a bondade de Deus *até os últimos dias*, isto é, até depois que a história é escrita. Enquanto estivermos nela, podemos ter dificuldade para entender tudo o que está acontecendo. Mas chegará um tempo nos últimos dias em que ligaremos os pontos e perceberemos o que Deus está preparando.

Mas por que eles temeriam a bondade do Senhor após seu retorno do cativeiro? Porque eles perceberiam até onde Deus estava disposto a ir para recuperar seus corações. Ele invocou medidas terríveis para reconquistar sua lealdade – até a destruição do templo e setenta anos de exílio em um país estrangeiro. Olhando para trás, para a terrível provação e percebendo que tudo era a bondade de Deus, o povo de Deus O temeria. Que zelo ardente enche o coração de Deus! Ele está totalmente determinado e completamente implacável até que tenha um povo que O ama de todo o coração. As medidas que Ele está disposto a empregar para produzir sinceridade são, para ser franco, aterrorizantes. Essa bondade faz você estremecer.

Quando Jeremias falou sobre o retorno da Babilônia e como Deus restauraria a cidade de Jerusalém, ele também usou as ideias de *temor* e *bondade* no mesmo versículo para descrever como as nações veriam a Deus e Seus caminhos: "E esta cidade Me servirá de nome de alegria, de louvor e de glória, entre todas as nações da Terra que ouvirem todo o bem que lhe faço. E se espantarão e se perturbarão por causa de todo o bem e de toda a paz que Eu lhe dou" (Jr 33.9). As nações estremecerão, depois que Deus restaurar Jerusalém, porque elas perceberão que foi Deus quem orquestrou o cativeiro de Jerusalém. A restauração confirmou que Deus foi quem instigou o cativeiro. As pessoas não temem a restauração; elas temem a disciplina que deve ser suportada a fim de obter a restauração.

A ressurreição confirma que a crucificação foi planejada por Deus. A restauração valida o cativeiro. A cura confirma que a correção veio de Deus. Este é o princípio por trás do Salmo 40.2-3, "Tirou-me de um lago horrível, de um charco de lodo… Pôs um novo cântico na minha boca, um hino ao nosso Deus. Muitos O verão, temerão o Senhor e confiarão Nele". Por que os homens olhariam para o novo cântico e temeriam? O novo cântico sobre a libertação de Deus não os deixaria alegres? Não, diz Davi. Eles temerão porque a libertação prova que Deus estava envolvido desde o início na orquestração do horrível lago. E se Deus fez isso com Davi, Ele pode fazer de novo. Para eles. É por isso que eles temerão.

Há algo que inspira reverência e temor na bondade de Deus. O Deus santo a quem servimos é tão bom que está disposto a fazer tudo o que for necessário para conquistar nosso amor de todo o coração e nos transformar em vasos úteis para Seu serviço.

Procurei mostrar, neste capítulo de abertura, como a correção de Deus é uma expressão de Sua bondade. Nem todos foram capazes de ver isso, no entanto. Em seu zelo em defender a bondade de Deus, alguns deixaram de lado a doutrina da correção do Senhor. E, ao fazê-lo, esqueceram esta valiosa doutrina.

Concordemos com o testemunho do Espírito Santo em Hebreus 12.5: *"Sim, Senhor, esquecemos a Sua correção. Por favor, traga-a de volta à nossa lembrança e ajuda-nos a compreender a bondade do Seu coração para nos corrigir".*

2

É tempo de lembrar

Quando o Espírito Santo nos diz que esquecemos algo, é porque Ele quer que nos lembremos. Olhe novamente em Hebreus 12.5:

E já vos esquecestes da exortação que argumenta convosco como filhos: "Filho meu, não desprezes a correção do Senhor".

É hora de ser impetuosamente acordado. Se já houve uma hora em que a igreja precisava entender os caminhos de Deus na correção, é agora.

Devemos colocar de lado nosso esquecimento!

Quero sugerir três razões pelas quais, agora mais do que nunca, devemos recobrar a doutrina da correção. A primeira razão é esta: Deus vai intensificar Sua correção na igreja nos últimos dias.

A correção de Deus aumentará

Oseias foi uma das vozes bíblicas que apontou para esta realidade do tempo final quando disse: "e temerão o Senhor e à Sua bondade, no fim dos dias" (Os 3.5). Imediatamente diante dele estava o cativeiro babilônico, mas ele viu além desse evento os acontecimentos que seriam semelhantes em dinâmica ao cativeiro babilônico. Ele previu como Deus aumentaria a Sua correção nos últimos dias, e mesmo que fosse uma expressão da Sua bondade, seria também muito intensa. A natureza dolorosa das provações faria com que os crentes temessem tal bondade – bondade que está disposta a fazer o que for preciso para ganhar a devoção de todo o coração do Seu povo.

O exílio babilônico é muito instrutivo para nos ajudar a compreender a correção do Senhor – uma verdade que revisitarei repetidamente neste livro. Quando você é corrigido pelo Senhor, o exílio torna-se surpreendentemente relevante.

Nos últimos dias, cada vez mais crentes se tornarão desesperados para compreender a correção do Senhor. À medida que a experimentam, eles crescerão em compreensão e tornar-se-ão capazes de transmitir compreensão aos outros. Quem melhor para dar sentido à correção do que alguém que tenha sido castigado por Jesus?

Foi isto que fez de Jeremias um porta-voz tão eficaz para o Senhor. Ele experimentou a correção em primeira mão, e isso deu-lhe autoridade para falar dos juízos que estavam prestes a chegar. Foi devido à intensidade do cálice que Jeremias bebeu que a nação foi finalmente capaz de receber a sua mensagem.

Um profeta intacto anunciando o juízo é intolerável. Um profeta quebrantado e choroso anunciando o juízo pode ser ouvido. Os precursores que anunciam os juízos vindouros no final da era terão de beber primeiro um cálice amargo para que o corpo de Cristo possa receber a sua mensagem.

Tal como Oseias, Jeremias escreveu sobre o cativeiro babilônico. Mas ele previu-o apontando, em última análise, para algo muito mais tarde: uma intensificação do Senhor corrigindo o Seu povo nos últimos dias. Ele apontou-a duas vezes:

No fim dos dias entendereis isso claramente (Jr 23.20).

No fim dos dias, entendereis isto (Jr 30.24).

Daniel foi outra voz bíblica a quem foi mostrado uma intensificação de aflições na vida do povo de Deus nos últimos dias.

"Os sábios entre o povo ensinarão a muitos; mas cairão pela espada, pelo fogo, pelo cativeiro e pelo roubo por muitos dias... Alguns dos sábios cairão para serem provados, purificados e embranquecidos, até o fim do tempo, pois isso será ainda para o tempo determinado" (Dn 11.33,35).

Daniel estava afirmando que Deus usará provações ardentes para refinar e purificar os Seus santos no fim dos tempos.

Além de Oseias, Jeremias e Daniel, Jesus também falou do aumento das correções nos últimos dias. Esta foi a Sua mensagem implícita em Apocalipse 3 quando Ele Se dirigiu à igreja de Laodiceia. Muitos intérpretes concordam que, sendo a última das sete epístolas às sete igrejas, a epístola aos Laodicenses (Ap 3.14-22) é especialmente relevante para a igreja que saudará a segunda vinda de Cristo. Se estiverem certos, então a mensagem de Cristo para a igreja do tempo do fim foi: "Eu repreendo e castigo todos quantos amo; sê, pois, zeloso e arrepende-te" (Ap 3.19). Em essência, Jesus estava dizendo: "Tenho uma mensagem específica para os Meus amados santos no fim dos tempos. Eu amarei vocês o suficiente para vos repreender e corrigir. As forças em ação na hora derradeira exigirão que vocês experimentem a Minha mão que corrige".

Temos, portanto, sob a autoridade do próprio Mestre, que a correção será parte integrante de como Ele amadurecerá a Sua igreja no fim dos tempos.

Permita-me, no entanto, acrescentar esta reconfortante palavra: *O reavivamento também aumentará nos últimos dias!* As aflições não são a única forma de Ele recuperar a Sua igreja, Ele também usa o reavivamento. Prepare-se – Deus derramará o Seu Espírito como nunca fez antes. Mesmo que as aflições aumentem, Deus derramará o Seu Espírito sobre toda a carne em glória sem precedentes.

> *"Depois disto, derramarei o Meu Espírito sobre toda a carne; vossos filhos e vossas filhas profetizarão, vossos velhos terão sonhos e vossos jovens terão visões. Também derramarei o Meu Espírito, naqueles dias, sobre os servos e as servas"* (Jl 2.28-29).

Aumento de reavivamento e de correção – que tempo incrivelmente intenso e excitante para estarmos vivos! O panorama à nossa frente exige que nos lembremos que o Senhor corrige.

Ele começa com a Igreja

Uma segunda razão pela qual devemos lembrar da Sua correção é porque Deus traz primeiro o juízo à igreja. Ele começa por nós, depois visita o mundo. Se você for discípulo de Cristo, isto é particularmente relevante. Você realmente deve lembrar-se disto!

> *Porque já é tempo de começar o juízo pela casa de Deus; e, se primeiro começa por nós, qual será o fim daqueles que são desobedientes ao evangelho de Deus? E, se para o justo é difícil ser salvo, onde comparecerá o ímpio pecador? Portanto, também os que padecem segundo a vontade de Deus encomendem-Lhe a sua alma, como ao fiel Criador, fazendo o bem (1Pe 4.17-19).*

Quando Pedro fala do juízo de Deus começando na Sua casa, ele se refere à correção. 1 Coríntios 11.29-32 identifica a correção como uma forma de juízo. Ora, nem todo o juízo é correção, mas toda correção é juízo. É o juízo amoroso de Deus designado para realizar um bom propósito na vida dos Seus filhos.

Os juízos de Deus podem ser incrivelmente intensos – porque Ele é tão rigoroso – e, assim, pode parecer excessivo para alguns. Pedro indicou (acima) que para os justos, experimentando este tipo de intensidade, é "difícil serem salvos" – isto é, eles parecem mal sobreviver. Se os justos mal sobrevivem no dia do juízo, o que farão os ímpios? Não consigo imaginar enfrentar os juízos Dele sem a ajuda do Espírito Santo residente! E, no entanto, Apocalipse 16 revela que tal dia está chegando àqueles que não obedecem ao evangelho.

Jeremias 25.29 afirma claramente que, quando Deus traz calamidade ao Seu povo, significa que o mundo inteiro é o próximo. Deus é intenso com os Seus filhos, mas ainda mais severo com os ímpios. Mesmo assim, porém, Seus juízos são totalmente misericordiosos, pois carregam um apelo inerente ao arrependimento.

Se Jesus não castigar a Sua noiva, ela será demasiadamente imatura e superficial na sua experiência para se associar aos propósitos Dele no tempo do fim. A sua correção, portanto, será o seu campo de treino. Ela compreenderá e apreciará a bondade, a razoabilidade e a necessidade dos juízos de Deus no fim dos tempos.

Deixe-me ilustrar o que quero dizer por meio de Davi e Moisés. Apenas um Davi corrigido[1] poderia escrever os Salmos imprecatórios[2] contra os ímpios. Apenas um Moisés corrigido[3] poderia lançar os juízos de Deus sobre o Faraó na mansidão. A correção tornou-os parceiros úteis no juízo. Da mesma forma, uma noiva corrigida participará de fato com Cristo nos Seus juízos do mundo no fim dos tempos.

Jesus não apenas corrige, essa é a primeira coisa na Sua agenda para a Sua igreja. Ele começa por nós. Por isso, ela nos convém para afastar o nosso esquecimento e para levarmos esta doutrina a sério.

Muitos estão despreparados

Em terceiro lugar, devemos recobrar a doutrina da correção neste momento, porque a Bíblia prevê uma grande apostasia no final da era. Enquanto os crentes se desviaram da fé ao longo da história, ainda está por vir uma rejeição da fé tão difundida que Paulo chamou-a de "a apostasia".[4]

> *Ninguém, de maneira alguma, vos engane, porque aquele dia não virá sem que antes venha a apostasia e se manifeste o homem do pecado, o filho da perdição (2Ts 2.3).*

Quando Jesus falou desta apostasia, deu-nos maior clareza da razão pela qual ela vai acontecer.

> *Então muitos se escandalizarão, trairão e aborrecerão uns aos outros; e surgirão muitos falsos profetas e enganarão a muitos. E, por se multiplicar a iniquidade, o amor de muitos se esfriará (Mt 24.10-12).*

Das razões que Jesus deu para a grande apostasia, a primeira foi que *muitos se escandalizarão*. O que escandalizará os crentes no fim dos tempos? As correções de Jesus. *Crentes que não têm uma rede teológica para compreender Sua correção, põem-se em perigo apostatando de sua fé.* Devemos estar

---

[1] Penso principalmente nos dez anos em que Davi fugiu de Saul para salvar a sua vida, embora as correções de Davi não tenham se limitado a esses dez anos.
[2] Os Salmos imprecatórios são aqueles em que Davi apela ao juízo de Deus sobre os ímpios. Como exemplos, veja os Salmos 7, 35, 55, 58, 59, 69, 79, 109, 137 e 139.
[3] Tenho em conta os quarenta anos em que Moisés viveu no deserto Midianita e cuidou das ovelhas do seu sogro.
[4] Veja também 1Tm 4.1-2; 2Tm 4:3-5; 2Pe 2.1-3.

intimamente familiarizados com Jesus, o Juiz, se queremos que o nosso amor permaneça ardente e puro nos últimos dias.

Devemos nos lembrar da doutrina da correção do Senhor, portanto, porque:

➢ Os Seus juízos aumentarão drasticamente nos últimos dias.
➢ O juízo começará na casa de Deus.
➢ Muitos se escandalizarão e apostatarão.

Pela graça de Deus, nós lembraremos. *Devemos* nos lembrar!

3

A cruz e a correção

Sim, esquecemos a correção do Senhor (Hb 12.5). Mas agora, vamos voltar e examinar o contexto desse versículo – que é a passagem mais importante na Bíblia sobre o tema da correção do Senhor. Veja como Hebreus 12 é iniciado:

> *Portanto, nós também, que estamos rodeados de uma tão grande nuvem de testemunhas, deixemos todo embaraço e o pecado, que tão de perto nos rodeia, e corramos com paciência a carreira que nos está proposta, olhando para Jesus, Autor e Consumador da fé, o qual, pela alegria que Lhe estava proposta, suportou a cruz, desprezando a afronta, e assentou-se à destra do trono de Deus (Hb 12.1-2).*

Referindo-se aos heróis de nossa fé que foram mencionados em Hebreus 11, o escritor os chamou de "tão grande nuvem de testemunhas". Eles sofreram provações, aflições e inimigos, mas, no final de sua carreira, eles vieram a testemunhar a fidelidade de Deus. Ele os sustentou e completou suas histórias. A vida cristã é descrita nesta passagem, portanto, como uma *carreira*.

Estamos todos em uma carreira para encontrar nosso lugar nessa nuvem de testemunhas. É por isso que, de acordo com o versículo 1, deixamos de lado todo peso que pode nos atrasar e afastamos todo pecado que pode nos fazer tropeçar. Estamos correndo para obter um depoimento que dê testemunho do poder libertador e sustentador de Deus.

O Herói mais inspirador de todos é o próprio Jesus (v. 2). Ele terminou Sua carreira terrena e agora é o Líder na nuvem de testemunhas. Tendo suportado a cruz, Ele Se sentou à destra de Deus, onde testemunhou a bondade e fidelidade de Deus em ressuscitá-Lo dos mortos (Hb 10.12-13). Ele nos diz: "Corra! O Pai vai lhe ajudar. Ele lhe capacitará a enfrentar todas as provações, superar todos os obstáculos e obter o testemunho completo que Ele tem de você".

Quero começar nosso estudo de Hebreus 12 mostrando como o escritor traçou uma conexão distinta entre a cruz de Cristo e a correção do Senhor. A cruz é especificamente mencionada no versículo dois, e continua a ser o tema unificador nos versículos que seguem.

O escritor mencionou três coisas que podem atrapalhar nossa carreira se não estivermos protegidos: hostilidade dos pecadores (v. 3), pecado (v. 4) e a correção do Senhor (v. 5). Para o primeiro deles, leia o versículo três:

Considerai, pois, Aquele que contra Si mesmo suportou tal contradição dos pecadores, para que não enfraqueçais, desfalecendo em vosso ânimo (Hb 12.3).

Enquanto corremos nossa carreira, Jesus quer que suportemos qualquer hostilidade que possa vir dos pecadores, assim como Ele fez durante Sua peregrinação terrena. Se não tomarmos cuidado, pessoas hostis podem nos cansar e desanimar em nossa carreira e podemos ficar tentados a desistir. A maior hostilidade que Jesus experimentou foi em Sua crucificação. Parece óbvio, portanto, que o escritor ainda tenha a cruz em vista no versículo três. Agora, vamos ao versículo quatro.

Ainda não resististes até o sangue, combatendo contra o pecado (Hb 12.4).

Em nossa carreira em direção à nuvem de testemunhas, somos exortados a lutar contra o pecado porque ele pode nos fazer tropeçar no meio do caminho. Quando o escritor mencionou derramamento de sangue, ele tinha em mente o derramamento de sangue na cruz. Jesus resistiu a ponto de derramar sangue, mas ainda não fizemos isso. No versículo quatro, portanto, vemos que o escritor não mudou de assunto. Ele ainda estava escrevendo sobre a cruz. Agora, à medida que avançamos para os próximos dois versículos, observe que a cruz continuou a ser o tema principal do escritor.

> *E já vos esquecestes da exortação que argumenta convosco como filhos: "Filho meu, não desprezes a correção do Senhor e não desmaies quando por Ele fores repreendido, porque o Senhor corrige o que ama e açoita qualquer que recebe por filho" (Hb 12.5-6).*

Em nossa carreira em direção à nuvem de testemunhas, o escritor nos lembrou da correção do Senhor. Se perdermos a perspectiva de Sua bondade na correção, podemos perder o rumo. Este terceiro obstáculo potencial para a nossa carreira (depois da hostilidade dos pecadores e do pecado) surgiu tão grande aos olhos do escritor que ele levou nove versos para desenvolvê-lo. Aquilo que o fascinou agora vai nos fascinar neste estudo.

Ao começar no versículo cinco com a conjunção *"E"*, o escritor nos ajudou a perceber que ele estava permanecendo no tópico. Ele continuava a falar da cruz. O tema da cruz naturalmente o levou à correção do Senhor. Ele queria que entendêssemos que, quando somos corrigidos pelo Senhor, estamos nos identificando com a cruz de Cristo. A conexão entre a cruz e a correção foi assegurada ainda mais pelo uso da palavra *açoita* (v. 6), que é a mesma palavra usada para descrever o açoite de Jesus em Sua condenação.

Além disso, muitas traduções não colocam nenhuma quebra de parágrafo nos primeiros seis versículos de Hebreus 12, considerando aquela seção como um parágrafo contíguo. O tema da cruz flui de forma consistente por toda parte.

Aqui está o meu ponto. O escritor de Hebreus 12 colocou a cruz e a correção do Senhor juntas em uma mesma panela. Lidar com a cruz naturalmente o trouxe à questão da correção.

Dois lados da cruz

Como já foi dito, quando corrigidos estamos nos identificando com a Cruz de Cristo. Para que essa afirmação faça sentido, porém, preciso explicar os dois lados da Cruz. Alguns campos teológicos tendem a enfatizar apenas um lado da cruz e podem até mesmo se tornar adversários para com aqueles que defendem o outro lado. No entanto, o sábio não polarizará em apenas um lado, mas reconhecerá os dois lados da cruz em uma forma holística.

Quais são seus dois lados? A natureza substitutiva da cruz e a natureza identificacional da cruz. Deixe-me explicar.

A natureza substitutiva da cruz

A cruz foi, antes de tudo, uma obra substitutiva de Cristo. Ele sofreu determinadas coisas, em nosso lugar, de forma que nunca precisaríamos sofrê-las. Como nosso Cordeiro sacrificial, Ele se tornou nosso Substituto e morreu em nosso lugar. Como Paulo escreveu: "Porque Cristo, nossa Páscoa, foi sacrificado por nós" (1Co 5.7). Pedro acrescentou: "Pois também Cristo padeceu uma vez pelos pecados, o justo pelos injustos, para levar-nos a Deus" (1Pe 3.18). Ao dizer que Cristo sofreu *por nós*, ambos os escritores estavam apontando para a obra substitutiva da cruz.

De que maneiras Cristo sofreu *por nós*? Considere estes aspectos de Seu sacrifício substitutivo:

> Jesus foi punido para que pudéssemos ser perdoados. "O castigo que nos traz a paz estava sobre Ele" (Is 53.5).

> Jesus foi ferido para que pudéssemos ser curados. "Chegada a tarde, trouxeram-Lhe muitos endemoninhados, e Ele, com a palavra, expulsou deles os espíritos malignos e curou todos os que estavam enfermos; para que se cumprisse o que fora dito pelo profeta Isaías: 'Ele tomou sobre Si nossas enfermidades e levou nossas doenças'" (Mt 8.16-17).

> Jesus se tornou pecado para que pudéssemos nos tornar a própria justiça de Deus pela fé. "Aquele que não conheceu pecado, Deus O fez pecado por nós, para que Nele fôssemos feitos justiça de Deus" (2Co 5.21).

> Jesus morreu nossa morte para que recebêssemos Sua vida. "Vemos, porém, coroado de glória e de honra aquele Jesus que fora feito um pouco menor do que os anjos, por causa da paixão da morte, para que, pela graça de Deus, provasse a morte por todos" (Hb 2.9).

> Jesus tornou-se pobre para que pudéssemos herdar Suas riquezas. "Porque já conheceis a graça de nosso Senhor Jesus Cristo, que, sendo rico, por amor de vós Se fez pobre, para que, pela Sua pobreza, enriquecêsseis" (2Co 8.9).

➢ Jesus sofreu para que pudéssemos compartilhar Sua glória. "Porque convinha que Aquele para quem são todas as coisas e mediante O qual todas as coisas existem, trazendo muitos filhos à glória, consagrasse, pelas aflições, o Príncipe da salvação deles" (Hb 2.10).

➢ Jesus suportou ser abandonado por Deus para que tivéssemos a aceitação do Pai. "Deus Meu, Deus Meu, por que Me desamparaste?" (Mt 27.46). "Para louvor e glória da Sua graça, que Ele nos concedeu gratuitamente no Amado" (Ef 1.6).

➢ Jesus foi feito maldição para que fôssemos livres da maldição da lei de Moisés. "Cristo nos resgatou da maldição da lei, fazendo-se maldição por nós, porque está escrito: 'Maldito todo aquele que for pendurado no madeiro', para que a bênção de Abraão chegasse aos gentios, por Jesus Cristo, e para que pela fé recebamos a promessa do Espírito" (Gl 3.13-14).

➢ Jesus suportou a ira de Deus contra o pecado para que pudéssemos ser salvos da ira. "Mas Deus prova Seu amor para conosco em que Cristo morreu por nós, sendo nós ainda pecadores. Logo, muito mais agora, sendo justificados pelo Seu sangue, seremos por Ele salvos da ira. Porque se nós, sendo inimigos, fomos reconciliados com Deus pela morte de Seu Filho, muito mais, estando já reconciliados, seremos salvos pela Sua vida" (Rm 5.8-10).

A obra de comprar nossa salvação foi feita inteira e exclusivamente por Jesus na cruz. Não fazemos nem um por cento do trabalho. Cristo, e somente Cristo, adquiriu nossa salvação. Esta é a gloriosa verdade da natureza substitutiva da cruz[5].

A obra substitutiva da cruz é uma mensagem gloriosa que emociona e alegra nossos corações. Sua glória e maravilha não podem ser superestimadas.

E, no entanto, não é a mensagem completa da cruz. Para proclamar a cruz em sua plenitude, devemos também apresentar o segundo lado da cruz – sua natureza identificacional.

---

5 Para estudar mais sobre isso, sugiro a série "A Troca Divina" (*The Divine Exchange*), que pode ser encontrada em http://www.derekprince.org. Também recomendo o livro de Rod Parsley "A Cruz" (*The Cross*). Uma das melhores passagens da Bíblia para estudar é Isaías 53.

A natureza identificacional da cruz

Jesus sofreu na cruz, neste segundo sentido, para nos mostrar como compartilhamos Seus sofrimentos bebendo um cálice semelhante da mão do Pai. O lado substitutivo da cruz nos deixa exuberantes de alívio; o lado identificacional da cruz, no entanto, nos torna mais atenciosos com o chamado de Jesus: "Se alguém quer vir após Mim, negue-se a si mesmo, tome cada dia sua cruz e siga-Me" (Lc 9.23).

Em sua primeira epístola, Pedro reuniu os dois lados da cruz em uma simetria primorosa. Para ver como a substituição e a identificação vêm juntas, leia este versículo fundamental: "Porque para isto fostes chamados, pois também Cristo padeceu por nós, deixando-nos o exemplo, para que sigais Suas pisadas" (1Pe 2.21). Pedro disse que Cristo sofreu por nós de maneira substitutiva. Seguia-se logicamente, portanto, que deveríamos seguir Seus passos de sofrimento. *A substituição de Cristo pressupôs nossa identificação*.

Mas Pedro não havia terminado. Ele martelou este prego uma segunda vez: "Ora, uma vez que Cristo padeceu por nós na carne, armai-vos também com este pensamento: que aquele que padeceu na carne já está livre do pecado" (1Pe 4.1). Novamente, visto que Cristo sofreu *por nós*, é natural que devamos ter *o mesmo pensamento* e estar preparados para padecer *na carne*.

Pedro continuou: "Mas alegrai-vos no fato de serdes participantes das aflições de Cristo, para que também na revelação da Sua glória vos regozijeis e alegreis" (1Pe 4.13). O privilégio de sofrer com Cristo deve nos alegrar.

Quando reconhecemos que os sofrimentos da cruz foram tanto substitutivos quanto identificacionais, nos deparamos com uma questão muito importante. Como podemos saber se certo tipo de sofrimento é algo que Jesus sofreu para que nunca tenhamos que sofrer, ou se é algo que Ele sofreu para que também saibamos como suportar esse mesmo sofrimento? Em outras palavras, se estou sofrendo, como posso saber se é algo que devo procurar ser liberto porque Cristo o suportou por mim, ou se é algo que devo suportar porque estou compartilhando de Seus sofrimentos?

Essa é uma grande questão com implicações exploradas ao longo deste livro. Por enquanto, deixe-me fornecer uma resposta curta e apressada, citando ainda mais Pedro. "Portanto, também os que padecem segundo a vontade de Deus encomendem-Lhe a sua alma, como ao fiel Criador, fazendo o bem" (1Pe 4.19). O princípio poderia ser enunciado assim: Se você está sofrendo de acordo com a vontade de Deus, você está participando até certo ponto dos sofrimentos de Cristo, pois Ele também sofreu na cruz de acordo com a vontade de Deus. Se, no entanto, não é a vontade de Deus que você sofra como está sofrendo atualmente, então você deve reivindicar Suas promessas de libertação e lutar pelos benefícios de Sua obra substitutiva no Calvário. Para obter uma resposta mais completa, continue comigo neste livro.

Meu foco neste livro é nos ajudar a compreender a natureza identificacional da cruz. Não suponha que, uma vez que não nos deteremos no lado substitutivo da cruz, eu o considero de menor importância. Longe disso! Não há nada mais precioso para minha alma do que os modos gloriosos pelos quais Cristo sofreu *por nós*. Para executar bem a tarefa, no entanto, esta obra se concentrará em como sofremos *com Ele*.

Novamente, quando corrigidos, estamos sofrendo *com Ele* porque o Pai trata assim com todos os Seus filhos. Agora que esclarecemos isso, vamos continuar com Hebreus 12.5.

4

Não despreze a correção

Nossa passagem diz que Jesus nos corrige de duas maneiras:

E já vos esquecestes da exortação que argumenta convosco como filhos: "Filho meu, não desprezes a correção do Senhor e não desmaies quando por Ele fores repreendido, porque o Senhor corrige o que ama e açoita qualquer que recebe por filho" (Hb 12.5-6).

Jesus corrige por meio de correção e repreensão. Isso reflete as palavras Dele em Apocalipse 3.19: "Eu repreendo e castigo todos quantos amo".

Suas repreensões são expressões de Sua benignidade e cuidado. O salmista descreveu assim: "Fira-me o justo, e isso será uma benignidade; repreenda-me, e será um excelente óleo, que minha cabeça não rejeitará" (Sl 141.5). Se respondermos adequadamente às Suas repreensões, elas realmente se tornarão um óleo de unção sobre nossas cabeças.

O que distingue repreensão e correção? Repreensão é correção *verbal*; correção é a correção *não verbal*. Jesus usa ambas. Suas repreensões podem vir a nós por meio das Escrituras, ou por outra pessoa, ou por meio da voz interior do Espírito Santo. Às vezes, Ele tentará evitar a necessidade de correção, vindo primeiro a nós com uma repreensão. Se ouvirmos a repreensão verbal e reagirmos apropriadamente, muitas vezes podemos evitar a correção não verbal. Se não dermos ouvidos à repreensão, Ele pode ter que usar outros meios para prender nossa atenção.

Há ocasiões, no entanto, em que Jesus corrige sem primeiro repreender. Certa vez, li um *tweet* de um líder cristão proeminente que disse: "O juízo de Deus só vem depois que Sua bondade foi ignorada". Essa afirmação é verdadeira algumas vezes, mas nem sempre. Às vezes, o Senhor dispensa a repreensão e vai diretamente para a correção. Em tais casos, Sua correção não significa necessariamente que haja comprometimento em nossas vidas. Em vez disso, pode significar que Ele está nos moldando de uma forma intensamente profunda. Por exemplo, nem Jó nem José foram corrigidos por causa de uma recusa em responder às repreensões do Senhor. Ambos viviam em obediência à palavra de Deus. Na verdade, ambos foram corrigidos *por causa* de sua consagração e obediência. Sua obediência os qualificou para uma promoção no reino de Deus. Veremos mais sobre isso no capítulo 15.

Definindo correção

Antes de prosseguirmos, vamos fazer uma pausa e olhar para o significado da palavra *correção*. A palavra grega para *correção* em Hebreus 12.5 é *paideia* (*Dicionário* Bíblico *Strong*). Entre as traduções da Bíblia em inglês, geralmente é traduzido como *correção* (por exemplo, Bíblia *King James – KJV*) ou *disciplina* (por exemplo, *New American Standard Bible – NASB*). As representações de *punição* (*Bible In Basic English – BBE*) e *instrução* (*Maale New Testament – MNT*) são incomuns. A maioria concorda que *correção* ou *disciplina* devem traduzir *paideia* aqui.

A ideia de *paideia* é correção disciplinar. Deriva da palavra grega para *criança*, que é *pais*, indicando tutoria, educação e instrução das crianças. Ela evoluiu para significar correção porque a instrução eficaz das crianças requer a inclusão de castigo e correção.

Para os propósitos de nosso estudo, prefiro a perspectiva de Spiros Zodhiates[6,7], que vê *nouthesia* (admoestação) como uma representação primária da correção e instrução por meios verbais, e *paideia* (correção) como uma representação primária da correção por meios não-verbais.

---

6 NT: Spiros Zodhiates foi um estudioso greco-americano da Bíblia.
7 Veja Spiros Zodhiates falando sobre os números 3559 e 3809 do Dicionário Bíblico Strong em seu livro "O Estudo Completo da Palavra – Novo Testamento" (*The Complete Word Study – New Testament*), Chattanooga, TN: AMG Publishers, 1992, pp. 924, 926-927.

Em Efésios 6.4, Paulo usou ambas as palavras gregas: "Vós, pais, não provoqueis vossos filhos à ira, mas criai-os na doutrina [*paideia*] e admoestação [*nouthesia*] do Senhor". Paulo parecia afirmar a necessidade de meios não-verbais e verbais para criar adequadamente nossos filhos no Senhor. O Senhor trata Seus filhos da mesma maneira.

Os Estudos Linguísticos do Novo Testamento, de Marvin Vincent, preferem disciplina em vez de correção ao traduzir *paideia*. Seja qual for a palavra que você preferir, ela aponta para a mesma realidade: essencialmente correção não verbal e instrução de crianças por meio do uso de punição física e disciplinas corporais. Estou usando *correção* neste livro porque essa é a palavra usada na versão Almeida Clássica Corrigida.

A Bíblia usa muitas metáforas para descrever os processos formativos de Deus em Seus filhos. A correção é apenas uma dessas metáforas. Outras metáforas úteis incluem a poda de uma videira, o refino de ouro ou prata, a afiação de uma flecha, a quebra e molde de um vaso de oleiro, aprisionamento, desmame de uma criança, ser levado para o cativeiro, caminhar por um deserto, suportar um inverno, esmagar uvas para fazer vinho, a formação de pérolas, crucificação etc. Todas essas metáforas se sobrepõem em algum grau. O valor de cada metáfora é encontrado na maneira única como ela ilumina os caminhos de Deus para Seu povo. Nenhuma metáfora sozinha revela completamente, em si mesma, todos os caminhos de Deus na formação e amadurecimento de Seus filhos. Mas a metáfora da correção é uma das mais úteis.

Para os fins de nosso estudo, permita-me repetir esta sugerida definição de correção do capítulo 1:

A correção é o uso redentor de circunstâncias adversas para corrigir e disciplinar filhos para seu progresso e maturidade.

Duas reações extremas

Em Hebreus 12.5-6, o escritor citou Salomão quando disse: "Filho meu, não desprezes a correção do Senhor e não desmaies quando por Ele fores repreendido" (veja Pv 3.11-12). Salomão identificou duas reações indesejáveis à correção do Senhor. Por um lado, podemos ser tentados a *desprezá-la* e, por outro, podemos *desmaiar*[8] com ela.

---

8 NT: Neste contexto, desmaio significa "desânimo de espírito".

Vejamos essas duas reações indesejáveis.

Desprezar a correção

O primeiro extremo indesejável é desprezar a correção do Senhor. Em nossa passagem, *desprezo* denota algo diferente do significado comum: *desdenhar* ou *menosprezar*. Esse é o significado de *desprezo* em Hebreus 12.2, onde diz que Jesus desprezou a afronta da cruz. Uma palavra grega diferente é usada lá, significando *desdenhar*. Mas aqui em Hebreus 12.5, a palavra grega para *desprezar* significa *preocupar-se pouco*, ou *atentar-se pouco*, ou *dar pouca importância*. É uma falha em dar o devido reconhecimento, atenção ou peso aos sinais que Deus está enviando.

Quando o Senhor corrige, pode ser tentador dar pouca importância ou desconsiderar isso com um encolher de ombros: "Bem, eu não acho que era Deus tentando chamar minha atenção. A maneira como tudo aconteceu foi apenas um acaso. Toda essa situação é apenas uma estranha coincidência. Acho que não preciso prestar mais atenção nisso". Mas Deus não quer que desconsideremos Suas correções.

Jeremias descreveu uma época em que Israel desprezava a correção:

Ah! SENHOR, porventura Teus olhos não atentam para a verdade? Feriste-os, e não lhes doeu; consumiste-os, e não quiseram receber castigo. Endureceram o rosto mais do que uma rocha e não quiseram voltar. Eu, porém, disse: "Deveras, estes são uns pobres; estão enlouquecidos, pois não conhecem o caminho do SENHOR, o juízo do seu Deus" (Jr 5.3-4).

Na época de Jeremias, o povo de Israel não deu a devida atenção às correções de Deus. Eles não conheciam o juízo de seu Deus e, consequentemente, foram invadidos pela Babilônia – uma correção que poderia ter sido evitada se eles tivessem respondido seriamente à Sua palavra em primeiro lugar. Deus queria sua total atenção, mas em vez de tremer diante de Sua palavra (Is 66.2), eles desdenharam das repreensões de Sua boca e ignoraram os sinais ao seu redor.

Isaías também descreveu uma época em que Israel desprezava a correção:

O SENHOR dos Exércitos vos convidará naquele dia ao choro, ao pranto, a raparem a cabeça e a se cingirem de pano de saco; todavia, veem-se gozo e alegria; matam-se vacas, degolam-se ovelhas, come-se carne, bebe-se vinho e diz-se: "Comamos e bebamos, porque amanhã morreremos". Mas o Senhor dos Exércitos revelou-Se aos meus ouvidos, dizendo: "Certamente esta maldade não será expiada até que morrais", diz o Senhor, o Senhor dos Exércitos (Is 22.12-14).

Deus queria que Seu povo respondesse à Sua correção com arrependimento, mas, em vez disso, eles se entregaram à autoindulgência. Deus estava tão descontente com a maneira como eles desprezavam Sua disciplina que o juízo se tornou inevitável.

Consequentemente, algumas pessoas realmente morreram. Havia falsos profetas nos dias de Jeremias, por exemplo, que foram mortos por Deus porque sua mensagem encorajava o povo a desprezar as correções de Deus. Um caso em questão é Hananias em Jeremias 28.16-17.

Quando o Senhor clamou: "Ouvi a vara!" em Miqueias 6.9, Ele implorou que ouvissem atentamente a mensagem que Ele estava transmitindo por meio de Sua vara de correção. Quando Ele disciplina, Ele está falando. Ele está atrás de algo. Suas correções não são misteriosas ou obscuras, mas claras e diretas. Ele quer que recebamos a mensagem.

Tenhamos o cuidado de nunca desprezar a correção do Senhor, mas demos atenção à Sua mensagem pretendida. É sábio perguntar: "Senhor, o que estás dizendo neste momento através destas circunstâncias?"

Desmaiar pela correção

A outra reação imprópria, ao sermos corrigidos pelo Senhor, é ficarmos tão oprimidos pelo desânimo e desespero que ficamos imobilizados, não funcionais e sepultados pela tristeza. Nosso texto diz assim: "Não desmaies quando por Ele fores repreendido".

A palavra *desmaiar* em grego significa literalmente *desfalecer*. É a mesma palavra usada quando Jesus, em compaixão pelas multidões que estiveram com Ele por três dias, não quis mandá-los embora com fome, "para que não desfaleçam pelo caminho" (Mt 15.32). Quando Ele corrige, Jesus não pretende que desfaleçamos, entremos em colapso ou nos percamos. Sim, devemos ser agarrados e presos; mas também devemos seguir em frente, mesmo que os passos sejam vacilantes e pequenos.

Quando o Deus Todo-Poderoso nos corrige, isso pode realmente nos exterminar. Ele tem uma mão tão grande! Podemos facilmente nos sentir oprimidos. Quando o Senhor disse que não devemos desmaiar com Sua correção, Ele não foi insensível à nossa fragilidade. Ao longo das Escrituras, o Senhor sempre Se mostrou compassivo para com nossas aflições e sofrimentos. Considere, por exemplo, como Êxodo 6.9 descreve a aflição de Israel enquanto estava na escravidão no Egito: "Deste modo falou Moisés aos filhos de Israel, mas eles não o ouviram, por causa da ânsia de espírito e da dura servidão". Deus reconheceu que sua escravidão era "dura" e que produzia "ânsia de espírito". Deus entendeu sua dor e Se compadeceu de suas fraquezas no sofrimento.

Quando Deus disse: "Não desmaies", Ele não quis dizer: "Não se deixe dominar pela dor". Ele quis dizer: "Não deixe isso desviá-lo de seu destino divino. Não desista. Permaneça na carreira".

A tentação de desmaiar é mais forte quando a correção de Deus está no extremo final do espectro. Digo isso porque há vários graus de intensidade na correção. Deixe-me usar minha experiência como pai por exemplo. Quando eu disciplinava meus filhos, havia de tudo, desde um leve tapa até "um evento". Falando em tapas leves, lembro-me de ter dado um tapinha na fralda do meu filho. Meu tapa fez um barulho alto de batida na cobertura de plástico de sua fralda, mas a fralda era tão grossa que ele quase não sentiu nada. Porém, por causa do alto barulho, ele berrou como alguém que acabara de ser mortalmente ferido. Embora ele não sentisse nada, ele queria que eu pensasse que realmente doía. Então, em uma extremidade do espectro estavam aqueles momentos de correção que eram muito leves.

Na outra extremidade do espectro estavam aquelas ocasiões em que a correção se tornou um evento. Nesses casos, meus filhos receberiam umas palmadas que não esqueceriam tão cedo. Nos momentos de disciplina mais intensos, meu desejo era salvá-los da morte (Pv 23.14).

Da mesma forma, quando Deus nos castiga, pode ser tudo, desde um pequeno tapa até um evento. Quando Deus organiza um evento inesquecível conosco (uma correção particularmente forte), é para que possamos ser transformados para sempre. Ele deseja efetuar mudanças em nós que afetarão nossa herança nesta vida e na vida futura.

Com relação a testes, provações e correção, vemos nas Escrituras que existem *grandes exemplos deles*. O que quero dizer é que às vezes Deus planeja um teste para um de Seus filhos que é único, como nunca vimos antes nem veremos novamente.

Em termos da história de Israel, o *grande teste* de Israel foi o exílio para a Babilônia. Foi a correção mais severa de sua história bíblica. Foi única. E, a propósito, tão profundamente instrutiva para nosso tópico de correção divina que será mencionada repetidamente neste estudo.

Ao falar do cativeiro na Babilônia, Deus disse à nação: "Porque isto será para Mim como as águas de Noé; pois jurei que as águas de Noé não inundariam mais a Terra; assim jurei que não Me irarei mais contra ti, nem te repreenderei" (Is 54.9). Assim como o dilúvio foi um evento único que nunca mais aconteceria (Gn 8.21), nunca mais o Senhor destruiria Jerusalém e levaria Seu povo ao exílio por setenta anos. Foi uma correção única.

Aqui está o que eu quero que você ouça sobre isso. Se Deus alguma vez o levar a um "evento" de correção, você provavelmente experimentará apenas um desses em toda a sua vida. E embora sem precedentes em sua intensidade, será transformador de todas as formas sagradas imagináveis. Isto é, se você se recusar a desmaiar ou a ser reprimido por ele.

Isaías então passou a falar sobre o que aconteceria se, após o retorno da Babilônia, outra nação viesse contra Israel. Aqui está o que Isaías disse sobre essa possibilidade:

"Eis que poderão vir a juntar-se, mas não será por Mim; quem se ajuntar contra ti cairá por amor de ti... Toda arma forjada contra ti não prosperará, e toda língua que se levantar contra ti em juízo, tu a condenarás" (Is 54.15,17).

Isaías estava dizendo: "Se você for invadida novamente depois que Eu restaurá-la à terra, não será por causa da Minha mão que corrige. Será por causa da agressão do mal. Eu lutarei por você, e eles cairão diante de você. O inimigo não prosperará em seus planos, mas você será vitoriosamente triunfante". O Senhor assegurou-lhes que outro exílio não aconteceria. O exílio foi uma correção única, que nunca mais se repetiu.

Pretendo com este princípio encorajar aqueles que experimentaram *um grande teste* nas mãos de Deus. Não desmaie a ponto de desistir e partir. Se você perseverar, será profundamente mudado e nunca mais terá esse tipo de provação nas mãos de Deus. Se o inimigo tentar atacá-lo novamente ele falhará e haverá uma nova autoridade espiritual sobre sua vida.

Jesus passou por muitas provações durante Seus três anos de ministério, mas também teve um evento, *um grande evento*. A Cruz. Nunca mais se repetirá. Referindo-se à cruz, Isaías profetizou: "Não faltará, nem será quebrantado" (42.4). Jesus não sucumbiu à tentação de ser dominado pelo desmaio na cruz a ponto de desistir. Não, Ele não falhou em Sua missão.

Quando estamos na maior provação de nossas vidas, somos assaltados com desânimo. Nossos joelhos cedem, nossos braços desmoronam e vacilamos à beira do colapso com o desejo de desistir. É por isso que o escritor de Hebreus disse: "Não desmaies quando por Ele fores repreendido".

Novamente, há duas reações extremas à correção que desejamos evitar. Quando a provação é leve, não queremos desprezá-la e ignorá-la; e quando a provação for severa, não queremos desmaiar a ponto de abandonar a jornada.

Deus não despreza nem abomina

Uma última razão pela qual não devemos encarar Sua correção de forma leviana ou muito pesada é porque Ele não a vê de nenhuma dessas formas. Davi afirmou isso quando escreveu: "Porque não desprezou nem abominou a aflição do aflito" (Sl 22.24). Deus não *despreza* (vê com leviandade) ou *abomina* (vê muito pesadamente) nossa aflição.

Por que deveríamos *desprezar* nossa aflição quando Deus não o faz? Ele não olha para a nossa provação e bufa: "Isso não é nada. Eu poderia tê-la tornado muito pior. Torná-la mais dura". Ele não vê nossas aflições como triviais ou insignificantes. Ele sabe quão gravemente as implicações afetam nossas vidas e quão severamente nossa alma sente a ferida. Ele entende e Se importa.

E por que deveríamos *abominar* nossa aflição quando Deus não o faz? Ele não olha para a sua aflição, fica enojado com a sua condição hedionda e vira o rosto Dele de você. Não, Ele olha para você ternamente, com grande amor e compaixão. Ele está mais perto de você do que nunca por causa da sua angústia (Sl 91.15).

Alegre-se – o Senhor é por nós!

Se Deus não pensa muito levianamente ou muito pesadamente de nossa aflição, então por que deveríamos fazê-lo?

Como devemos reagir?

Se não devemos desprezar ou desmaiar com a provação, como devemos reagir? Exploraremos mais a reação mais tarde, mas a resposta mais concisa é dada por Cristo: "Eu repreendo e castigo todos quantos amo; sê, pois, zeloso e arrepende-te" (Ap 3.19). Seu conselho foi sucinto: seja zeloso e arrependa-se. Em vez de desprezar, arrependa-se; e em vez de desmaiar, seja zeloso.

Primeiro, seja zeloso. O desmaio quer que você se desconecte e saia de todo o processo; Jesus quer que você entre zelosamente no processo e busque os propósitos de Deus. Sua alma pode querer entrar em colapso, mas seu espírito é zeloso para descobrir o que agrada ao Senhor.

Deus quer que a provação desperte o zelo do seu espírito. Foi assim que Asafe reagiu, que escreveu: "e meu espírito investigou" (Sl 77.6). Por causa de aflições em sua vida, Deus teve sua atenção. O espírito de Asafe estava em alerta máximo, investigando diligentemente o Espírito e a palavra para entender os pensamentos de Deus. Asafe queria saber qual era a mensagem subjacente de Deus na aflição que ele experimentou. Ele estava ansioso para se arrepender de qualquer coisa que Deus pudesse mostrar a ele para que entendesse a intenção de Deus na provação.

Seja zeloso para buscar o coração de Deus em Sua palavra. O salmista disse: "Se Tua lei não fora toda a minha recreação, há muito que teria perecido na minha aflição" (Sl 119.92). Eu, na verdade, experimentei esse versículo. Estou aqui hoje apenas por causa de uma busca zelosa de Deus em Sua palavra. Se eu não tivesse me agarrado à Sua palavra para absoluta sobrevivência, a tempestade teria me carregado.

Às vezes, é difícil em nossas vidas nos tornarmos verdadeiramente zelosos de Deus. Por exemplo, nos dias de Ester, foi só depois que suas vidas foram ameaçadas de morte que todos os judeus se juntaram para jejuar de comida e da bebida por três dias. Deus tinha a atenção deles e, de repente, eles estavam zelosos para orar.

Isso coincide com o testemunho do Salmo 78.34, "Quando os punia com a morte, então o procuravam; voltavam e, de madrugada, buscavam a Deus". Os Puritanos tinham um provérbio: "Ou o amor de Cristo o *atrairá* ao Seu peito ou a ira de Deus o *conduzirá* ao Seu peito".

Jesus ama quando somos zelosos por Ele. Ele não morreu na cruz para ganhar uma Noiva que boceja em Sua face nas manhãs de domingo. Ele morreu por uma Noiva que tem fogo em seus olhos por Ele como Ele tem em Seus olhos por ela. Ele quer que sejamos zelosamente apaixonados por Sua face. O desmaio quer extinguir nossa chama, mas o Senhor planeja a provação para realmente acender nossa chama por Ele.

Em primeiro lugar, então, seja zeloso.

Em segundo lugar, quando Jesus corrige, arrependa-se. Quando desprezamos a correção de Deus – isto é, quando não pensamos que Ele está tentando chamar nossa atenção – não mudamos nada. Mas Deus quer que ouçamos Sua mensagem, apliquemos essa palavra em todos os aspectos de nossas vidas, nos arrependamos e mudemos.

Jesus Se deleita com o arrependimento rápido. Ele não quer usar força sobre nós para o arrependimento. Em outras palavras, Ele não quer que fiquemos tão na defensiva de forma que Ele tenha que apresentar um peso esmagador de evidências antes de nos rendermos e sussurrarmos: "Tudo bem, então, eu me arrependo". Não, Ele quer que nos arrependamos rápida e ansiosamente. Quando Jesus repreende e corrige sua vida, arrependa-se o mais rápida e completamente possível. Reclame cada pecado em seus piores termos possíveis e os reconheça. Identifique-o, confesse-o, afaste-se e fuja dele. Mude. Esse é o tipo de arrependimento que comove o coração de Jesus.

Esteja pronto para que o Senhor o condene, com o tempo, em mais áreas do que você esperava. Você pode pensar que Ele está procurando alguns problemas, mas provavelmente Ele está pensando: "Enquanto você está neste fogo, vamos aproveitar a oportunidade e lidar com tudo de A a Z". Você sairá deste cadinho conformado à imagem de Cristo!

5

Ele disciplina aos que ama

Hebreus 12.6 prossegue, dizendo: Porque o Senhor corrige o que ama e açoita qualquer que recebe por filho". Isso ecoa as palavras de Jesus: "Eu repreendo e castigo todos quantos amo" (Ap. 3.19). Correção não é rejeição. Na verdade, é o oposto. É uma expressão do Seu amor. A correção vem apenas para aqueles que Ele ama e recebe.

Como podem as palavras *ama* e *açoita* estar na mesma frase? Como um Deus amoroso pode açoitar? Bem, vamos dar uma olhada nisso. Açoite é a mesma palavra que descreve como os romanos açoitaram Jesus e como os judeus açoitariam as pessoas como forma de correção (Mt 10.17). Eles viam os castigos corporais como uma forma eficaz de ensinar uma lição. Quando diz-se que Ele "açoita qualquer que recebe por filho", não é usada a palavra grega padrão para *receber* (que teria sido *lambano*), mas uma palavra mais específica (*paradechomai*) que denota receber com aprovação ou deleite. O versículo enfatiza o amor, aprovação e prazer do Senhor em Seus filhos.

Se Ele o ama, Ele vai corrigi-lo. E se Ele realmente o ama, Ele realmente vai corrigi-lo. Alguém aí se sente especialmente amado?

A correção sempre envolve algum nível de dor, designado pelo Senhor e, no entanto, no meio dela Seu amor perdura incessantemente. Por exemplo, veja como o Senhor suspirou por Seu povo, a quem mandou para a Babilônia: "Desamparei Minha casa, abandonei Minha herança; entreguei a amada da Minha alma nas mãos de seus inimigos" (Jr 12.7).

Mesmo enquanto os entregava nas mãos de seus inimigos, Deus chamou Seu povo de "a amada de Minha alma". Ele fez isso por amor.

Jeremias 31.20 é mais um versículo que mostra o coração ansioso de Deus por Seu povo, a quem Ele enviou ao cativeiro: "Não é Efraim para Mim um filho precioso? Criança das Minhas delícias? Porque, depois que falo contra ele, ainda Me lembro dele solicitamente; por isso, Minhas entranhas se comoveram por ele; deveras Me compadecerei dele, diz o Senhor". Ó, como Ele nos ama! Ele Se lembra de nós sempre com saudade.

O melhor amigo de Jó, Elifaz, questionou Jó no meio de sua provação: "Ou te repreende, pelo temor que tem de ti, ou entra contigo em juízo?" (Jó 22.4). Elifaz achou que a resposta era óbvia, mas, na realidade, a resposta surpreendente foi: "Na verdade, sim". Jó estava sendo corrigido por causa de seu temor devoto e amor fervoroso. Essa possibilidade parecia ridícula para Elifaz, mas era verdade.

É tudo sobre amor.

Há uma profundidade de amor a ser encontrada no sofrimento que não pode ser encontrada em outro lugar. Como escreveu o salmista: "Um abismo chama outro abismo, ao ruído das Tuas catadupas; todas as Tuas ondas e vagas têm passado sobre mim" (Sl 42.7). É um momento em que algo profundamente íntimo no coração de Deus alcança as profundezas do coração do filho que Ele está corrigindo. Em meio à nossa dor, percebemos que estamos vivenciando Deus em uma profundidade nunca vivenciada quando a vida era fácil e serena. Uma retrospectiva revelará que o sofrimento era, na verdade, um limiar para lugares mais profundos no coração de Deus.

Às vezes, Ele corrige a fim de nos levar a uma intimidade mais profunda com Ele. Em outras ocasiões, Ele corrige *por causa* de nossa intimidade com Ele. Pode ser a Sua maneira de dizer: "Estou tão satisfeito com a sua consagração e amor que escolhi você para um posto mais elevado".

Para alguns, um Deus que ama e um Deus que corrige é uma contradição. Para outros, é uma contradição pensar que um Deus de amor enviaria pessoas para o inferno. Mas considere isso. *Deus está tão comprometido com o amor que está disposto a fazer tudo o que for preciso para confrontar e remover todos os obstáculos.* Esse é o propósito de Seus juízos do fim dos tempos, conforme registrado em Apocalipse 16 e em outras passagens.

Seus juízos procedem de Seu amor, levando-O a expulsar de nosso planeta tudo o que impede o amor santo. Seu amor é tão ardente e consumidor que qualquer obstáculo deve ser avaliado e removido. É por isso que Ele corrige Seus filhos agora. Ele é inabalável em Sua determinação de nos levar ao amor perfeito.

Jacó e Esaú

O Senhor usou Jacó e Esaú para ilustrar Seu amor pela nação de Israel:

"Eu sempre vos amei", diz o Senhor, "mas dizeis: 'Em que nos tem amado?' Não foi Esaú irmão de Jacó?" diz o Senhor. "Todavia, amei Jacó e aborreci Esaú. Fiz dos seus montes uma assolação e dei sua herança aos dragões do deserto". Ainda que Edom diga: "Empobrecidos somos, porém voltaremos a edificar os lugares desertos", assim diz o Senhor dos Exércitos: "Eles edificarão, e lhes chamarão Terra de Impiedade, povo contra quem o Senhor está irado para sempre" (Ml 1.2-4).

Quando o Senhor disse a Israel: "Eu vos amei", eles não puderam ver. Isso é típico de quem foi corrigido pelo Senhor. Eles muitas vezes têm dificuldades para sentir o amor do Senhor em suas aflições. Os israelitas estavam tão cientes de seus sofrimentos que perguntaram: "Em que nos tem amado?" Havia um elemento de acusação nesta pergunta. Israel estava sugerindo: "Tu não nos amas. Vê nossas circunstâncias! Se Tu nos amasses, tudo seria diferente. Como podes dizer que nos amaste?"

Em resposta, o Senhor usou os exemplos de Jacó e Esaú para ilustrar Seu amor por eles. Deus queria que eles olhassem para a nação de Edom (descendentes de Esaú) e considerassem seu estado. Edom havia sido removido de sua terra, e a terra agora estava deserta. Israel, por outro lado, estava de volta à sua terra depois de setenta anos de exílio na Babilônia. O fato de Israel estar de volta à sua terra desta maneira foi nada menos que uma intervenção sobrenatural. Foi um milagre! Por quê? Porque o amor de Deus estava sobre o povo de Israel.

A razão pela qual a nação de Edom ficou sob a indignação de Deus remonta ao próprio Esaú. Como Deus mostrou Seu ódio por Esaú? Apenas deixando-o sozinho. Quando você olha para a vida de Esaú, vê como a vida de um cristão deveria ser. Ele era casado, com filhos, amigos, segurança, prosperidade, posses, graças, prazeres, estabilidade e paz. Sua vida era a imagem perfeita de uma vida abençoada.

Em contraste, quando você olha para a vida de Jacó, você vê virtualmente o oposto. A vida de Jacó foi caracterizada por perambulações, mal-entendidos, rejeição, trabalhos, exploração, engano, luta, aflição, fome e luto.

Ao que tudo indica, Esaú era o preferido e Jacó era rejeitado. Mas Deus disse que Esaú era odiado e Jacó amado. De que forma Esaú foi odiado? Deus o deixou sozinho. Sem interferência divina, Esaú levou uma vida tranquila e segura. Mas o resultado em seus descendentes foi tão perverso que toda a nação ficou sob o juízo de Deus.

De que forma Jacó foi amado? Deus pôs Seu olhar ardente em Jacó e não o deixou seguir pelo caminho que ele teria naturalmente escolhido para si. Deus estorvou sua vida, corrigiu-o severamente e, por causa disso, foi capaz de levantar uma nação que se beneficiou do poder redentor e da graça de Deus. As aflições de Jacó foram os próprios sinais do amor de Deus. E a tranquilidade de Esaú foi um símbolo do ódio de Deus.

A última coisa que você deseja é que Deus deixe-o sozinho. Se Ele o ama, Ele estorvará sua vida com Sua vara de correção porque, se deixado por si mesmo, você escolherá o caminho errado. Para chegar a lugares mais elevados no reino de Deus, às vezes precisamos de ajuda. A correção é uma maneira pela qual Jesus nos ajuda a alcançar coisas no reino que não teríamos tocado de outra forma. É por isso que o Salmo 94.12 diz: "Bem-aventurado é o homem que Tu repreendes".

Quando eu estava em um período particularmente severo de correção, alguém me disse: "Este é o amor do Senhor por você". Na época, eu estava com tanta dor que não conseguia conceber como tanta angústia poderia ser o amor do Senhor. Então, eu disse de forma não muito sincera ao Senhor: "Se é assim que Tu amas, ama outra pessoa". Essas foram palavras ditas por causa da dor, mas no meu íntimo eu realmente queria Seu amor. Eu só não queria a dor.

Levei muito tempo para perceber que a correção era, na verdade, Seu amor por mim. Continuei a buscar o Senhor em Sua palavra, em jejum e oração, e ao perseverar na palavra, aos poucos ganhei clareza crescente sobre a bondade do Senhor em minha vida. Ele me amou o suficiente para interromper o caminho que eu teria seguido em meu próprio entendimento, a fim de me guiar por um caminho que eu nunca teria escolhido, mas que, na verdade, estava me levando na direção que meu coração ansiava por encontrar.

Agora eu realmente tenho propriedade das palavras de Jesus: "Eu repreendo e castigo todos quantos amo". Eu realmente acredito que Sua correção em minha vida foi um sinal tangível de Seu afeto.

Darei meu testemunho. Ele me feriu e eu me apaixonei. Eu O amo agora mais do que nunca. Ele fez isso por amor. Como diz a Escritura: "Repreende o sábio, e ele te amará" (Pv 9.8).

Uma das grandes incertezas, durante a correção do Senhor, é se continuaremos a amá-Lo. Paulo escreveu aos coríntios: "Se mais vos amo, serei menos amado?" (2Co 12.15). Eu me pergunto se o Senhor pode Se sentir assim, às vezes, com os filhos que Ele corrige. Quando Ele nos mostra uma afeição adicional ao Se aproximar particularmente com Seu fogo refinador, às vezes O amamos menos por isso. O grande segredo, na correção, é colocar seu amor sobre Ele. Amá-Lo em suas trevas é uma das coisas mais poderosas que você pode fazer. É aqui que descobrimos a bênção do Salmo 91.14: "Porque tão encarecidamente Me amou, também o livrarei". Como Paulo escreveu: "Sabemos que todas as coisas contribuem conjuntamente para o bem daqueles que amam a Deus" (Rm 8.28).

Deus está irado conosco?

Ao sermos castigados, sabemos que o amor de Deus está sobre nós, como Ele disse: "Porque o Senhor corrige o que ama" (Hb 12.6). E, no entanto, quando estamos no redemoinho da tempestade, *parece* que Ele está zangado conosco. Eu me peguei perguntando: "Deus, Tu estás irado comigo?"

Ao estudar as Escrituras sobre essa questão, a resposta pareceu ficar clara: Sim. Existe um elemento de ira expresso na correção de Deus, embora Ele nos ame profundamente.

Encontrei essa resposta especificamente no livro de Zacarias. Ao se referir ao exílio na Babilônia, o Senhor revelou Sua perspectiva a Zacarias.

O Senhor Se irou em extremo contra vossos pais... 'Estou grandemente irado com as nações em descanso; porque, estando Eu um pouco desgostoso, elas auxiliaram no mal' (Zc 1.2,15).

Quero que você compreenda o significado desta passagem. O Senhor "Se irou em extremo" com a idolatria e os pecados dos pais de Israel, então Ele enviou a nação cativa para a Babilônia como meio de correção. A vara que Deus usou para julgar Seu povo foi a nação da Babilônia, assim como outras nações que participaram. Essas nações ajudaram a Deus em Sua causa, mas o fizeram com más intenções. Ou seja, elas foram mais severas com Israel do que Deus pretendia. Foi esse juízo exagerado pelas nações em descanso que deixou Deus "irado em extremo". Ele disse que a maldade exagerada deles contra Israel incorreria em Seu julgamento.

Em Zacarias 1, Deus disse que tinha estado "irado em extremo" contra Israel. Mas quando Ele comparou essa ira com a ira excessiva que Ele agora tinha contra os inimigos de Israel, Sua ira contra Israel empalideceu em contraste. Na verdade, com Israel, Ele estava apenas "um pouco irado" por causa de Sua ira excessiva contra os inimigos dele.

Aqui está a conclusão. Sim, Deus estava irado com Israel, mas apenas "um pouco irado". Isaías confirmou isso quando escreveu: "Em grande ira, escondi a face de ti por um momento; mas com benignidade eterna Me compadecerei de ti, diz o SENHOR, teu Redentor" (Is 54.8). Deus estava apenas um pouco irado com Israel, e apenas "por um momento". Do outro lado da correção, Ele demonstraria "benignidade eterna" e misericórdia para com eles. Que redenção!

Então, quando Deus corrige nossas vidas, Ele está irado conosco? Provavelmente. Mas só um pouquinho. Ele provavelmente está um pouco irado com coisas como nossa presunção, orgulho, cobiça, inveja, pressa, ambição egoísmo, descrença etc. Mas há algo que O move que é muito maior do que Sua ira, e é *Seu amor*. Ele nos ama muito! Um dia nós O louvaremos pelo grande amor e misericórdia que Ele demonstrou ao não nos deixar por conta própria.

Mas assim como a Babilônia veio contra Israel com malícia, da mesma forma Satanás vem contra nós. Deus pode dar a Satanás permissão limitada para nos afligir, mas Satanás nos ataca da mesma forma que Babilônia afligiu Israel – ele nos ataca com uma malícia e vingança que Deus nunca pretendeu. Como Babilônia com Israel, Satanás sempre exagera em seus atos. Quando Deus lhe dá permissão para tocar Seus santos, Satanás tenta afligi-los o mais severamente possível.

Mas agora, deixe-me tranquilizá-lo com as palavras de Davi, que escreveu: "Tua vara e o Teu cajado me consolam" (Sl 23.4). Davi retratou a vara do pastor como um instrumento de conforto. Quando você considera como o Senhor fere com Sua vara de correção, você pode se perguntar: "De que forma devo sentir consolo com a vara de correção do Senhor? Tudo o que estou sentindo agora é dor!" Mas a verdade é que a principal função da vara do pastor não é castigar as ovelhas, mas afastar o lobo. O uso da vara como ferramenta de correção é apenas uma função secundária. Quando um lobo ou leão atacou o rebanho, *foi então* que a vara veio com grande violência!

Se você conhece a dor que vem da vara de correção do Pastor, lembre-se disso: *o Pastor reserva os golpes mais fortes para o seu adversário*. Ele pode ter ficado "um pouco irado" com você no início, mas agora Ele está "grandemente irado" com seu inimigo por passar dos limites (Zc 1.15). Se você sabe como é quando Ele está "um pouco irado", pode imaginar que tipo de golpes Ele reservou para o seu adversário? Um dia você testemunhará Sua veemente indignação quando Ele Se levantar com Sua vara para punir a arrogância de seu adversário.

Sim, deixe Sua vara confortá-lo! Ele ama você!

A importância estratégica do cativeiro

O cativeiro de setenta anos de Israel na Babilônia foi uma severa correção do Senhor, mas também foi uma manifestação do grande amor do Senhor por Seu povo. Deixe-me explicar.

Em 586 a.C., os exércitos da Babilônia invadiram Jerusalém, incendiaram a cidade e o templo, mataram muitos judeus e levaram o restante em cativeiro para a Babilônia. Este evento, conhecido como "o exílio" (porque Deus os chamou de exilados) e chamado de "o cativeiro" em muitos lugares na Bíblia (por exemplo, Mateus 1.17), foi um dos eventos mais significativos em toda a Bíblia. Não se fala muito dele na igreja hoje, mas da perspectiva de Deus, suas implicações foram enormes. Quando o cativeiro entrou no radar de Deus, houve uma explosão repentina de escritos proféticos. Quase um terço do Antigo Testamento é composto de Escrituras que apontam para ele, foram escritas durante ele ou compostas em seu rastro. O cativeiro foi a correção mais severa do Senhor à nação judaica nos tempos do Antigo Testamento (Is 26.16; Jr 2.30). Seu significado dificilmente pode ser exagerado, pois se tornou o contexto no qual muito do coração de Deus para com Seu povo foi revelado por meio dos profetas.

Um dos livros escritos durante o cativeiro foi Lamentações. Jerusalém caiu em 586 a.C. e Jeremias escreveu o livro de Lamentações não muito depois. Seu nome deriva do fato de ter sido escrito como um lamento. No livro, Jeremias lamentou a destruição do templo, a queda de Jerusalém e seu próprio sofrimento pessoal como alguém que vivia em Jerusalém quando ela foi tomada. Embora Jeremias falasse de sua própria dor, ele parecia ver a si mesmo personificando os sofrimentos da alma coletiva da nação. Ele sofreu de maneiras que todos os filhos de Deus sofrem quando estão sendo corrigidos pelo Senhor (Lm 3.1).

Em uma leitura superficial, o livro de Lamentações pode parecer para alguns um tanto sombrio e deprimente. Mas quando você foi corrigido pelo Senhor, o livro de repente se torna incrivelmente reconfortante e poderosamente relevante para sua vida.

Poderíamos levar muitas páginas para falar sobre o conteúdo de Lamentações, mas, em vez disso, quero apontar o que considero ser a mensagem central do livro. O meio pelo qual vim a identificar sua mensagem central é, pelo menos para mim, poético e fascinante.

A mensagem de lamentações

Se você tem uma Bíblia por perto, eu o convido a abrir Lamentações agora e descobrir algo por si mesmo. Vá em frente, pegue sua Bíblia. Você notará que Lamentações consiste em cinco capítulos. Agora veja o capítulo um. Quantos versículos estão no capítulo um?

Na verdade, gostaria que você contasse quantos versículos existem em cada capítulo. Você deve levar apenas alguns segundos para fazer uma contagem de versículos em cada um dos cinco capítulos de Lamentação.

Capítulo um – 22 versículos.

Capítulo dois – 22 versículos.

Capítulo três – 66 versículos.

Capítulo quatro – 22 versículos.

Capítulo cinco – 22 versículos.

Quatro dos capítulos têm a mesma contagem de versículos. Por que há 22 versículos cada em quatro capítulos de Lamentações? A resposta é muito simples. Existem 22 letras no alfabeto hebraico e cada capítulo é um acróstico do alfabeto hebraico. O primeiro versículo começa com a primeira letra do alfabeto hebraico, o segundo versículo começa com a segunda letra, o terceiro versículo com a terceira letra etc., até que todas as 22 letras do alfabeto hebraico sejam usadas. O quinto capítulo é o único que não foi escrito em estilo acróstico, mas ainda tem 22 versículos, então a simetria poética do livro é obviamente intencional.

Você notará que o capítulo três é diferente. Possui 66 versículos – três vezes mais que os outros capítulos. E por que isto? Porque esse capítulo foi escrito em uma sequência de tercetos. Os primeiros três versículos começam com a primeira letra do alfabeto hebraico, os próximos três versículos começam com a segunda letra do alfabeto hebraico, e assim por diante. No padrão acróstico do capítulo três, três versículos são dados para cada letra do alfabeto. Então você tem 22 letras multiplicadas por três versos cada.

22 letras x 3 versículos cada = 66 versículos

O diagrama a seguir mostra os cinco capítulos em relação à contagem de versículos.

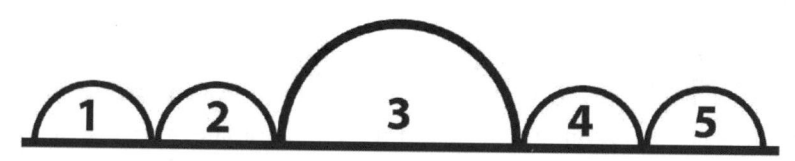

Uma Contagem de Versículos no Livro de Lamentações

Quando você olha para o diagrama acima, qual capítulo do livro de Lamentações você acha que foi visto por Jeremias como o mais importante do livro? Se você escolheu o capítulo três, eu concordaria com você.

Lamentações é escrito como um quiasma. Se esse termo for novo para você, faça uma pesquisa na Internet sobre "quiasma hebraico" ou "quiasma bíblico". Um quiasma é um recurso literário usado com bastante frequência pelos escritores bíblicos para mostrar que o ponto central ou mais importante de uma passagem literária se encontra em seu *centro*. As ideias ao redor do pensamento central muitas vezes se espelham de alguma forma, ajudando o leitor a pousar no pensamento central como a mensagem principal do autor.

O conteúdo temático de um quiasma pode ser diagramado desta maneira:

A – B – C – B – A

Neste exemplo, os temas em cada A teriam correspondência perfeita, os temas em cada B se espelhariam uns com os outros e, então, C seria o tema central. Este artifício literário reforçaria o fato de que ênfase especial é colocada sobre a mensagem em C.

Lamentações é escrito dessa maneira quiástica. O layout do livro tem como objetivo chamar atenção especial para o capítulo três como o capítulo mais importante do livro.

Já que Lamentações é claramente um quiasma, dei um passo adiante. Acho que é possível que o capítulo três tivesse a intenção de ser um quiasma em si, e que o versículo mais importante nesse capítulo – e, portanto, em todo o livro – seja encontrado no centro do capítulo três. Se isso for verdade, e se o capítulo três contém 66 versículos, então eu gostaria de sugerir que o versículo 33 é a ideia central e mais importante de todo o livro. Qual é a mensagem de Lamentações 3.33? Aqui está.

Pois Ele não aflige nem entristece de bom grado os filhos dos homens (Lm 3.33).

Deus quer que saibamos que quando Ele aflige e entristece Seus filhos por meio da correção, Ele não gosta do processo nem Se deleita nos sofrimentos deles. Deus nunca Se agrada com nossa dor. A única coisa em que Ele Se agrada é no bem que resultará disso no final.

Este é o pensamento central de Lamentações. Deus quer que conheçamos Sua motivação para corrigir. É importante para Ele que percebamos como Seu coração está sofrendo com nossas dores. Satanás gosta de nossa dor, mas Deus Se entristece com ela.

Quando Jerusalém foi destruída, Deus parecia dizer: "Esta não é Minha primeira escolha. Eu gostaria de não ter que fazer isso da maneira mais difícil. Não estou gostando nada disso. Sinto muito por ter que corrigi-lo de uma forma tão dolorosa".

A dor da correção não é a primeira escolha de Deus para nossas vidas. Ele gostaria que pudéssemos amadurecer e nos desenvolver de uma forma mais pacífica e feliz. Ele nos aflige com correção apenas porque sabe que é a melhor maneira de nos mover em direção à semelhança de Cristo. Nunca nos demos bem com facilidade. Sempre precisamos de disciplina para progredir em nossa caminhada com Cristo.

A ternura do coração de Deus para conosco, em meio a severas punições, é a mensagem central de Lamentações. Ó, como Ele nos ama!

Em Jeremias 48.31-32, Deus disse que iria "gemer" e "gritar" e "lamentar" e "chorar" por Moabe, por causa do juízo que Ele estava enviando contra eles por meio de Babilônia. Se Deus Se sentia assim em relação a uma nação gentia que estava em inimizade com Seu povo, quanto mais Ele deveria ter sentimentos similares por Seus próprios filhos?

Oseias indicou que Deus realmente tinha emoções semelhantes em relação a Israel: "Como te deixaria, ó Efraim? Como te entregaria, ó Israel? Como te faria como a Admá? Pôr-te-ia como Zeboim? Meu coração está comovido dentro de Mim, Meus pesares juntamente se acendem" (Os 11.8). Era como se Deus estivesse em uma encruzilhada. Se Ele não corrigisse, eles apostatariam; se Ele corrigisse, Seu coração se agitaria diante da situação deles. De qualquer maneira, Deus estava sofrendo por Seu povo.

Se você foi corrigido por Deus, espero que a mensagem de Lamentações o conforte. Deus não Se alegra com a sua dor. Sua compaixão é fomentada e Seu coração se agita por você. Se foi corrigido, é porque Ele ama você!

6

Deus corrige apenas seus filhos

No último capítulo, olhamos atentamente para Hebreus 12.6, "porque o Senhor corrige o que ama". Avancemos agora para os próximos versículos.

> *Se suportais a correção, Deus vos trata como filhos; porque que filho há a quem o pai não corrija? Mas, se estais sem disciplina, da qual todos são feitos participantes, logo sois bastardos, e não filho (Hb 12.7-8).*

É difícil imaginar um filho cujo pai se recusa a corrigi-lo. Por quê? Porque os filhos precisam disso.

Correção é um sinal de filiação. Significa que o filho é amado e que o pai é comprometido e atencioso. A única razão pela qual um pai amoroso não corrigiria seu filho é se ele estivesse cansado de sua sabedoria.

Os pais que se recusam a corrigir os seus filhos substituem a correção frequentemente por gritos ou açoites verbais. Mas a língua pode ser muito mais prejudicial para uma criança do que uma vara. Em referência à língua, Salomão disse: "A morte e a vida estão no poder da língua" (Pv 18.21). Contraste isso com o que ele disse sobre a vara: "Não retires a disciplina da criança, porque, fustigando-a com a vara, nem por isso morrerá" (Pv 23.13). Salomão disse que a vara não mataria, mas a língua poderia matar. A língua pode ferir e deixar cicatrizes em uma criança para toda a vida. Em vez de açoitar com as suas palavras, um pai sábio usará uma vara em terna correção.

Quando a passagem acima diz "da qual todos são feitos participantes", isso significa que Deus corrige *todos* os Seus filhos. Nenhum deles está isento ou sem necessidade disso. Se for um filho de Deus, você será corrigido em algum momento ao longo do caminho. Como o Senhor disse à nação de Israel no deserto: "Confessa, pois, no teu coração, que, como um homem castiga seu filho, assim te castiga o Senhor, teu Deus" (Dt 8.5).

Suporte a disciplina

Hebreus 12.7 diz que os filhos "suportam correção". A correção não acaba quando o filho quer que acabe; sua duração é determinada pelo pai. Tudo o que o filho pode fazer é "apertar o cinto" e suportar. Até que ela acabe.

É comum entre os cristãos falar em "abraçar" os tratos de Deus em nossas vidas. Costumamos dizer coisas como "Abrace a cruz", ou "Abrace a moagem", ou "Abrace o cadinho", ou "Abrace a correção". Quando fui encorajado a abraçar a disciplina do Senhor, não sabia o que fazer com isso. Como poderia abraçar algo do qual estava procurando ser curado? Como pode uma vítima crucificada abraçar sua cruz? Como você envolve suas mãos em torno de sua cruz quando elas são pregadas nela?

Lutei com essa pergunta por anos, e então o Senhor respondeu para mim em Hebreus 11.13, que diz: "Todos esses morreram na fé, sem o cumprimento das promessas; mas, vendo-as de longe, crendo nelas e abraçando-as, confessaram que eram estrangeiros e peregrinos na terra". Este versículo diz que os santos abraçaram *promessas*. Eles não abraçaram a disciplina do Senhor, eles abraçaram Suas promessas. Em contraste, Hebreus 12.7 diz que devemos "suportar a disciplina".

Aí está. *Suporte à disciplina, abrace a promessa*. Imediatamente, a questão foi resolvida para mim. Eu sabia o que fazer. Eu sabia que precisava suportar a correção do Senhor com firmeza e abraçar com todas as minhas forças Suas promessas de cura, libertação e um propósito do reino superior.

O paradigma paternal de Deus

O escritor de Hebreus é muito corajoso em retratar Deus como um Pai amoroso que corrige Seus filhos. Há alguns hoje, no entanto, que resistem a pintá-Lo sob essa luz. Frequentemente, eles reivindicam um zelo santo para defender Sua reputação na Terra como sendo um *bom* Pai. Mas a bondade e a correção não são mutuamente exclusivas. Na verdade, Sua bondade é expressa em Sua correção.

Quando dizemos que o Pai corrige em Sua bondade, nos vemos com algumas perguntas muito fortes. Por exemplo, se o Pai é sempre bom, como podemos dizer que a cruz foi a Sua bondade expressa para com Jesus? Como pode um bom Pai crucificar Seu Filho? Essa pergunta é importante e realmente nos leva ao cerne da questão. Encontre a resposta para essa pergunta e você descobrirá como Deus direciona Sua graça para todos os Seus favoritos.

Aqueles na Bíblia que estavam mais próximos de Deus – os profetas – sofreram mais. Aqueles que Ele mais amava receberam os cálices mais amargos. E aquele que Ele *realmente* amava recebeu o cálice mais amargo de todos – a cruz. Que tipo de Pai é esse?

Enquanto planejava a crucificação de Seu Filho, o Pai disse: "Eu serei Seu Pai, e Ele será Meu Filho" (Hb 1.5). Que tipo de Pai crucifica Seu Filho? Como poderia Isaías dizer: "Mas ao Senhor agradou moê-Lo"? (53.10). Como o Pai poderia encontrar prazer nos sofrimentos de Seu Filho? Como podemos falar corretamente desse tipo de paradigma paternal? Como *isso* é benevolente?

O Cordeiro, no entanto, era profundamente apaixonado pela bondade de Seu Pai (Mt 7.11; Jo 10.32). Para Ele, não havia dúvida – Aba é bom! Como, então, podemos conciliar Sua bondade com o cálice amargo de sofrimento que Ele dá a Seus filhos?

Assim que a questão é levantada, Satanás rapidamente se intromete e calunia o Pai. Ele quer que compartilhemos sua convicção de que o Pai é um disciplinador tirânico, severo e opressor. Ele até tentou convencer Jesus disso. Na tentação de quarenta dias de Cristo, quando Satanás ofereceu a Jesus os reinos do mundo, parece-me que ele estava inferindo: "Serei um pai melhor para Você do que o Seu. Ele vai Lhe dar os reinos do mundo se Você passar pela cruz. Mas eu vou Lhe dar os reinos deste mundo sem nenhuma cruz. Tudo o que Você precisa fazer é me adorar e eu Lhe darei tudo".

Jesus olhou para a oferta de Satanás e basicamente concluiu: "Eu ficarei com Aba". Jesus sabia que a liderança de Seu Pai em Sua vida era perfeita (Mt 5.48). Ele considerou a cruz uma paternidade perfeita.

Certa vez, ouvi um pastor cristão dizer que ficou ofendido com a sugestão de que Deus matou Jesus, porque para ele significava que na cruz Deus se pôs contra Deus. Por mais ofensivo que seja, estou declarando que o Pai crucificou Jesus. Sinceramente, a cruz ofende. As implicações, é claro, são óbvias. Se Deus deu a Jesus Sua cruz, Ele pode nos dar uma também. E não queremos uma. Se pudermos encontrar uma maneira de dizer que Deus *não* crucificou Jesus, podemos remover parte da ofensa da cruz e talvez obter um passe livre para nossa própria crucificação.

Mas nosso texto nos diz que, se não tivermos correção, não somos filhos.

A bondade de Deus em crucificar Seus filhos não é vista imediatamente na própria crucificação, mas na ressurreição que se segue. Uma vez que o filho é ressuscitado, a bondade do Pai em todo o processo torna-se evidente para todos. Por causa da cruz, Aba pode dar a Seus filhos muito mais do que se o sofrimento nunca tivesse acontecido. A cruz prenuncia uma coroa.

Jesus disse: "Assim como o Pai Me conhece, Eu também conheço o Pai, e dou Minha vida pelas ovelhas" (Jo 10.15). Ele encontrou a coragem de entregar Sua vida porque conhecia intimamente a beneficência de Seu Pai. Ele sabia que o cálice seria amargo, mas também sabia que o resultado seria glorioso. Quando Jesus voltou Seu rosto para o Calvário, Ele não teve dúvidas sobre a bondade de Aba.

Se Deus é seu Pai da mesma maneira que é de Jesus, eis o que Ele fará por você: Ele o enviará, o crucificará, o sepultará, o ressuscitará, o glorificará e o assentará à Sua destra. Ele é um Pai fabuloso!

Filhos bastardos

Hebreus 12.8 diz: "Mas, se estais sem disciplina, da qual todos são feitos participantes, logo sois bastardos, e não filhos". Um filho bastardo é aquele nascido fora do casamento.

A nova versão da Bíblia King James usa o adjetivo *ilegítimo*, mas a palavra grega original *nothos* é um substantivo. Para sermos mais precisos quanto ao texto original, portanto, devemos traduzir *nothos* com um substantivo em vez de um adjetivo.

A versão Almeida Clássica Corrigida faz exatamente isso. Aqui está sua interpretação:

Mas, se estais sem disciplina, da qual todos são feitos participantes, logo sois bastardos, e não filhos (Hb 12.8).

É chocante, mas é verdade – a versão Almeida Clássica Corrigida contém a palavra bastardos. E é a melhor tradução. É o substantivo real usado pelo escritor de Hebreus.

Bastardos

O que é um bastardo? Uma criança nascida fora do matrimônio legal. A palavra descreve uma criança cujos pais não se casaram. Criado por uma mãe solteira, um bastardo não é um herdeiro legal da herança de seu pai biológico.

Um bastardo ficaria sem correção, provavelmente porque seu pai não está presente em casa. Seu pai amava sua mãe o suficiente para engravidá-la, mas não o suficiente para se casar com ela e estar presente como marido e pai.

Um bastardo ficaria sem correção porque outros homens na comunidade não se importariam com isso, e é compreensível. Os homens não punem os filhos de outras pessoas; eles têm as mãos ocupadas com os seus. Eles não devem assumir as outras crianças da vizinhança. Isso é para seus próprios pais fazerem.

Da mesma forma, Deus não castiga os filhos de ninguém. Ele assume apenas os Seus.

Deixe-me sugerir outra definição de *bastardo*: mãe certa, pai errado.

Você teve a mãe certa porque ela o amou o suficiente para trazê-lo ao mundo, cuidar de você, importar-se com você e criar você. Mas você teve o pai errado porque ele não o amou o suficiente para se casar com sua mãe e fornecer-lhe uma educação segura. Em vez disso, ele a deixou criá-lo sozinha.

Este princípio se aplica à igreja corporativa de Jesus Cristo. Existem bastardos na igreja. Eles têm a mãe certa (a igreja de Jesus Cristo), mas o pai errado (o diabo). Sempre que a igreja se deita com o diabo, ela dá à luz bastardos.

Deixe-me explicar o que quero dizer.

Com o tempo, a igreja tende a se institucionalizar. Nesse processo, ela reúne em suas fileiras pessoas cuja lealdade é para com a instituição da igreja, mas que não foram regeneradas pelo Espírito. Embora falem frases corretas, elas nunca nasceram do Espírito (Jo 3.5), então ainda são filhos do diabo. Mas elas são dedicadas à sua mãe igreja. Satanás encoraja essa lealdade porque significa que ele tem filhos que representam seus interesses nos corredores da igreja que ele odeia. A igreja coopera com os propósitos de Satanás quando ela falha em limpar de seu meio as mentiras do maligno. Uma igreja que tolera concessões está na cama com o diabo e naturalmente gera bastardos.

Os líderes religiosos dos dias de Jesus eram bastardos. Bem, Jesus não os chamou de fato de bastardos. Ele não usou uma linguagem tão áspera. Ele simplesmente disse a eles: "Vós tendes por pai o diabo" (Jo 8.44). Eles tinham a mãe certa (a comunidade de Israel), mas o pai errado.

Eles reivindicaram Deus como o Pai deles (Jo 8.41), mas eram de fato filhos do diabo.

> *"Vós tendes por pai o diabo e desejais satisfazer os desejos de vosso pai. Ele foi homicida desde o princípio e não permaneceu na verdade, porque não há verdade nele; quando fala mentira, fala do que lhe é próprio, porque é mentiroso e pai da mentira" (Jo 8.44).*

Eles inflexivelmente reivindicaram Deus como seu Pai, mas, no final, suas ações demonstraram que compartilhavam os genes assassinos do diabo. O DNA não mente.

Satanás não tem hesitações em gerar filhos que estão comprometidos com a igreja. Na verdade, ele fica satisfeito quando eles encontram reconhecimento dentro da igreja. Qual a melhor forma de diluir e distrair a missão da igreja do que colocar seus filhos em posições de liderança estratégica?

Um fator diferenciador

O que pode distinguir os bastardos dos verdadeiros filhos? Para começar, eles não são corrigidos. Deus os deixa em paz. Por quê? Porque Ele não corrige os filhos de Satanás. Ele apenas disciplina os Seus.

Quando você assistir a um filme que retrata a crucificação de Cristo, passe a cena naquele monte desolado. Você verá os bastardos parados e olhando – vestidos com seus trajes elaborados, com prestígio de posição, estabelecidos em status e satisfeitos em um trabalho desagradável, mas necessário, finalmente realizado. O conforto e a dignidade de suas vidas parecem ser símbolos da afirmação divina.

E então há a figura ofegante na cruz do meio. Amaldiçoado, abusado, atormentado, nu, abandonado, desprezado, retorcido em espasmos de agonia.

Quem, naquela montanha solitária, tinha a graça de Deus?

Não os isolados. Não os bastardos.

Não confunda imunidade com aprovação.

Embora um homem não corrija as crianças de sua vizinhança, às vezes ele *repreende* os filhos de um vizinho. E, curiosamente, descobrimos que às vezes Deus repreende os filhos do diabo.

Por exemplo, Jesus repreendeu os bastardos de Seus dias. Por quê? Porque Ele estava mostrando misericórdia. Eles nunca poderiam dizer, no dia do juízo, que Jesus não os advertiu. Suas repreensões encontraram seu ápice em Mateus 23. "Mas ai de vós, escribas e fariseus, hipócritas!" (V. 13). Se você não vê Sua misericórdia em Mateus 23, você pode ver esse capítulo como uma diatribe furiosa e intensa contra os fariseus. Mas, na verdade, Sua denúncia foi o soar misericordioso de um alarme – na esperança de que eles pudessem cair em si e serem levados ao arrependimento. Vemos em Mateus 23, portanto, a disposição de Jesus para repreender os bastardos. Mas corrigi-los? Não.

Devemos pedir por correção?

Por anos, ponderei a questão: *É apropriado pedir ao Senhor que nos corrija?*

Quando Jesus nos ensinou a orar: "E não nos deixes cair em tentação" (Mt 6.13), essa oração não soou muito como um pedido de correção. Mas existem outros lugares onde o tom é diferente.

Por exemplo, Jeremias parecia pedir isso quando escreveu: "Castiga-me, ó Senhor, mas com medida, não na Tua ira, para que não me reduzas a nada" (Jr 10.24). Quando você olha mais de perto, no entanto, Jeremias não estava pedindo uma correção futura, mas estava falando de uma correção presente que estava experimentando. Ele estava sofrendo com o aguilhão das correções de Deus sobre a cidade de Jerusalém. Ele não estava pedindo a Deus para remover Suas correções, mas estava pedindo um toque terno, em vez de irado. Foi um apelo por gentileza, muito parecido com o apelo de Habacuque, "na Tua ira, lembra-Te da misericórdia" (Hc 3.2).

Davi orou: "Sonda-me, ó Deus, e conhece meu coração; prova-me e conhece meus pensamentos" (Sl 139.23; veja também Sl 26.2). Ele estava convidando Deus para sondá-lo e prová-lo, mas não estou convencido de que isso significava que ele estava pedindo ao Senhor para corrigi-lo.

Na verdade, há alguns lugares onde Davi pediu ao Senhor que *não* o corrigisse:

> SENHOR, não me repreendas na Tua ira, nem me castigues no Teu furor (Sl 6.1; veja também Sl 38.1).

Queremos que o Senhor nos sonde e prove porque queremos ser conhecidos por Ele, queremos ser mais agradáveis a Ele e queremos que Ele desfrute da integridade de nossos corações. Mas não estamos realmente pedindo para sermos corrigidos.

Não conheço nenhuma criança que peça uma surra.

E, no entanto, é possível orar de uma forma que produza a correção de Deus em nossas vidas, mesmo que não seja especificamente o que estávamos pedindo ou esperando. Eu experimentei isso em minha própria vida. Fiz uma oração fervorosa em 1992, "Senhor, eleva-me a um lugar superior em Ti", e não percebi até mais tarde que a maneira do Senhor de responder a essa oração foi através da correção. Ele me castigou por meio de uma aflição física para que eu pudesse pressioná-Lo com desespero e fervor. Por meio da intensidade da provação, o Senhor me conduziu em uma jornada rumo a um lugar superior Nele. Não pedi para ser corrigido, mas foi assim que o Senhor escolheu responder à minha oração.

Vejo algo semelhante na vida de Jó. No meio de sua provação, Jó disse: "Eu sou irrisão para os meus amigos; eu, que invoco a Deus, e ele me responde" (Jó 12.4). Ele estava dizendo: "Eu pedi algo a Deus, Ele respondeu minha oração, e agora meus amigos zombam de mim". O que Jó pediu? Não sabemos ao certo. Seja o que for que Jó pediu, ele entendeu que sua provação foi a consequência de seu pedido. Ele havia pedido algo a Deus, e a maneira de Deus responder a ele foi conduzindo-o por uma jornada de correção.

Portanto, devemos pedir para ser corrigidos? Aqui está minha melhor resposta. Não vejo base bíblica para pedir ao Senhor que nos corrija. Então, eu não acho que você precisa pedir por isso. Mas penso que é bíblico pedir mais Dele. Então, se a sua jornada para o cumprimento dessa oração exige uma caminhada pela correção, deixe que o Senhor decida isso.

Às vezes, Deus nos deixa famintos até que tenhamos tanta fome por mais Dele que oramos orações perigosas. "Custe o que custar! Eu devo ter mais de Ti!" Eu sou um defensor de orações perigosas – gritos de total abandono a Deus. Peça por mais! Na verdade, existem algumas coisas no reino que não são tocadas até que você peça por ela. Faça a oração perigosa e depois deixe que Ele decida a melhor maneira de respondê-la.

Comparações

Quando você está sendo corrigido, uma de suas primeiras reações é olhar para os outros e se perguntar por que eles não estão se contorcendo de dor como você. Em contraste com outros, sua provação não parece justa.

Cuidado com a tentação de comparar sua provação com a maneira como Deus está ou não corrigindo os outros filhos e filhas ao seu redor. Deus é o Pai de todos nós individualmente. Ele não corrige todos os Seus filhos da mesma maneira ou ao mesmo tempo. Este princípio é visto em Isaías 28:

Porventura lavra todo o dia o lavrador, para semear? Ou cava todo dia sua terra e a esterroa? Não é assim! Antes, quando já tem gradado sua superfície, então esparge nela ervilhaca e semeia cominho; ou lança nela do melhor trigo, ou cevada escolhida, ou centeio, cada qual no seu lugar. Seu Deus o ensina e o instrui acerca do que há de fazer. Porque a ervilhaca não se trilha com instrumento de trilhar, nem sobre o cominho passa a roda de carro; mas com uma vara se sacode a ervilhaca, e o cominho, com um pau. O trigo é esmiuçado, mas não se trilha continuamente, nem se esmiúça com as rodas do seu carro, nem se quebra com seus cavalos (Is 28.24-28).

O ponto de Isaías é que Deus lida exclusivamente com cada grão a fim de produzir a maior colheita em cada safra. Ele aplica esse mesmo tipo de cuidado individual a cada um de Seus filhos, usando meios únicos em cada uma de nossas vidas para produzir a maior colheita espiritual possível. Portanto, não compare. Enquanto Deus está esmagando você, Ele provavelmente está promovendo seu vizinho. Provavelmente é uma preparação – o sucesso deles foi feito para testar você. Lembre-se de que a comparação prejudica. Não se preocupe com a exaltação deles; apenas concentre-se na obra de Deus em sua própria vida. O modo como Jesus está caminhando com seu irmão não lhe diz respeito (ver João 21.22).

A resposta incrível de Rute à correção de Noemi

Alguns discordarão de mim, mas acredito que as aflições de Noemi foram uma correção do Senhor. Noemi passou por um sofrimento incomum: uma fome desalojou-a de sua herança em Belém e fez com que ela e sua família fugissem em busca de socorro na terra de Moabe. Então, seu marido morreu em Moabe. Em algum momento, seus dois filhos se casaram com mulheres moabitas, mas então os dois filhos morreram. Noemi experimentou perda de terra, casa, marido, filhos, provisões e segurança. Não é de admirar que Noemi tenha lamentado como Deus a afligiu:

"A mão do Senhor se descarregou contra mim!" (Rt 1.13).

Porém, ela lhes dizia: Não me chameis Noemi; chamai-me Mara, porque grande amargura me tem dado o Todo-poderoso. Cheia parti, porém vazia o Senhor me fez retornar. Por que, pois, me chamareis Noemi? Pois o Senhor testifica contra mim, e o Todo-poderoso muito me afligiu?" (Rt 1.20-21).

Alguns diriam que Deus não fez essas coisas com Noemi, mas concordo com o ponto de vista dela. A mão do Senhor a afligiu. Sua nora, Rute, permaneceu fielmente ao seu lado e também sofreu danos colaterais por estar tão intimamente associada a ela.

Rute tinha observado pessoalmente a fé de Noemi e aprendeu sobre o Deus de Israel quando ela se casou com alguém da família. A fé foi despertada em seu coração e ela percebeu que, ao se casar com um israelita, se tornara participante da esperança de Israel. Quando ela olhou para a vida de Noemi, tudo que ela podia ver era aflição, perda e tristeza. E, no entanto, em meio às dolorosas correções de Deus, a fé foi despertada em seu coração.

Quando Noemi decidiu retornar a Belém, ela tentou convencer Rute a ficar em sua terra natal (Moabe), mas a resposta de Rute foi simplesmente fantástica:

Rute, porém, respondeu: "Não me instes a te abandonar e deixar de te seguir. Porque, aonde quer que fores, irei e, onde quer que pousares à noite, ali pousarei. Teu povo é meu povo, e teu Deus é meu Deus" (Rt 1.16).

Que surpreendente declaração de fé! Rute estava dizendo: "O Deus que fez essas coisas com você – tirou-lhe de sua casa e tirou seu marido e filhos de você – eu quero que Ele seja meu Deus". Ela contemplou a severa correção do Senhor e ainda assim O escolheu.

E sua fé realmente foi recompensada. Ela acabou dando à luz Obede, que era o avô do rei Davi. Sua fé a trouxe para a linhagem de Cristo (Mt 1.5). O livro de Rute é uma história fabulosa de como Deus honrou a fé de uma viúva moabita. Mais do que isso, para ser mais preciso, o livro é a história da redenção de Noemi. Se Deus tivesse deixado Noemi em paz, nunca saberíamos seu nome. Mas por causa da intervenção de Deus e da correção graciosa, Noemi entrou para os arquivos da história da redenção como uma das maiores mães de Israel.

Noemi tomou o filho, o pôs no seu regaço e foi sua ama. As vizinhas lhe deram um nome, dizendo: A Noemi nasceu um filho. Chamaram-no Obede. Este é o pai de Jessé, o pai de Davi (Rt 4.16-17).

A história terminou com uma redenção gloriosa para Noemi. E Rute ganhou uma herança magnífica na fé porque ela não desprezou como o Senhor corrigiu Noemi.

Deus ressuscita os seus filhos

Se você foi corrigido simplesmente porque é um filho, então quero encorajá-lo com esta verdade: como um filho de Deus, você também é um filho da ressurreição. Jesus chamou os filhos de Deus de "filhos da ressurreição" (Lc 20.36).

O que significa ser um filho da ressurreição? Significa que a ressurreição está gravada em seu destino.

Como Deus trata Seus filhos? Ele os corrige e então os ressuscita. Se você é um filho da correção, sinta-se encorajado porque também será um filho da ressurreição.

Deus ressuscita Seus filhos. É simplesmente como Ele atua como Pai. Quando você está sendo corrigido, você está em boas mãos.

7

Benefícios da correção

Aqui estão os versículos seguintes em nosso texto de Hebreus 12:

Além disso, tínhamos nossos pais segundo a carne, para nos corrigir, e nós os reverenciávamos. Não nos sujeitaremos muito mais ao Pai dos espíritos, para vivermos? Porque aqueles, na verdade, por um pouco de tempo, nos corrigiam como bem lhes convinha; mas Este, para nosso proveito, para sermos participantes da sua santidade (Hb 12.9-10).

Com esses versículos, nosso foco está voltado para os benefícios da correção. Dois benefícios da correção são mencionados aqui: entramos na verdadeira vida espiritual e nos tornamos participantes de Sua santidade. Olhemos para esses dois e, em seguida, ampliemos nosso escopo para considerar os benefícios da correção que são mencionados em outras partes das Escrituras.

A correção produz vida

Hebreus 12.9 faz a pergunta: "Não nos sujeitaremos muito mais ao Pai dos espíritos, para vivermos?" Quero enfatizar a palavra *vivermos*. A punição é designada por Deus para nos levar a uma *vida* espiritual autêntica. Ela não apenas nos salva da morte (Pv 23.14), mas também nos direciona para o caminho da vida eterna.

Quando aprendemos com a correção do Senhor e mudamos, estamos escolhendo a vida.

De acordo com Hebreus 12.9, respeitamos nossos pais humanos por terem a coragem de nos corrigir. Eles arriscaram que interpretássemos mal suas intenções no momento, para que possamos ser melhores mais tarde. Por isso, nós os honramos. Eles nos prepararam para a sabedoria de viver habilmente a vida na Terra. Nós os respeitamos porque sabíamos que, se não honrássemos a correção, poderíamos realmente ter problemas.

Se respeitamos nossos pais humanos por nos preparar para a vida natural na terra, quanto mais devemos respeitar nosso Pai celestial, que empunha uma vara muito mais poderosa e que também deseja que não interpretemos errado Sua mão no momento para que possamos compartilhar mais tarde nas riquezas da vida eterna?

Essa palavra *vivermos* é alegre! Ele aponta para a vida de Deus, para a vida verdadeira – para a vida que é experimentada aqui na Terra e também no futuro. A correção exclui de nossas vidas todas as coisas mortais e nos leva à vida real, experimental e espiritual. Este é o primeiro benefício da correção especificada em nosso texto. Ela nos leva a uma vida abundante em Cristo.

A correção é contraintuitiva. No momento, Deus está matando tantas coisas em você que você sente que está morrendo. Mas permaneça na jornada porque Deus o levará até o fim pretendido. No início, você pode sentir que a correção está produzindo apenas a morte em você; mas um dia você sairá do outro lado e perceberá que Sua graça lhe trouxe a uma vida abundante em Cristo.

A correção produz santidade

O segundo benefício da correção, conforme registrado no versículo 10 do nosso texto, é que ela nos torna participantes da santidade de Deus: "Porque aqueles, na verdade, por um pouco de tempo, nos corrigiam como bem lhes convinha; mas Este, para nosso proveito, para sermos participantes da sua santidade" (Hb 12.10).

Nossos pais humanos nos corrigiram "por um pouco de tempo" – isto é, por um breve período de tempo em nossa infância. Ao nos disciplinar no estágio correto de desenvolvimento, nossos pais nos posicionaram para uma vida bem-sucedida. De forma semelhante, quando consideramos os benefícios eternos da correção de Deus, Suas aflições em nossas vidas são comparativamente breves – apenas por "um pouco de tempo" quando tudo é considerado. Mesmo que durem *anos* nesta permanência, eles serão vistos apenas como "um pouco de tempo" à luz da eternidade.

Nossos pais humanos nos corrigiram "como bem lhes convinha" (Hb 12.10). Seu conhecimento e compreensão eram limitados, e seus motivos às vezes se misturavam a um julgamento confuso ou a uma experiência limitada. Eles fizeram o melhor que puderam, mas nos corrigiram de maneira imperfeita. Em contraste, as correções de nosso Pai celestial são perfeitas em todos os aspectos, sem erro ou excesso, feitas sob medida para nada além de nosso benefício.

Deus corrige para nos conceder maior entrada nos vastos acervos de Sua santidade. Encontraremos profundezas de intimidade com Jesus que foram abertas apenas por meio de correção. A santidade é bela, íntima, ardente e altamente desejável. Ele confere autoridade. Isso explica por que a correção é parte do processo de nos levar a uma autoridade superior no reino; a correção é necessária para que possamos administrar apropriadamente a autoridade maior que vem com o cargo superior.

Hebreus 12.10 afirma que Deus tem um propósito santo em nos castigar. Mesmo que haja dor por um período, Deus a está usando para produzir um resultado positivo. Deus nos garante que há um propósito na dor. A razão pela qual o inferno é tão infernal é porque seus sofrimentos não têm propósito – tornando os homens ainda mais parecidos com demônios. No reino, o sofrimento sempre tem um propósito nobre – nos tornar mais semelhantes a Cristo. O sofrimento impulsionado por um propósito traz a esperança de uma santidade maior e um chamado mais elevado.

Alguém pode perguntar: "Você está dizendo que Deus usa doenças ou aflições para nos tornar mais santos?" Não. Doença ou enfermidade não torna ninguém santo. Na verdade, pode ter o efeito oposto. Algumas pessoas ficam desorientadas em sua enfermidade e perdem o rumo. Ela só nos torna santos se reagirmos de maneira adequada.

O desígnio de Deus é que a aflição produza desespero espiritual, levando-nos a insistir na palavra e na oração com paixão e zelo. A maioria das pessoas não persegue a Deus com desespero por iniciativa própria. Somos criancinhas. Precisamos de ajuda dos pais. O Pai usa a correção para nos ajudar a encontrar dimensões de santidade que não teríamos descoberto sem Sua intervenção.

Não é a crise que nos transforma, mas a busca de Deus na crise. À medida que permanecemos na palavra e no Espírito, Ele nos conduz à Sua santidade. A calamidade é simplesmente um catalisador para nos levar até lá.

Olhemos também Apocalipse 3

Como já declarado, Hebreus 12.9-10 menciona dois benefícios da correção. Mas existem mais. Apocalipse 3.14-22 apresenta quatro benefícios adicionais da correção do Senhor.

> *"Ao anjo da igreja em Laodiceia escreve: Isto diz o Amém, a Testemunha Fiel e Verdadeira, o Princípio da criação de Deus: 'Conheço tuas obras, que nem és frio nem quente. Quem dera fosses frio ou quente! Assim, porque és morno, e não és frio nem quente, te vomitarei da Minha boca. Porque dizes: Sou rico, eu estou enriquecido e de nada tenho falta, mas não sabes que és um desgraçado, miserável, pobre, cego e nu. Aconselho-te que compres de Mim ouro provado no fogo, para que te enriqueças, vestes brancas, para que te vistas e não apareça a vergonha da tua nudez, e colírio para os olhos, a fim de que vejas. Eu repreendo e castigo todos quantos amo; sê, pois, zeloso e arrepende-te. Eis que estou à porta e bato; se alguém ouvir Minha voz e abrir a porta, entrarei em sua casa, com ele cearei, e ele, Comigo. Ao que vencer, permitirei que se assente Comigo no Meu trono, assim como Eu venci e Me assentei com Meu Pai no Seu trono. Quem tem ouvidos ouça o que o Espírito diz às igrejas'".*

Nesta passagem, Jesus disse: "Eu repreendo e castigo todos quantos amo". Uma razão pela qual você pode confiar na correção de Jesus é porque Ele mesmo foi corrigido pelo Pai. Você quer ser corrigido por alguém que já passou por isso. É por isso que você pode confiar totalmente em Jesus quando Ele corrige sua vida. Ele corrige com compaixão e conhece seus benefícios.

Esta carta aos laodicenses é uma passagem "irmã" de Hebreus 12, abordando o tema da correção. Quando examinamos esta carta, acredito que podemos ver o que Jesus estava procurando realizar em suas vidas. Sua carta transmitia quatro benefícios que Ele queria que eles desfrutassem como resultado de Sua correção:

> Ele queria resgatá-los da mornidão espiritual.
> Ele queria que eles vissem sua verdadeira condição espiritual.
> Ele queria que eles fossem transformados em Seu fogo refinador.
> Ele queria trazê-los a uma maior intimidade com Ele.

Vejamos esses quatro benefícios.

A correção produz fervor espiritual

O primeiro benefício da correção em Apocalipse 3.14-22 é que ela nos obriga a descartar a apatia espiritual. Ou nos tornamos frios ou quentes de fervor por Jesus. Ele disse: "Quem dera fosses frio ou quente". Agora, *é* possível ser passivo e neutro – até que Jesus corrija. Uma vez que Ele corrige, todavia, você não pode mais se sentar em cima do muro. A intensidade da provação o lançará em uma das duas reações opostas: ou você se aproximará Dele com ardente desamparo (ficará quente), ou ficará ofendido e se afastará de Seu abraço (ficará frio). Será impossível permanecer morno no meio-termo.

Jesus advertiu que nos últimos dias, "O amor de muitos se esfriará" (Mt 24.12). Em tal clima espiritual, o que poderia ser mais misericordioso e compassivo do que Ele nos visitar com Sua vara de correção? Quando você perceber que Ele corrigiu para tornar seu amor mais ardente e fervoroso, você só poderá se curvar em gratidão por tal terna misericórdia.

A correção produz uma autoavaliação mais clara

O segundo benefício da correção em Apocalipse 3 é que ela revela nossa verdadeira condição espiritual. Historicamente, o povo de Deus nunca agiu bem com a prosperidade material (por exemplo, Oseias 13.6). Quando estamos ricos e confortáveis, tendemos a afundar na pobreza espiritual, mesmo sem perceber. Os laodicenses achavam que eram ricos espiritualmente porque Deus havia suprido todas as suas necessidades – tão ricos, na verdade, que não precisavam de nada. Mas Jesus viu a condição deles de maneira diferente. Para Ele, eles eram desgraçados, miseráveis, pobres, cegos e nus.

Para se verem como Jesus os via, eles precisavam ser corrigidos. Eles precisavam que a camada fosse removida de seus olhos para que pudessem ver o quão falidos eles realmente estavam. A correção é a maneira de Deus atacar nossas cataratas espirituais.

Você pode ver a si mesmo repleto da alegria do Senhor, mas quando os problemas atingem sua vida e sua alegria desaparece, você percebe como sua alegria realmente é superficial. Você pode se considerar cheio de fé, mas quando a calamidade atinge e sua fé de repente se evapora, você se depara com a pobreza gritante de sua alma. Você pode pensar que tem uma percepção espiritual aguçada, mas quando Deus o submerge nas trevas de uma provação profunda, você percebe quão cego é.

Quando Deus usa a dificuldade para nos ajudar a ver nossa verdadeira condição espiritual, percebemos que Sua vara é gentil e amável. Sem ela, teríamos continuado em nosso autoengano.

A correção produz mudança de caráter

O terceiro benefício da correção na carta aos laodicenses é que ela concede uma oportunidade para o desenvolvimento do caráter. Sua correção é retratada como um fogo refinador. Na provação de fogo, temos a oportunidade de "comprar" de Jesus "ouro provado no fogo", que significa *semelhança a Cristo*. Quando compramos algo, trocamos dinheiro por um produto ou serviço. Comprar algo, portanto, significa perder uma coisa para ganhar outra. Comprar o ouro de um caráter piedoso nos custará algo.

Algumas coisas no reino nos são *dadas* gratuitamente, como perdão, cura, libertação, provisão, paz, alegria etc. Mas há outras coisas no reino que devemos *comprar*. As coisas mais valiosas do reino nunca são gratuitas. Algumas coisas, como a *semelhança a Cristo*, têm um preço. Como Paulo, sofreremos muitas perdas para ganhar a Cristo (Fp 3.7-8). A jornada envolverá negar a nós mesmos e tomar nossa cruz. As perdas em seguir a Cristo às vezes são muito reais, mas o que se ganha é tão enriquecedor que vemos o que foi perdido como "esterco" (Fp 3.8). Quando compramos o ouro da semelhança a Cristo, ganhamos um tesouro que nos acompanhará na era futura.

De acordo com Apocalipse 3.18, portanto, a correção nos dá a oportunidade de comprar o ouro da piedade. Esse mesmo versículo também diz que ganhamos oportunidade de comprar roupas brancas por meio de boas obras. E através do colírio da abnegação, nossos olhos são curados e começamos a ver novamente.

A correção produz uma intimidade mais profunda com Jesus

O quarto benefício da correção da carta à Laodiceia é que ela nos leva a novos reinos de intimidade com Jesus. Jesus apontou para isso quando disse: "Eis que estou à porta e bato; se alguém ouvir Minha voz e abrir a porta, entrarei em sua casa, com ele cearei, e ele, Comigo" (Ap 3.20). Ele bate na nossa porta. *Nossa primeira impressão é que Ele está nos espancando; mas, ao que parece, Ele está batendo para encontrar uma maior entrada em nossos corações.*

Nossos instintos de autoproteção podem nos tentar no início a fechar nossos corações porque estamos muito acostumados a salvar e preservar nossas vidas. Mas Ele continua a bater e a esperar pacientemente por nós. À medida que abrimos lentamente a porta e ganhamos coragem para perder nossas vidas, descobrimos que Ele está ali, esperando para entrar. Ele quer sentar e jantar. Ele quer conversar. Ele quer que a conversa seja íntima, sincera e real. Ele até serve a refeição – Sua própria carne e sangue. Para Ele, tudo gira em torno da intimidade.

Sua correção revela o quanto Ele nos ama e com que fervor nos deseja.

Vá para o próximo capítulo para obter ainda mais benefícios da correção.

8
Mais benefícios da correção

No capítulo anterior, vimos os benefícios da correção, conforme revelado em Hebreus 12 e Apocalipse 3. Mas não vamos parar por aí. Existem outras partes das Escrituras que revelam ainda mais benefícios.

Um dos benefícios das correções do Senhor em nossas vidas é que podemos nos tornar um lugar de descanso para o Espírito Santo (Nm 11.25; Is 11.2; Lc 3.22). Vemos isso em Provérbios 29.17: "Castiga teu filho, e ele te dará descanso e delícias à tua alma". O Pai corrige Seus filhos para que nossos corações se tornem Seu lugar de descanso e morada (Jo 14.23). Quando nossa caminhada é difícil e descuidada, a pomba do Espírito Santo não consegue encontrar um lugar para descansar. Por meio de Suas correções, o Pai subjuga nossa caminhada para que a pomba de Seu Espírito descanse continuamente sobre nós.

Não desanime se o processo de se tornar um lugar de descanso para o Espírito Santo demorar muito. Deus não está frenético ou apressado. Permita que o Espírito Santo lute gentilmente com as questões da sua vida que O desagradam (Gn 6.3; Sl 103.9; Hb 12.4). Ele lhe dará muitas oportunidades de renunciar áreas de resistência carnal à Sua vontade. Chegará o dia em que você perceberá que Seu Espírito não está mais lutando com você como antes, e seu coração realmente terá se tornado uma morada onde Ele pode descansar.

Quanto maior o chamado em sua vida, maior a consagração que é convidada. Este princípio é visto no sacerdócio do Antigo Testamento (veja Lv 21). Os levitas tinham requisitos mais rígidos sobre eles do que o israelita comum porque serviam nas cortes do Senhor. Os sacerdotes tinham requisitos ainda mais rigorosos do que os levitas, e o sumo sacerdote tinha os requisitos mais rigorosos de todos (Lv 21.12). Quanto mais elevado for o chamado, maior será a consagração.

Alguém pode se perguntar: "Senhor, por que Suas correções em minha vida são mais fortes do que na vida de meus colegas?" Posso supor que a resposta Dele seja algo como: "Não é que você tenha problemas incomuns, mas sim um chamado incomum".

Quero andar cuidadosamente diante do Senhor de uma forma que se adéque ao meu chamado, para que o Espírito Santo possa sempre descansar sobre mim.

A correção enfrenta a estultícia

Há uma conexão nas Escrituras entre correção e estultícia. Deus corrige para atingir a estultícia. O versículo mais forte sobre isso é Provérbios 22.15: "A estultícia está ligada ao coração do menino, mas a vara da correção a afugentará dele".

Há uma diferença entre ser tolo e ser um estulto. Estulto é alguém que não abandona sua estultícia, mesmo sob correção. Como está escrito em Provérbios 27.22: "Ainda que pisasse o tolo com uma mão de gral entre grãos de cevada pilada, não se iria dele sua estultícia". Um filho sábio pode ter áreas tolas em sua alma, mas ele coopera com a graça de Deus para que, por meio das correções, essas coisas sejam expulsas de sua vida.

Aqui está outra passagem que associa Sua correção com nossa estultícia:

> SENHOR, *não me repreendas na Tua ira, nem me castigues no Teu furor... Minhas chagas cheiram mal e apodrecem, por causa da minha loucura (Sl 38.1,5).*

Qual era a natureza da estultícia de Davi? Ou, para ser mais pessoal, qual é a natureza da minha própria estultícia? A resposta é encontrada, pelo menos para mim, ao ligar a estultícia à descrença. Observe a ligação entre a estultícia e a descrença nestes versos:

Diz o néscio em seu coração: "Não há Deus" (Sl 14.1).

Ele lhes disse: "Ó néscios e tardos de coração para crer tudo o que os profetas disseram!" (Lc 24.25).

A descrença é uma estultícia. O estulto é tão incrédulo que nega a própria existência de Deus (Sl 14.1). Quando Jesus disse aos Seus discípulos: "Ó néscios", Ele não os estava chamando de estultos, mas estava dizendo que eles estavam se fazendo de estultos. Qual era a estultícia deles? Incredulidade. Eles eram tardios de coração para crer em tudo o que os profetas haviam falado. Os profetas previram Sua ressurreição, mas quando aconteceu bem diante deles, eles não acreditaram.

A descrença é uma estultícia consumada.

Quando não acreditamos na palavra de Deus, estamos bancando o estulto. Um dos propósitos de Deus na correção é expulsar essa estultícia de nós e nos ancorar na fé.

Repetidamente, em Seu ministério, Jesus repreendeu Seus discípulos pela descrença deles (por exemplo, Mt 6.30; 8.26; 14.31; 16.8). Em Mateus 17.17, Jesus parecia exasperado com a descrença dos discípulos; mas, em geral, Suas repreensões não foram uma expressão de frustração. Em vez disso, Ele queria que a força de Suas repreensões os provocasse e levasse à fé. Suas repreensões tinham o poder de impedir a descrença e despertar a fé.

Jesus não disciplina com aborrecimento e frustração, mas com ternura resoluta. É tudo para o nosso aprimoramento. Em Sua bondade, Ele procura expulsar de nossa alma a loucura da incredulidade. Seja grato por Suas repreensões porque *com cada repreensão vem o poder de mudar.*

Jesus não apenas repreende e deixa quieto. Ele segue a repreensão com a palavra da fé. Por quê? Porque "a fé é pelo ouvir, e o ouvir pela palavra de Deus" (Rm 10.17). Por exemplo, depois de repreender os dois na estrada para Emaús por sua descrença estulta (Lc 24.25), Ele passou a derramar a verdade neles até que seus corações arderam de confiança em Deus (Lc 24.27, 32).

Se Ele repreendê-lo, portanto, prepare-se para que Ele fale a palavra de fé!

A correção e o dinheiro

Outro benefício da correção está relacionado à administração do dinheiro. Jesus quer que vivamos em obediência na área de finanças, mordomia e doações. Às vezes, Ele corrige nossas vidas para colocar essa área em ordem. Salomão traçou uma linha entre finanças e correção, colocando ambos no mesmo contexto:

> *Honra o Senhor com tua fazenda e com as primícias de toda a tua renda; e teus celeiros se encherão de fartura e teus lagares transbordarão de mosto. Filho meu, não rejeites a correção do Senhor, nem te enfades da sua repreensão, porque o Senhor repreende aquele a quem ama, assim como o pai, ao filho a quem quer bem (Pv 3.9-12).*

Não é incomum, portanto, que Deus repreenda Seus filhos com relação à mordomia dos recursos financeiros. Ele tem, pelo menos, duas coisas em mente.

Primeiro, Ele nos corrigirá para que nos tornemos fiéis e obedientes nos dízimos e ofertas. Ele quer que O provemos como nossa Fonte e Provedor. Ele deseja que nossos "celeiros... sejam cheios com fartura", então Ele terá como alvo os padrões de descrença que nos roubam essa alegria.

Em segundo lugar, o Senhor corrige aqueles que são chamados para administrar níveis acima da média de recursos financeiros. Deus capacita alguns de Seus servos para produzir grande riqueza para que possam apoiar a obra de Deus na Terra. Quando recursos abundantes fluem por nossas mãos, eles tentam envolver nossos corações. Mas Deus não está interessado em nos usar com generosidade e depois nos perder para a cobiça. Ele sabe que bênçãos financeiras podem ser prejudiciais, por isso Ele corrige e repreende a fim de preservar nossa alma. Uau, Ele com certeza nos ama!

Outros benefícios da correção

Para concluir nossa discussão sobre os benefícios da correção, quero ir a Salomão. O livro de Provérbios tem mais a dizer sobre a correção de crianças do que qualquer outro livro da Bíblia. O que Salomão disse em Provérbios ajuda a completar nosso entendimento sobre os benefícios bíblicos da correção do Senhor.

Na coluna direita estão meus breves comentários sobre cada versículo.

Mais Benefícios de Repreensões e Correções

A repreensão do Senhor	Os benefícios
Convertei-vos pela Minha repreensão; eis que abundantemente derramarei sobre vós Meu espírito e vos farei conhecer Minhas palavras (Pv 1.23).	Quando nos arrependemos pela Sua repreensão, Ele derrama Seu Espírito sobre nós e revela Suas palavras para nós. Uau!
Não repreendas o escarnecedor, para que ele não te aborreça; repreende o sábio, e ele te amará (Pv 9.8).	A repreensão aumenta nosso amor por nosso Pai celestial.
O caminho para a vida é daquele que guarda a correção, mas o que abandona a repreensão faz errar (Pv 10.17).	A correção protege nosso caminho no caminho para a vida.
Instrui o menino no caminho em que deve andar, e até quando envelhecer não se desviará dele (Pv 22.6).	|//
A repreensão do Senhor	**Os benefícios**
Pobreza e afronta sobrevirão ao que rejeita a correção, mas o que guarda a repreensão será venerado (Pv 13.18).	Quando reagimos adequadamente à repreensão, o Senhor nos honra. Como disse Bill Johnson, Ele nos disciplina para que possamos sobreviver às Suas bênçãos.

Os ouvidos que escutam a repreensão da vida, no meio dos sábios farão sua morada. O que rejeita a correção menospreza sua alma, mas o que escuta a repreensão adquire entendimento (Pv 15.31-32). A vara e a repreensão dão sabedoria, mas a criança entregue a si mesma envergonha sua mãe (Pv 29.15).	Ouvir as repreensões do Senhor nos leva às fileiras dos sábios.
Castiga teu filho enquanto há esperança, mas para o matar não alçarás tua alma (Pv 19.18). Não retires a disciplina da criança, porque, fustigando-a com a vara, nem por isso morrerá. Tu a fustigarás com a vara e livrarás sua alma do inferno (Pv 23.13-14).	A correção pode nos salvar da destruição. Com bondade, Deus julga nossos corações agora, e não mais tarde. É muito melhor deixar as questões que nos atrapalham agora do que enfrentar suas consequências no juízo final.
Quem repreende o homem achará depois mais favor do que aquele que lisonjeia com a língua (Pv 28.23).	Depois que tudo acabar e tivermos uma perspectiva clara sobre o que aconteceu, seremos muito gratos, pois o Senhor nos amou o suficiente para nos repreender.

    Quando consideramos todos os benefícios do Senhor na correção, entendemos por que Davi, ao falar de Seus juízos, disse: "Mais desejáveis são do que o ouro, sim, do que muito ouro fino, e mais doces do que o mel e o licor dos favos" (Sl 19.10). Seus juízos são intensos e até temíveis, mas são altamente desejáveis por causa das doces recompensas que produzem no final.

    Você não está feliz por ser um filho ou filha e um participante de Sua santidade?

Seja zeloso pelo propósito pretendido de Deus

Devemos ser zelosos para colher todos os benefícios gloriosos da correção do Senhor. Por quê? Porque é possível perder alguns deles. Por exemplo, Isaías indicou que o cativeiro de Israel na Babilônia não produziu neles todos os benefícios que Ele havia planejado. Eis como Isaías colocou:

> *Bem concebemos nós e tivemos dores de parto, mas isso não foi senão vento; livramento não trouxemos à Terra, nem caíram os moradores do mundo (Is 26.18).*

Isaías comparou o cativeiro deles a uma mulher grávida dando à luz um bebê. Deus queria que o ventre de seu cativeiro desse à luz algo de valor eterno na nação. Eles pareciam estar grávidos, mas quando a libertação finalmente veio, nenhum bebê saiu. Eles não surgiram com autoridade espiritual para realizar o livramento à Terra; eles apenas soltaram gases.

De acordo com a passagem acima, Deus queria formá-los como ministros de Seu livramento à Terra. Ele queria espalhar vida espiritual aos gentios por meio de seu testemunho[9]. Mas, infelizmente, eles não participaram do benefício pretendido do cativeiro.

Meu coração é zeloso (Ap 3.19) para alcançar aquilo para o que fui também preso por Cristo Jesus (Fp 3.12). Eu não quero suportar todas as punições, e, no final, apenas soprar ar quente. Os benefícios da correção são muito ricos e significativos para serem perdidos.

Seja zeloso, portanto, para extrair da provação todo benefício que Ele está pretendendo. Que você se torne um libertador na Terra!

---

9   O verbo "cair" em Isaías 26.18 tem dezoito nuances de significado. O significado aqui é "vir para uma nova vida".

9

A dor da correção

Agora vamos falar sobre os aspectos dolorosos da correção, porque é para onde nosso texto de Hebreus 12 nos leva a seguir.

Na verdade, toda correção, no momento, não parece ser causa de alegria, senão de tristeza, mas depois produz um fruto pacífico de justiça aos exercitados por ela. (Hb 12.11).

O versículo não esconde isso: a correção pode ser dolorosa, especialmente se a provação for particularmente intensa.

Algumas traduções (como a Nova King James) traduzem o grego *lupe* como *doloroso*. *Lupe* significa tristeza, pesar, abatimento ou sofrimento, então a tradução pela Bíblia Almeida Clássica Corrigida como *tristeza* é provavelmente a mais precisa. A tristeza é uma resposta natural à perda. Em *tristeza*, a ideia de dor é inferida e assumida.

Eliú falou sobre o lado doloroso da correção quando disse: "Também [o homem] na sua cama é castigado com dores e com a incessante contenda dos seus ossos" (Jó 33.19). Paulo destacou a intensidade da correção quando escreveu: "como morrendo, mas de fato vivendo; como castigados, mas não mortos" (2Co 6.9).

Alguns cristãos supõem que a dor nunca é a vontade de Deus para nossas vidas. Um versículo que eles podem usar para apoiar essa posição é a oração que Jesus nos deu: "Venha Teu reino; seja feita Tua vontade, assim na Terra como no céu" (Mt 6.10). Eles podem dizer: "Não há dor no céu, onde a vontade de Deus é feita com perfeição. Portanto, quando a vontade de Deus se manifesta na Terra, toda a dor é removida. Não há aflição no céu e, portanto, Sua vontade é que não soframos aflição na Terra. Não há doença no céu, e quando Sua vontade vem à Terra, toda doença vai embora". Eles presumem que se algo é a vontade de Deus para o céu, então também deve ser a Sua vontade para nós na Terra. Não tenho certeza se isso é totalmente correto. Acredito que há coisas que são a vontade de Deus para nossas vidas nesta jornada terrena que não serão mais a Sua vontade para nós quando estivermos no céu. Por quê? Porque os dois planos são profundamente diferentes um do outro. A Terra é uma zona de guerra; o céu não. Na Terra, temos corpos físicos em um planeta que geme; não vai ser assim no céu. Portanto, quando a vontade perfeita de Deus for feita em nossas vidas nesta jornada terrena, ela incluirá coisas dolorosas que não experimentaremos no céu – como provações, perseguições, enfermidades e adversidades.

Algumas pessoas supõem que, uma vez que Jesus está agora no céu, Ele não sofre mais. Eles O imaginam isolado de nossa dor. A Escritura indica, no entanto, que Ele continua a sentir nossas dores e tristezas. Nossos sofrimentos causam dor a Ele. João estava se referindo a isso quando descreveu seus sofrimentos na ilha de Patmos como sua participação na "aflição, no reino e na paciência de Jesus Cristo" (Ap 1.9). A aflição de João deu aflição a Jesus. Quando o corpo dói, a Cabeça dói. "Em toda a angústia deles foi Ele angustiado" (Is 63.9).

Eu direi isso audaciosamente. Se não há aflição em sua vida, você deve analisar para ver se algo está errado. Como João, devemos viver tanto na aflição quanto no reino de Jesus Cristo. Jesus sente os entraves do calendário do Pai tanto quanto nós. Ele tardou nas respostas às Suas orações, assim como conosco. Como nós, Ele sente o opróbrio de promessas não cumpridas e o ódio de um mundo antagônico. Aqui está a paciência de Cristo. Ele Se senta com toda autoridade e poder em Suas mãos e, no entanto, espera que o Pai libere essa autoridade. Já que a espera é dolorosa para nós, também é dolorosa para Ele.

É uma longa maneira de dizer que a dor às vezes é a vontade de Deus para nossas vidas – e isso levanta algumas questões.

Aqui está nossa primeira questão.

É certo temer a dor?

Se a correção for dolorosa, nosso primeiro instinto é evitar e temer. Estará tudo bem para Deus se nos descobrirmos temendo a possibilidade de Sua vara em nossas vidas?

Acredito que a resposta é *sim* e *não*, porque existe um temor apropriado e inapropriado de Deus. Primeiro, vamos considerar o temor apropriado de Deus.

Hebreus 5.7 mostra como Jesus temeu a Deus durante Sua oração no jardim do Getsêmani: "Ele, Jesus, nos dias da Sua carne, oferecendo, com grande clamor e lágrimas, orações e súplicas ao que o podia livrar da morte, foi ouvido quanto ao que temia". Jesus antecipou a cruz com temor piedoso porque sabia que estava prestes a suportar a punição dos pecados do mundo inteiro (Is 53.5-6). Seu exemplo demonstrou que é apropriado temer os juízos de Deus. Ele tremia de medo, agonizava em oração e então caminhou diretamente para a cruz. Essa é a maneira certa de temer a Deus.

Parece, com base em Isaías 57, que Deus *queria* que Israel temesse Seus juízos. Ele estava falando sobre o temor de falsos deuses quando disse: "Mas de que tiveste receio ou a quem temeste, para que mentisses e não te lembrasses de Mim, nem no teu coração Me pusesses? Não é, porventura, porque Eu Me calo, e isso já desde muito tempo, e não Me temes?" (Is 57.11). O Senhor havia retido Seus juízos – calado – por muito tempo e, consequentemente, eles não O temiam mais. Em vez disso, eles temiam falsos deuses. Seu desejo, entretanto, era que eles temessem a Ele e aos Seus juízos.

Não apenas é certo temer a correção do Senhor, mas é o que Ele deseja. Entretanto, também há uma maneira de temer que desagrada ao Senhor. Então, vamos examinar brevemente a maneira errada de temer a Deus.

Quando Deus estava usando a Assíria como Sua vara sobre a nação de Israel, Ele disse a eles que *não* temessem.

> *Pelo que assim diz o Senhor, o Senhor dos Exércitos: "Não temas, povo Meu, que habitas em Sião, a Assíria, quando te ferir com a vara e contra ti levantar seu bordão, à maneira dos egípcios; porque daqui a bem pouco se cumprirá Minha indignação e minha ira, para os consumir" (Is 10.24-25).*

Ele estava dizendo: "A Assíria vai golpear vocês com veemência, assim como os egípcios golpearam seus antepassados, mas não temam". Quando os israelitas se lembraram de como o Egito feriu seus antepassados, ficaram aterrorizados. Isso aconteceria de novo! E, no entanto, Deus disse: "Não os temam".

Por que não? Porque Deus estava prometendo libertar Seu povo da Assíria. Assim como Deus planejou a ascensão da Assíria contra Israel, Ele também planejou sua queda. Portanto, embora estivessem sob disciplina divina, Deus disse-lhes claramente: "Não temam".

Deus quer que temamos Suas disciplinas? A resposta de Isaías 10 é *não*.

Isso coincide com as palavras de Jesus à igreja de Esmirna: "Não temas as coisas que hás de padecer" (Ap 2.10).

Quando Deus disciplinou Paulo, ele se recusou a temer. Na verdade, ele até deu um passo adiante. Ele sentia prazer nos golpes! Ele escreveu assim: "De boa vontade, pois, me gloriarei nas minhas fraquezas, para que em mim habite o poder de Cristo. Pelo que sinto prazer nas fraquezas, nas injúrias, nas necessidades, nas perseguições e nas angústias, por amor de Cristo. Porque, quando sou fraco, então sou forte" (2Co 12.9-10).

Deus não queria que Paulo temesse suas enfermidades, mas que tivesse prazer nelas por causa das coisas boas que estava fazendo por meio delas.

Deve um cristão temer, portanto, o que Deus pode fazer se ele ou ela abandonar tudo por Ele? Não. Quem teme o que pode vir das mãos de seu Pai celestial "não está aperfeiçoado no amor", porque "o perfeito amor lança fora o medo" (1Jo 4.18). O amor é aperfeiçoado em nós quando não tememos mais os atos impetuosos de Deus, mas quando acolhemos bem a misericórdia severa que redireciona nossas vidas. O amor perfeito está confiante de que tudo o que Ele faz em nossas vidas é para o nosso bem e para a Sua glória.

Portanto, devemos temer a correção do Senhor? Não!

Mas devemos temer a Deus quando estamos sob Sua mão poderosa? De acordo com Hebreus 5.7 e Isaías 57.11, sim!

É tanto sim quanto não[10].

Uma maneira de decifrar entre o verdadeiro temor do Senhor e um temor profano de Deus é discernir a direção em que ele está levando-o. Se o temor que você está sentindo está fazendo com que você se afaste do Senhor e recue, então é um temor profano. Se o temor que você está sentindo, no entanto, faz com que você se achegue mais a Deus e envolva seus braços trêmulos em torno Dele, então você está sob o verdadeiro temor do Senhor. Nunca temermos o temor do Senhor, mas corremos para ele com amor confiante.

Agora, vamos à próxima pergunta sobre a dor.

Se é doloroso, é sempre uma correção?

Não.

Deus é soberano sobre tudo. Mas não acredito que a soberania de Deus signifique que Ele é o arquiteto providencial de todas as provações e aflições que as pessoas enfrentam. Às vezes, Deus não tem envolvimento causal em certas provações e calamidades. Se Deus está envolvido, então provavelmente podemos chamar isso de correção até certo ponto. Mas se Deus está completamente não envolvido em causar a provação dolorosa, não é uma correção. A correção apenas descreve situações nas quais Deus tem, pelo menos, um envolvimento parcial.

Vejo cinco elementos causais possíveis nas dificuldades da vida: Deus, Satanás, eu mesmo, as pessoas e a natureza quebrada de nossa ordem criada decaída. Para uma discussão mais completa desses cinco elementos, consulte o capítulo 18. Mas, por ora, deixe-me fazer alguns comentários breves e esclarecedores.

Nem toda provação é uma correção do Pai. Às vezes, doenças ou calamidades são puramente demoníacas em suas origens. Pedro testificou que Jesus saiu para "andou fazendo o bem e curando todos os oprimidos do diabo" (Atos 10.38). Algumas provações vêm do diabo e Deus não participa delas.

---

10 Quando Jesus ensinou sobre o temor de Deus em Lucas 12.4-7, Ele articulou esse mesmo paradoxo. Ele disse: "Sim, vos digo, a esse temei! (...) Não temais, pois; mais valeis vós do que muitos passarinhos". Jesus disse: "A esse temei (...) não temais". É um paradoxo. Nós fazemos ambos.

Uma irmã uma vez me perguntou: "Eu tenho câncer no cérebro. Isso poderia ser a correção do Senhor em minha vida?" Eu nem parei para orar antes de responder a ela. Eu imediatamente disse: "Não!" Existem algumas coisas que entram em nossa vida a respeito das quais Deus não tem parte. Não acredito que Deus esteja por trás do câncer. Considero o câncer uma aflição demoníaca. E existem muitos outros tipos de doenças que considero totalmente demoníacas, como lúpus, colite, diabetes, leucemia, distúrbios maníacos, hepatite, fadiga crônica, gota, tumores, doenças cardíacas, enfisema, enxaquecas, TDAH, Alzheimer, epilepsia, esclerose múltipla, malária etc. Se em alguns casos essas aflições não são de origem demoníaca, então são o resultado de viver em uma criação doente. Mas elas não são de Deus.

Direi ousadamente: Deus não usa essas terríveis aflições para corrigir Seus filhos amados. O Senhor deseja curar Seus filhos dessas aflições, para que possam servi-Lo de todo o coração. Agora, Deus pode, de alguma forma, produzir frutos do reino eterno, mesmo por meio de aflições demoníacas como as que acabamos de mencionar? Sim, para Deus nada é impossível. Mas foi a doença planejada por Ele para alcançar propósitos redentores em nossas vidas? Minha resposta é *não*. (Eu conceituo o que quero dizer nos capítulos 11 e 23, porque devemos sempre abrir espaço para a soberania de Deus).

Algumas provações são simplesmente o resultado de viver em um mundo doente. Por exemplo, quando uma criança sofre de falta de oxigênio e nasce com paralisia cerebral, isso não é um exemplo de correção do Pai. Essa tragédia é a consequência de viver em um mundo doente e imperfeito. Pessoas sofrem acidentes de carro, acidentes de motocicleta e outros tipos de acidentes trágicos. Em muitos acidentes, nem Deus nem Satanás são a causa. Em um mundo decaído, às vezes os acidentes simplesmente acontecem.

Meu ponto aqui é que não devemos presumir que toda provação na vida é uma correção. Em vez disso, devemos "provar se os espíritos são de Deus" (1Jo 4.1). "Provar os espíritos" significa pedir ao Senhor discernimento sobre as possíveis causas espirituais por trás de uma situação. Precisamos da ajuda de Deus para discernir entre as atividades dos espíritos celestiais, espíritos demoníacos e espíritos humanos. Compreender a causa nos ajuda a saber como reagir. Sabemos por Tiago 4.7 que, quando Deus está corrigindo, nos submetemos a Ele, e quando Satanás está atacando, nós resistimos a ele. (Mais sobre isso no capítulo 19.)

Agora vamos para a próxima pergunta.

Deus corrige incessantemente?

Às vezes parece que sim! Quando estamos no doloroso cadinho das correções do Senhor, muitas vezes nos encontramos clamando com os salmistas: "Até quando, Senhor? Isso vai durar *para sempre*?" Mas a Palavra de Deus nos garante que Suas disciplinas não são intermináveis. Esse é o ponto principal desta passagem maravilhosa:

> *Porventura lavra todo o dia o lavrador, para semear? Ou cava todo dia sua terra e a esterroa? Não é assim! Antes, quando já tem gradado sua superfície, então esparge nela ervilhaca e semeia cominho; ou lança nela do melhor trigo, ou cevada escolhida, ou centeio, cada qual no seu lugar. Seu Deus o ensina e o instrui acerca do que há de fazer. Porque a ervilhaca não se trilha com instrumento de trilhar, nem sobre o cominho passa a roda de carro; mas com uma vara se sacode a ervilhaca, e o cominho, com um pau. O trigo é esmiuçado, mas não se trilha continuamente, nem se esmiúça com as rodas do seu carro, nem se quebra com seus cavalos. Até isto procede do S*enhor* dos Exércitos, porque é maravilhoso em conselho e grande em obra (Is 28.24-29).*

O fazendeiro e o padeiro revelam os caminhos de Deus. O lavrador não ara o solo incessantemente, mas eventualmente para de arar para que a semente possa ser semeada. E o padeiro não mói o trigo incessantemente, mas eventualmente para de moer para que possa transformar a farinha em um pão. Da mesma forma, Deus não corrige interminavelmente, mas chega o tempo em que Ele nos transforma em pão que alimentará os outros.

Se o solo for arado demais, o momento certo de semear será perdido. Se o trigo for moído demais, pode estragar. Deus é muito sábio para isso. Como Davi escreveu: "Não repreenderá perpetuamente, nem para sempre conservará Sua ira" (Sl 103.9). E o Senhor afirmou por meio de Isaías: "Porque para sempre não contenderei, nem continuamente Me indignarei; porque o espírito perante Minha face se enfraqueceria, e as almas que Eu fiz" (Is 57.16).

O ponto aqui é simples: Deus não corrigirá para sempre. Ele fará isso apenas o tempo suficiente para obter o sabor mais completo de sua vida.

Quando sua fé não está funcionando para você

Quando você está suportando correção, pode sentir que sua fé não está realizando nada por você. As Escrituras chamam isso de prova de nossa fé.

Sabendo que a provação da vossa fé produz a paciência (Tg 1.3).

Nisto grandemente vos alegrais, ainda que agora importe que, por um pouco de tempo, estejais contristados com várias tentações, para que a prova da vossa fé, muito mais preciosa do que o ouro que perece e é provado pelo fogo, se ache em louvor, honra e glória na revelação de Jesus Cristo (1Pe 1.6-7).

Quando Pedro disse no versículo acima, "estejais *contristados* com várias tentações", *contristados* é a mesma palavra grega que é traduzida como *tristeza* em Hebreus 12.11. "Na verdade, toda correção, no momento, não parece ser causa de alegria, senão de *tristeza*". Talvez Pedro tivesse a correção do Senhor em mente quando escreveu sobre a provação de nossa fé. Ele entendeu que a prova era *triste* ou *dolorosa*.

Esta é uma maneira de definir *a prova de sua fé*. É quando o Cristianismo não está funcionando para você. É quando certas coisas em que você acredita sobre Jesus e Seu reino não estão se manifestando em sua vida. Não importa o quanto você exerça fé, nada parece mudar. Você sente que o circuito entre você e o céu está desconectado. O poder de Deus não parece chegar à sua dor. Você afirma as coisas com fé, mas não as experimenta. Você questiona sua própria fé. É uma prova de fé.

Deus prova nossa fé ao não responder a ela imediatamente.

Quando nossa fé está sendo provada, as luzes se apagam e a casa fica escura. Tudo o que podemos fazer é afirmar o que acreditamos, mesmo que nada pareça estar funcionando para nós. Devemos perseverar com fé – até que as luzes se acendam e a energia seja restaurada. Quando a resposta vier, provavelmente indica que a prova foi concluída.

Ao descrever a prova de nossa fé, Pedro usa a metáfora do ouro sendo refinado no fogo. Aqui está o que torna o fogo tão quente: O céu está em silêncio exatamente no momento em que você está mais desesperado para que o céu fale. *Ai!* Essa chama transforma sua fé em um estado derretido. Quando o ouro está derretido, ele está em sua condição mais vulnerável e volátil. Se manuseado incorretamente ou derramado, pode danificar outros materiais ou ser perdido de forma irrecuperável. E, no entanto, também está em sua condição mais maleável, facilmente transformado em um vaso útil para o Mestre.

Acima, citei Tiago 1.3: "Sabendo que a provação da vossa fé produz a resistência"[11]. O versículo seguinte de Tiago é uma das maiores promessas da Bíblia: "Tenha, porém, a resistência sua obra perfeita, para que sejais perfeitos e completos, sem faltar em coisa alguma" (Tg 1.4). Tiago indicou que a resistência tem o poder de fazer em sua vida o que nada mais poderia fazer. A resistência é tão transformadora que você sairá desta prova ardente "perfeito e completo, sem faltar em coisa alguma". Perfeito na fé, amor, santidade e conhecimento de Cristo. Sem faltar coisa alguma de intimidade, sabedoria, poder ou piedade. Sim, a temporada de resistência provavelmente é triste. Mas as implicações da promessa de Tiago 1.4 são tão fantásticas, que fazem a perspectiva de correção valha totalmente a pena!

---

11 Estou substituindo paciência por resistência aqui em Tiago 1, porque resistência é uma tradução mais precisa.

10

A correção produz frutos

No último capítulo, consideramos como a correção é *triste*. Agora, avancemos para a segunda parte de Hebreus 12.11 que fala do fruto da justiça: "Na verdade, toda correção, no momento, não parece ser causa de alegria, senão de tristeza, mas depois produz um fruto pacífico de justiça aos exercitados por ela". A correção produz frutos. Boa fruta. *O fruto pacífico da justiça.*

Fruto refere-se à maneira como os outros *comerão* de sua vida. Em outras palavras, outros se beneficiarão com o que você ganhou em sua jornada. Por causa de como você reagiu à disciplina de Deus, outros agora serão edificados e nutridos por seu testemunho. Você se agarrou à justiça na provação e agora a justiça abunda em sua vida, transmitindo vida a outros.

Na sintaxe grega, *justiça* é a última palavra no verso, tornando-a a ideia enfática no verso. A ênfase mais forte não é em *tristeza*, ou *fruto* ou *exercitados*, mas em *justiça*. O objeto eminentemente desejável aqui é a justiça.

Provérbios 11.30 testifica: "O fruto do justo é árvore de vida", corroborando a ideia de Hebreus 12.11 de que outros são nutridos pelo fruto da sua justiça. Quando você é exercitado pela correção, algo poderoso acontece na maneira como você afeta os outros. Depois de estar com você, eles saem com um depósito de autêntica vitalidade espiritual. Sua vida realmente muda e os ajuda. Antes da correção, você *quis* e até *tentou* dar vida a eles; após a correção, você realmente o faz. A justiça é tão abundante em você que outros agora recebem de você o que você sempre desejou transmitir.

Após sua correção, Jó olhou para trás e disse que era *maravilhosíssima* (Jó 42.3). Ele refletiu sobre o que pensava ser totalmente destrutivo e percebeu que Deus havia produzido uma árvore da vida por meio de sua história. A coisa toda lhe pareceu maravilhosíssima – além de sua capacidade de compreensão.

Fruto pacífico

Hebreus 12.11 descreveu o fruto desta justiça como *pacífico*. O que isso significa? Bem, a palavra grega para *paz* se refere principalmente à harmonia de relacionamento entre as pessoas. Por exemplo, é assim que Paulo usou *paz* em Colossenses 1.20: "E que, havendo por Ele feito a *paz* pelo sangue da Sua cruz, por Ele reconciliasse consigo mesmo todas as coisas, tanto as que estão na Terra, como as que estão nos céus". Paulo quis dizer que, por meio da cruz, Deus uniu a Si mesmo os homens que antes estavam afastados. Esse é o trabalho da paz. A paz reúne dois em harmonia – que é o significado por trás de *pacífico*.

O fruto da correção é pacífico no sentido de que as pessoas são atraídas por ele. Outros veem o resultado da jornada e são atraídos pelo que veem. Durante a jornada, eles podem ter sido repelidos ou ficado perplexos; mas agora que a prova de fé acabou e o fruto da justiça é evidente, o que eles veem é atraente, encantador e agradável para eles. É um fruto fácil de engolir.

Ninguém se opõe ao fruto justo que a correção produz. Jovem, velho, rico, pobre, homem, mulher, solteiro, casado, branco, pardo, preto, amarelo – ele é desejável para todos.

Mansidão, gentileza, bondade, compaixão, misericórdia, amor, ternura, abnegação, humildade, alegria, pureza, fé, sabedoria – quem tem problema com essas coisas? "Contra estas coisas não há lei" (Gl 5.23).

Antes, outros podem tê-lo evitado, mas agora eles se aproximam e se reúnem em volta. *Pacífico* significa que eles são puxados para dentro. Davi falou sobre isso quando escreveu: "Os justos me rodearão, quando me fizeres este bem" (Sl 142.7). Davi previu esse resultado enquanto ainda estava sob a mão do Senhor, isolado em uma caverna. Mas porque ele reagiu adequadamente, a correção produziu uma colheita de justiça em sua vida que galvanizou a nação ao seu redor. A correção fez de Davi o maior rei de Israel. Os justos o rodearam porque o fruto era pacífico.

Fruto significa aumento

Quando você está sendo corrigido, pode sentir como se sua frutificação fosse eliminada e removida. Mas depois, o fruto da correção aparece de repente em sua beleza. *Surpresa*!

Deus previu que esse tipo de surpresa surpreenderia os exilados da Babilônia. Ele estava falando para uma geração que havia perdido a esperança de uma posteridade futura. Ele disse por meio de Isaías: "Dirás no teu coração: 'Quem me gerou estes? Pois eu estava desfilhada e solitária; entrara em cativeiro e me retirara; quem então me criou estes? Eis que eu fui deixada sozinha; e estes, onde estavam?'" (Is 49.21).

Deus estava dizendo a eles que a correção do exílio produziria bons frutos em suas vidas, e um dia eles ficariam surpresos ao ver outra geração de filhos e filhas reunidos ao seu redor. A passagem é tão rica em pensamentos que eu apenas tenho que citar a seção inteira.

> *"Levanta os olhos ao redor e olha; todos estes que se ajuntam vêm a ti. Vivo Eu, diz o* SENHOR, *que de todos estes te vestirás, como de um ornamento, e te cingirás deles como noiva. Porque, nos teus desertos, nos teus lugares solitários e na tua terra destruída, te verás agora apertada de moradores, e os que te devoravam se afastarão para longe de ti. Até mesmo os filhos da tua orfandade dirão aos teus ouvidos: 'Mui estreito é para mim este lugar; aparta-te de mim, para que possa habitar nele'. Dirás no teu coração: 'Quem me gerou estes? Pois eu estava desfilhada e solitária; entrara em cativeiro e me retirara; quem então me criou estes? Eis que eu fui deixada sozinha; e estes, onde estavam?' Assim diz o* SENHOR: *'Levantarei a mão para as nações e ante os povos arvorarei Minha bandeira; então trarão teus filhos nos braços, e tuas filhas serão levadas sobre os ombros. Os reis serão teus aios, e suas princesas, tuas amas; diante de ti, se inclinarão com o rosto em terra e lamberão o pó dos teus pés, e saberás que Eu sou o* SENHOR *e que os que confiam em Mim não serão confundidos'" (Is 49.18-23).*

Quando o Senhor falou aos exilados na Babilônia por meio de Jeremias, Ele ordenou que se casassem e tivessem filhos. Por quê? "Multiplicai-vos ali, e não vos diminuais". (Jr 29.6). Quando você está no exílio, Ele quer que você se multiplique para que depois o fruto da sua vida abunde.

Quando Deus o coloca em cativeiro, sua primeira impressão é que Ele o está cortando e diminuindo. Mas, na verdade, Seu propósito é multiplicar você. Ele sempre pretende que o cativeiro seja um lugar de crescimento.

O cativeiro é um casulo. É um lugar de proteção e aumento sobrenatural.

Durante o cativeiro egípcio, houve uma mistura estranha de trabalho escravo rigoroso e procriação vigorosa de filhos. Êxodo 1.12 diz: "Mas, quanto mais [os egípcios] afligia [os israelitas], tanto mais se multiplicava e tanto mais crescia".

Opressão e fecundidade. Combinação intrigante.

Encoraje-se. Sempre que Deus corrige, Ele está sempre pensando: "Mais frutos!"

Exercitados

Concluiremos nosso trato de Hebreus 12.11 olhando para a palavra *exercitados*. "Na verdade, toda correção, no momento, não parece ser causa de alegria, senão de tristeza, mas depois produz um fruto pacífico de justiça aos *exercitados* por ela" (Hb 12.11). *Exercitado* pela correção.

Há uma diferença entre ser *ensinado* e ser *exercitado*. Vemos isso, por exemplo, nas forças armadas. Quando o exército quer *ensinar* algo a seus recrutas, eles são levados para uma sala de aula. Mas quando eles querem exercitá-los em algo, eles são levados para o campo.

O mesmo vale para um treinador esportivo com sua equipe. Ele sentará a equipe e, com uma lousa e marcador, ensinará verbalmente os princípios necessários para vencer. Mas ensinar apenas não é suficiente para prepará-los para os jogos. Em seguida, ele os levará para o campo e os atormentará com um exercício não verbal. Cada jogador deve ser ensinado na mente e exercitado no corpo para desenvolver uma equipe vencedora.

Deus nos ensina e nos exercita de maneiras semelhantes. Quando Deus quer ensinar algo a você, Ele o instrui na verdade até que ela seja uma parte permanente do seu entendimento. Mas quando Ele o exercita, Ele não simplesmente transmite conhecimento ou compreensão. Mais do que isso, Ele o leva em uma peregrinação que provará tudo o que você aprendeu em sala de aula. O exercício pode envolver rejeição de amigos, conflito de relacionamento, mal-entendido, colapso financeiro, aflição física, acusação injusta, interrupção da carreira, metas fracassadas, pressão familiar, decepção, difamação de caráter, ostracismo, ansiedade, depressão etc. No exercício, Ele não está simplesmente ensinando uma lição, Ele está reescrevendo seu DNA.

Quando Jesus disse: "Eu repreendo e castigo todos quantos amo" (Ap 3.19), Ele queria que associássemos *repreensão* com *ensino*, e *castigo* com *exercício*. O primeiro é principalmente verbal, o segundo principalmente não verbal.

O ensino produz conhecimento, sabedoria, compreensão e discernimento. O exercício produz habilidade, força, resistência, resiliência, condicionamento, coragem, ousadia e tenacidade.

Desejo que tudo o que precisamos no reino de Deus pudesse ser recebido por meio do ensino. Se isso fosse verdade, tudo que precisaríamos fazer é ouvir nossos professores, tomar notas abundantes, aplicar o ensino em nossas vidas e *bum*, estaríamos prontos para ir.

Mas há algumas coisas em que você não pode ser ensinado. Algumas coisas devem ser experimentadas. Por quê? Porque Deus não quer que você fale apenas dos arquivos de sua *biblioteca*, mas da autoridade de sua *vida*.

Quando se trata do tema deste livro, não é suficiente simplesmente ser *ensinado* sobre o assunto da correção. Quer dizer, não seria ótimo se você pudesse apenas ler este livro, usar seu marcador, sublinhar muito e ganhar um certificado de conclusão simplesmente absorvendo o conteúdo? "Correção? Eu li o livro e passei de classe". Desculpa. Não é tão fácil. O único caminho para a superação nessa área é ser *exercitado*. Você terá que experimentar a vara Dele por si mesmo.

Quando passamos pela primeira vez por uma provação ardente, podemos ser tentados a pensar: "Vamos, Deus, vamos em frente. Apenas me diga o que Tu queres que eu aprenda, e então vamos mudar o mundo". Mas esta não é uma lição que Ele está tentando ensiná-lo; é uma meta de qualificação para o qual Ele está o exercitando. Para mudar o mundo, você deve ser *exercitado*.

11

Manco, porém correndo

Agora chegamos à parte de nosso texto que nos instrui sobre a reação que Deus deseja depois de ter corrigido:

Portanto, tornai a levantar as mãos cansadas e os joelhos desconjuntados e fazei veredas direitas para vossos pés, para que o que manqueja não se desvie inteiramente; antes, seja sarado (Hb 12.12-13).

Mas, primeiro, quero me concentrar na palavra *manqueja*. Nosso texto se refere *ao que manqueja*, o que indica que um membro do corpo foi incapacitado. A inferência óbvia é que a correção do Senhor pode nos tornar mancos de alguma forma, especialmente em casos graves.

Para dizer isso sem rodeios, Deus nos manqueja. Essa é uma afirmação alarmante, mas é a evidência clara do nosso texto.

Agora, Satanás, ou pessoas, ou causas naturais também podem estar envolvidos no manquejar, e Deus pode ter apenas um pequeno papel. Mas se Deus está envolvido até mesmo na menor medida, Ele é um jogador tão grande que Seu 1% tende a ofuscar os 99% de todos os outros. Portanto, mesmo que Satanás seja predominantemente o catalisador para o manquejar e Deus tenha apenas um papel secundário, ainda é apropriado atribuir isso a Ele.

É por isso que Jó e outros nas Escrituras atribuíram sua adversidade ao Senhor. Mesmo que Satanás tenha enviado o redemoinho que derrubou a casa sobre os filhos de Jó, e mesmo que Satanás o afligisse com furúnculos, Jó atribuiu tudo a Deus (Jó 2.10). Jó era ingênuo ou ignorante? Não. Ele entendeu perfeitamente que Deus estava orquestrando ativamente Seus santos propósitos na provação.

Noemi, Davi, Jeremias, Jonas, José, Ezequias – todos eles atribuíram sua correção a Deus. Deus pode usar o diabo ou as pessoas ou as circunstâncias como uma vara para corrigir Seu filho, mas no final Ele é o ator principal no drama. (Veja o capítulo 18 para uma discussão mais completa sobre as varas que Deus usa).

Deus usa a doença?

Se Deus nos manqueja, isso significa que Ele usa a doença para nos corrigir? Esta é uma grande questão e merece uma resposta cuidadosa (veja o capítulo 23 para mais informações). Nosso texto aponta para o manquejar, não para doença. Tanto a doença quanto o manquejar precisam de cura, mas não são necessariamente a mesma coisa.

Na minha opinião, não acho que a doença seja comumente usada por Deus para disciplinar Seus filhos. Por que não? Porque Ele deseja que corramos a carreira com uma mente forte e um espírito claro. Ele não está tentando nos parar, mas nos envolver em um processo. As restrições podem ser rigorosas, mas não são tão debilitantes a ponto de incapacitar uma mente sã. Muitas formas de doença são debilitantes e tornam os atingidos tão perturbados e incapacitados que não são capazes de fazer progresso espiritual. Nesses casos, a provação não é uma correção. É algo mais sombrio.

As enxaquecas são incapacitantes, assim como coisas como derrames, câncer, AIDS e muitos outros tipos de doenças. Em contraste, o manquejar de uma parte do corpo não incapacita a habilidade de fazer progresso espiritual. O manquejo impõe restrições rigorosas à alma e ao corpo, mas o crente ainda é capaz de se aprofundar em Deus e crescer na semelhança de Cristo.

Creio que é por isso que Hebreus 12.13 usa a palavra *manquejar*. Está apontando para uma aflição física que é dolorosa para a alma e o corpo, mas não imobiliza a capacidade de caminhar espiritualmente em direção ao fim pretendido por Deus.

O salmista parecia apontar para um manco quando disse: "Ele abateu minha força no caminho; abreviou meus dias" (Sl 102.23). Os mancos experimentaram um enfraquecimento das forças. E quando ele falou de dias abreviados, ele não estava insinuando uma morte prematura (pois estava vivo ao escrever). Em vez disso, *abreviou meus dias* aponta para o fato de que ele foi retirado da corrente principal da vida no meio do caminho. O manquejo era tão severo que ele sentia como se tivesse perdido uma boa parte do tempo bem na meia-idade.

Como a palavra *manco* descreve a provação de Jó? É melhor dizer que Jó ficou manco ou enfermo? Ele foi afligido com furúnculos da cabeça aos pés. Devemos chamar seus furúnculos de enfermidade? Acho que pode ser melhor rotulá-los de doença. Ele não estava tão enfermo a ponto de não conseguir pensar ou servir espiritualmente. Como sabemos disso? Porque ele se envolveu muito ativamente em uma conversa, ao longo de sua provação, tanto com Deus quanto com seus amigos. A aflição o perturbou profundamente, mas não impediu sua capacidade de orar. Esta é uma distinção importante. O padrão bíblico sugere que, independentemente da forma que Deus possa corrigir – mesmo que ocasionalmente seja na forma de uma enfermidade – Ele preserva a capacidade de Seus filhos de se dedicarem à palavra e à oração.

Não estou tentando ser minucioso ou sutil aqui. Estou procurando representar o coração do Pai fielmente, sem aprisioná-Lo em um canto e anunciar o que Ele pode e não pode fazer. Deus pode fazer o que quiser. Se Ele quiser usar a enfermidade, Ele pode. Ele é Deus. Certas histórias da Bíblia tornam difícil fazer declarações abrangentes e categóricas sobre os meios que Deus usará e não usará na correção. Por exemplo, considere as quatro histórias a seguir que demonstram a complexidade e o paradoxo em torno de nosso tópico. Ele atingiu Miriam com uma doença demoníaca chamada lepra. Ele deu a Paulo um espinho demoniacamente carregado que o feriu na carne. Ele manquejou Jacó e nunca o curou. O profeta Eliseu morreu de doença, mas com poder suficiente no toque de seu esqueleto em decomposição para ressuscitar um homem morto. Há mistério suficiente apenas neste parágrafo para nos manter humildes, trêmulos e apoiados fortemente em Jesus para obtermos mais graça e compreensão mais clara.

Não podemos classificar Deus. Portanto, não vou dizer que Ele nunca usa a doença para corrigir. Mas se Ele o fizer, parece ser raro. E não acredito que Ele removeria de nós a capacidade de orar, o que algumas doenças fazem. Novamente, a imagem em nosso texto não é de tonar doente, mas de tornar manco.

Deus olha para os feridos

Um dos meus versículos bíblicos favoritos, Isaías 66.2, fala sobre a questão de manquejar na correção.

"Mas para quem olharei: para o pobre e abatido de espírito e que treme da Minha palavra".

O adjetivo hebraico para abatido, *nakeh*, significa literalmente *espancado* ou *aleijado*. Figurativamente, pode significar *deprimido*. A palavra às vezes é traduzida como manco na versão Almeida Clássica Corrigida. A Bíblia Amplificada traduz como "um espírito quebrantado ou ferido".

O verbo relacionado *nakah* aparece em Cânticos dos Cânticos 5.7, onde a sulamita é *espancada* pelos vigias. Assim, em Isaías 66.2, uma tradução correta para um *espírito abatido* seria um *espírito espancado*.

Nakah é traduzido como fustigado em Provérbios com respeito à correção: "Não retires a disciplina da criança, porque, fustigando-a com a vara, nem por isso morrerá. Tu a fustigarás com a vara e livrarás sua alma do inferno" (Pv 23.13-14).

A ideia bíblica de correção traz consigo, portanto, a ideia de ser espancado ou fustigado. A certeza de Isaías 66.2 é que, quando você é espancado (manquejado) por Deus e reage apropriadamente com um espírito abatido, Ele promete colocar Seus olhos em você e cuidar de você – para sempre.

Jesus foi manquejado

Quando Hebreus 12 fala de levantar as mãos e os joelhos e fazer vereda direita para os pés, a conexão com as feridas dos pregos na cruz parece óbvia. Na cruz, Jesus invocou toda a força de Suas mãos e joelhos para obter nossa salvação. Quando Ele desceu ao inferno, Ele percorreu uma vereda direita de santidade com Seus pés marcados por pregos, pregando às almas na prisão (1Pe 3.19). Consequentemente, em vez de ser permanentemente manquejado pela cruz, Jesus foi curado e ressuscitado.

Quando Ele mostrou Suas feridas aos apóstolos após a ressurreição, elas estavam curadas.

Jesus foi manquejado na cruz. Ele não morreu de enfermidade; Ele morreu de feridas que manquejam. Sim, Ele carregou nossas enfermidades e doenças na cruz (Is 53.5; Mt 8.16-17; 1Pe 2.24), mas Ele não morreu de doença. Ele foi mutilado e espancado. Se Jesus foi manquejado pelo Pai, podemos experimentar algo semelhante? E se Ele ressuscitou, podemos experimentar o mesmo?

O manco correndo uma carreira

Hebreus 11 proclama os exemplos de homens e mulheres de fé que nos precederam. Hebreus 12 trata da maneira prática como os seguimos. Queremos encontrar o que eles encontraram – um lugar na grande nuvem de testemunhas (Hb 12.1).

Hebreus 11 descreve nossa jornada como uma *peregrinação* (v. 13). Hebreus 12 a descreve como uma *carreira*: "Corramos com paciência a carreira que nos está proposta" (v. 1). Estamos fazendo o mesmo percurso que os heróis de ontem correram e a carreira pelo prêmio começou.

Quando o escritor chega a Hebreus 12.12-13, ele ainda parece ter a ideia de uma carreira em mente.

> *Portanto, tornai a levantar as mãos cansadas e os joelhos desconjuntados e fazei veredas direitas para vossos pés, para que o que manqueja não se desvie inteiramente; antes, seja sarado.*

O santo espancado muitas vezes tende a abandonar a carreira, e é por isso que devemos levantar as mãos, joelhos e pés, e permanecer na carreira.

A correção tira o fôlego de você. Suas mãos entram em colapso e caem para o lado, seus joelhos se dobram e você para no meio do caminho. Se você parar lá e render-se à compulsão de desistir, nunca completará a carreira. Mesmo que o desafio seja grande, devemos levantar nossas mãos e joelhos e decidir seguir em frente na estrada da santidade. À medida que continuamos na carreira, com os pés coxos e tudo o mais, somos curados no caminho.

Levantando as mãos e joelhos cansados

Como devemos reagir à correção? A resposta fica clara quando olhamos mais de perto a palavra *levantar* nesta frase: "Portanto, tornai a levantar as mãos cansadas e os joelhos desconjuntados" (Hb 12.12). A Nova Versão King James usa *fortalecer* para traduzir a palavra grega *anorthoo*, que significa *endireitar*. Para comparar seu uso em outros lugares, vemos que *anorthoo* também é usado para a mulher encurvada a quem Jesus aprumou: "Ele pôs as mãos sobre ela, e ela logo se aprumou e passou a glorificar a Deus" (Lc 13.13). Seria inadequado dizer: "Ela foi fortalecida". Em vez disso, para traduzir a palavra corretamente, devemos dizer: "Ela foi endireitada". Portanto, eu sugeriria que não é adequado traduzir *anorthoo* em Hebreus 12.12 como *fortalecer*, como faz a Nova Versão King James.

Deus quer que *anorthoo* nossas mãos e joelhos, mas o que isso significa? Muitos tradutores interpretam isso como "levantar". Por exemplo, a versão Almeida Clássica Corrigida diz: "Portanto, tornai a levantar as mãos cansadas e os joelhos desconjuntados". O problema com essa tradução é que *anorthoo* é algo que devemos fazer tanto com nossas mãos quanto com nossos joelhos. Você pode *levantar* as mãos que estão cansadas, mas como *levantar* os joelhos desconjuntados? *Levantar* simplesmente não é apropriado.

Zodhiates oferece uma solução com sua definição: *endireitar ou endireitar novamente*[12]. Você pode fazer isso com as mãos e os joelhos, de modo que fica apropriado no contexto de mãos e joelhos. Marvin Vincent diz que escritores médicos usaram *anorthoo* para descrever o cenário de uma parte do corpo deslocada. Assim, Vincent bem o define como *corrigir; firmar*[13].

A ideia de escorar ou suportar está implícita em *anorthoo*. Use um envoltório ou uma cinta, se necessário. Não deixe o membro manco simplesmente pendurado e atrofiado. Enrole uma cinta ao redor dele, reúna suas forças e continue mancando adiante em seu caminho.

---

12 Spiros Zodhiates, O Estudo Completo da Palavra – Novo Testamento (*The Complete Word Study – New Testament*), Chattanooga, TN: AMG Publishers, 1992, p. 883.
13 Marvin R. Vincent, Estudos da Palavra do Novo Testamento *(Vincent's Word Studies of the New Testament)*, McLean, VA: MacDonald Publishing Co, Volume IV, p. 546.

Como Deus deseja que reajamos à correção? Ele quer que continuemos andando, mesmo mancando e coxeando. Seremos curados enquanto permanecemos na carreira.

Isaías 35 e Hebreus 12

Hebreus 12.12-13 se refere a Isaías 35.3, que diz: "Fortalecei as mãos fracas e firmai os joelhos trementes". Isaías 35 estava descrevendo o glorioso retorno do povo de Deus do cativeiro a Jerusalém. Quando Israel voltou do cativeiro, eles foram incentivados a fortalecer as mãos e joelhos que estavam enfraquecidos pela correção de Deus. Deus queria curá-los para que pudessem se apoderar de sua herança em Jerusalém.

Os paralelos entre Isaías 35 e Hebreus 12.12-13 são impressionantes quando colocados lado a lado. Ambas as passagens descrevem o santo que está se recuperando da correção e caminhando para as promessas e propósitos realizados por Deus. Sem dúvida, o autor de Hebreus tinha Isaías 35 em mente.

Paralelos entre Isaías 35 e Hebreus 12

Há uma exortação mútua às mãos e joelhos.	Isaías 35.3: "Fortalecei as mãos fracas e firmai os joelhos trementes".
	Hebreus 12.12: "Tornai a levantar as mãos cansadas e os joelhos desconjuntados".
Os pés estão andando em um caminho reto.	Isaías 35.8: "Ali haverá um alto caminho, um caminho que se chamará o Caminho Santo".
	Hebreus 12.13: "E fazei veredas direitas para vossos pés".

Há uma entrada na santidade de Deus.	Isaías 35.8: "Um caminho que se chamará o Caminho Santo". Hebreus 12.10: "Para sermos participantes da sua santidade".
Os mancos são curados.	Isaías 35.5-6: "Então os olhos dos cegos serão abertos, e os ouvidos dos surdos se abrirão. Então os coxos saltarão como cervos, e a língua dos mudos cantará". Hebreus 12.13: "Para que o que manqueja não se desvie inteiramente; antes, seja sarado"

Quando essas passagens são emparelhadas, a voz confirmatória das Escrituras se transforma em um verdadeiro *rugido*: não desista! Deus tem um propósito. Volte lá e termine a carreira! Você será curado enquanto corre.

12
A necessidade da cura

Nosso texto principal para este livro é Hebreus 12.1-13, e agora vemos que, de acordo com o versículo 13, a palavra final sobre a correção do Senhor é cura.

> *Portanto, tornai a levantar as mãos cansadas e os joelhos desconjuntados e fazei veredas direitas para vossos pés, para que o que manqueja não se desvie inteiramente; antes, seja sarado (Hb 12.12-13).*

O processo de correção pode ser tão intenso, em seus casos mais severos, que o filho de Deus fica manco. Mas não é a vontade de Deus que a parte manca fique *deslocada* ou seja uma deficiência permanente. Deus não quer deixar Seus filhos coxos mais do que um pai, que enviou um filho para seu quarto como punição, deseja que esse filho fique em seu quarto pelo resto de suas vidas. O pai sempre pretendeu que a criança fosse libertada no momento certo. Da mesma forma, Deus quer que você seja liberado no momento certo. Ele quer curar.

Jeremias confirmou essa verdade. Quando ele falou da correção de Sião na Babilônia, ele profetizou que Deus curaria suas feridas: "Porque restaurarei tua saúde e curarei tuas chagas, diz o SENHOR; pois te chamam a enjeitada Sião, dizendo: 'Ninguém mais procura por ela'" (Jr 30.17).

Nunca aceite a condição de correção como o fim pretendido por Deus.

Qualquer discussão desta doutrina que não termine com a cura está incompleta. Para representar adequadamente o coração de Deus, devemos enfatizar a necessidade de cura para o processo de correção. Sem essa verdade, toda a doutrina perde sua credibilidade. Se não percebemos que Ele pretende curar, perdemos o ânimo para resistir; mas, de forma ainda mais trágica, Deus é erroneamente visto como um disciplinador rigoroso, severo e até sádico.

Sem cura no pacote, a doutrina da correção torna-se opressiva e deprimente. Mas quando a cura completa o quadro, de repente toda a jornada irrompe para a vida com um propósito glorioso e eterno.

Deus sempre cura todos os Seus filhos corrigidos? Não. Alguns não alcançam a cura. Mas isso não muda a verdade do nosso texto, que era a intenção de Deus que eles fossem curados. (Para aqueles que podem perguntar por que Jacó não foi curado de seu coxeio, tento responder a essa exceção no capítulo 23).

Ele o corrigiu por causa de Seu grande amor por você (Hb 12.6), e depois o curou porque se tinha prazer em você (Sl 18.19). No final, você percebe o quanto é amado e quão bom Ele realmente é!

Sua cura não é um complemento trivial ou luxuoso, da mesma forma que um teto solar pode ser opcional para um carro. (Pode ser bom ter um teto solar, mas não é realmente necessário para dirigir). Algumas pessoas veem a cura como um luxo – algo que é bom ter, mas não é essencial para a jornada. Grande erro! A cura não é apenas necessária, mas absolutamente *crucial*. Por quê? Porque sem ela, a bondade do Pai entra em questão. As pessoas se perguntam: *Que tipo de Pai faz isso com Seus filhos amados?* A reputação do Pai na Terra está em jogo.

A cruz provou que Ele é um bom Pai que orquestra a crucificação de Seus filhos, mas depois os levanta em glória e honra. A maneira como o mundo vê nosso Pai é tão importante que estamos sempre orando: "Santificado seja o Teu nome". Quando a cura segue o ferimento, de repente a bondade do Pai vem à luz total. As pessoas veem que Ele foi gentil o suficiente para estorvar nossas vidas para que pudesse escrever uma história que marcasse uma geração. Sua reputação está exonerada – e *isso* não é opcional. Portanto, nem a cura é opcional.

A tentação de desistir

A cura baseia-se, conforme discutido no capítulo anterior, em apoiar as mãos que querem cair em desuso, firmar os joelhos que se dobram facilmente e estabelecer veredas direitas para os pés que desejam desistir. Tudo na alma quer entrar em colapso e desistir; mas a esperança de cura nos motiva a avançar em direção ao prêmio.

Quando você tem estado manco, todo o céu assiste com grande expectativa. Satanás participou da correção porque tinha um plano para transformá-lo em uma fatalidade, mas o plano de Deus é fazer de você uma arma poderosa para o tempo do fim em Suas mãos. Sua primeira reação é entrar em colapso. Mas quando você move um dedo, mesmo que ligeiramente, e faz o menor movimento com a mão, o céu fica entusiasmado. Quando digo que você move um dedo, quero dizer que você faz algo tão pequeno quanto estender a mão para alguém que está sofrendo. Talvez você sussurre uma frase de encorajamento para ela. Suas feridas são recentes e, no entanto, você supera sua própria dor para investir em outra pessoa. Para o céu, isso é *significativo*.

Posso imaginar os anjos imaginando entre si: "Talvez tenhamos outro!" Quando você se recusa a cair no chão, mas firma os joelhos e tremulamente fica de pé novamente, o céu assiste com ainda mais entusiasmo. "Olhe para ela! Ela ainda está de pé. Podemos ter outra!"

Quando você recusa a tentação de parar de andar com Cristo, mas dá o menor passo à frente na estrada da santidade, o céu aplaude. Os anjos ficam maravilhados: "Acho que temos outro santo como Jó, ou como Jacó, ou como José – alguém que não entrará em colapso, mas se apegará ao propósito de Deus em sua provação. Este pode ser outro poderoso na Terra que Deus levantará".

Satanás participa da correção porque sua intenção é roubar, matar e destruir. Mas o seu Bom Pastor deseja que você tenha vida e a tenha em abundância (Jo 10.10). A provação abre o caminho para aquela vida mais abundante.

O texto diz que Deus não quer que a parte manca do corpo se torne *deslocada*. A palavra grega *ektrepo* significa "desviar-se". Ela está apontando para uma parte do corpo que está fora de articulação e, se não for devidamente amarrada e curada, se tornará uma deficiência permanente. Vine diz que *ektrepo* é frequentemente usado para descrever situações médicas, e prefere a tradução "deslocado[14]". Deus não nos manqueja para nos tornar permanentes deficientes, mas para que eventualmente possamos ser curados e sairmos da provação muito mais fortes por isso.

Quando eu era jovem, quebrei um osso do polegar esquerdo ao pegar uma bola de beisebol incorretamente. Depois que o médico ajustou o osso, ele sarou de uma maneira que deixou aquele polegar mais forte do que o meu polegar intacto. Disseram-me que esse tipo de coisa não é incomum. Ossos quebrados, uma vez restaurados, costumam ser mais fortes do que sua condição original. Essa mesma dinâmica pode acontecer em nossa vida espiritual. Quando o Senhor cura o que antes era manco em nossas vidas, ficamos mais fortes do que nunca.

Nunca entre em colapso! Apoie as mãos e os joelhos para que possa ser curado.

Uma ferida incurável

Quando Deus estava usando a Babilônia para corrigir a nação de Israel, Jeremias sofreu danos colaterais simplesmente por morar em Jerusalém na época. Ele recebeu alguns golpes pessoalmente dos judeus que rejeitaram sua mensagem e lamentou sua ferida, chamando-a de *incurável*.

Por que minha dor dura continuamente, e minha ferida me dói e não admite cura? Serias Tu para mim como um ilusório ribeiro e como águas inconstantes? (Jr 15.18).

Jeremias expressou dois sentimentos comuns aos corrigidos: Não existe cura humana para a doença; e o sofrimento parece interminável. Jeremias se perguntou se a libertação do Senhor era como um *ilusório ribeiro* – isto é, como um uádi no deserto. Os uádis do deserto são riachos ou rios que fluem apenas brevemente durante a estação das chuvas. No calor do verão, o leito do riacho mostra todas as marcas promissoras da água, mas, infelizmente, o leito está endurecido no sol do verão. Quando a água fluirá novamente – se isso acontecer?

---

14 W.E. Vine, Dicionário Expositivo de Palavras do Novo Testamento *(Vine's Expository Dictionary of New Testament Words)*, Iowa Falls, AI: Riverside Book and Bible House, 1952, p. 1174.

Miqueias também disse sobre as dores de Jerusalém que "sua chaga é incurável" (Mq 1.9). Jó usou a mesma linguagem em relação à sua provação, dizendo: "minha ferida é incurável, embora eu não tenha transgredido" (Jó 34.6).

Às vezes, quando Deus corrige, não há solução humana. Mas o que é incurável para o homem, é curável para Deus. Nada será impossível para Deus! Para que a cura venha, portanto, deve haver intervenção sobrenatural. É aqui que a doutrina da correção se torna gloriosa – Deus intervém!

Vou repetir: ferir sem curar nunca foi a intenção de Deus. Se você foi ferido por Deus, a cura está implícita em seu destino divino. Ouça a garantia de Cristo: "Nada vos será impossível" (Mt 17.20).

É contraditório pedir cura?

Alguém pode perguntar: "Se Deus é aquele que me feriu, não é contraditório pedir a Ele para me curar?"

Não. Existem vários lugares nas Escrituras onde as pessoas pediram a Deus para livrá-los de uma provação que veio Dele. Por exemplo, Davi pediu ao Senhor para salvá-lo da adversidade que Ele originou:

Ajuda-me, Senhor, Deus meu; salva-me conforme a Tua misericórdia. Para que saibam que nisto está a Tua mão, e que Tu, Senhor, o fizeste! (Sl 109.26-27).

Davi viu a libertação do Senhor como prova para seus inimigos de que Ele estava envolvido na provação desde o início. Ele sabia que Deus havia orquestrado a provação, mas não se resignou a isso como se a condição de correção fosse agora o seu destino na vida. Não, ele lutou pela libertação.

O Salmo 107 também fala de homens clamando a Deus por libertação das calamidades induzidas por Deus. Por exemplo, os versículos 23 a 32 retratam comerciantes em navios no mar quando Deus ordena que uma tempestade de vento os assalte. Sem saber o que fazer, clamam ao Senhor e Ele responde acalmando a tempestade. Em resposta, eles se alegram e dão graças a Deus.

Vemos, portanto, que não é uma contradição orar pela libertação de uma calamidade que veio de Deus. Na verdade, Deus sempre pretendeu que a provação nos motivasse a invocar Seu nome. Ele queria que clamássemos a Ele para que pudesse nos libertar.

Aqui está o ponto. Quando você souber que está sendo corrigido por Deus, clame por cura. Não recue da fé, mas lute pelos milagres mais do que nunca. Faça orações ousadas! Esteja certo de que Deus deseja conduzi-lo à cura.

O paradoxo fé/soberania

Muitos professores que enfatizam a doutrina da cura têm pouco espaço em sua teologia para a correção do Senhor. E muitos professores que mantêm uma posição firme na correção do Senhor são bastante fracos quando se trata da doutrina da cura divina. Colocar a fé para cura no mesmo pote com a correção do Senhor não é comum, embora nosso texto o faça (Hb 12.13).

A tensão ou paradoxo entre a doutrina da cura divina e a doutrina da correção do Senhor não é como uma gangorra que balança suavemente; é mais como uma cavalgada em um touro enfurecido. Estamos prestes a enfrentar a turbulência conturbada entre fé e soberania.

Alguém certa vez caracterizou a fé como *eu obtendo de Deus o que desejo* (veja Mt 15.28) e a soberania como *Deus obtendo de mim o que Ele deseja*. A tensão entre os dois pode ser muito poderosa.

Os que estão no "campo da fé" tendem a enfatizar nosso papel humano no exercício da fé para trazer o reino dos céus à Terra. Aqueles no "campo da soberania" tendem a enfatizar a determinação de Deus de trazer Seu reino à Terra, independentemente de como as pessoas possam desconsiderar, resistir ou reagir a isso.

O diagrama a seguir é minha tentativa de representar visualmente como esses dois campos teológicos se relacionam. Todos procuram encontrar o equilíbrio adequado entre os dois, mas a maioria de nós, naturalmente, prefere um lado do espectro.

O equilíbrio fé/soberania

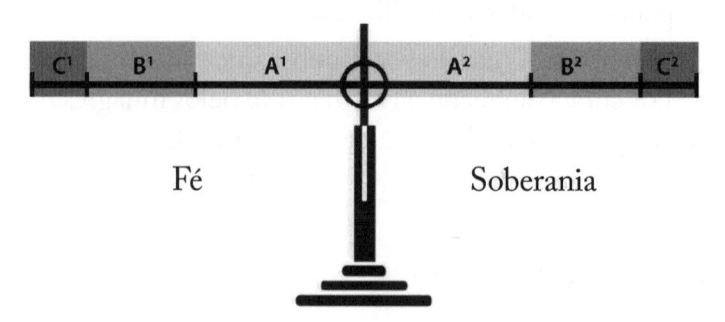

```
  C¹ │ B¹ │   A¹   │   A²   │ B² │ C²
                   ⊕
              Fé        Soberania
```

Deixe-me explicar o que este diagrama está retratando.

Seções A1 e A2: Essas duas partes do diagrama representam as verdades em ambos os lados do paradoxo que ambos os campos defendem e concordam. Quando se trata de verdades sobre fé e soberania, a maioria dos crentes é capaz de concordar uns com os outros nos fundamentos de ambas as doutrinas.

Seção B1: Esta seção representa os ensinamentos do campo da fé que são verdadeiros, precisos e necessários, mas que são dispensados, resistidos e até rejeitados pelo campo da soberania.

Seção B2: Esta seção representa os ensinamentos do campo da soberania que são verdadeiros, precisos e necessários, mas que são dispensados, resistidos e até rejeitados pelo campo da fé.

Seção C1: Esta parte do diagrama representa os ensinamentos do campo da fé que são reacionários ao campo da soberania. Quando o campo da soberania resiste às verdades em B1, o campo da fé às vezes reage e sobrepuja, alegando coisas que são extremas, desequilibradas e errôneas.

Seção C2: Esta parte do diagrama representa os ensinamentos do campo da soberania que são reacionários ao campo da fé. Quando o campo da fé resiste às verdades em B2, o campo da soberania às vezes reage e sobrepuja, alegando coisas que são extremas, desequilibradas e errôneas.

O entendimento mais equilibrado neste paradoxo é aquele que subscreve as verdades de A e B, enquanto rejeita os excessos de C. É difícil e raro encontrar aqueles que são capazes de dizer sim a todas as verdades em B1 e B2. A maioria de nós tende a favorecer um lado do ponto de apoio.

Os excessos de C1 e C2 produzem disputas teológicas no corpo de Cristo. Os que estão em ambos os lados do paradoxo acusam o outro de ser enganador e extremista em seus pontos de vista. As coisas ensinadas em C1 e C2 fazem com que cada campo se sinta justificado em seu antagonismo em relação ao outro.

A título de ilustração, permita-me mostrar como o tópico da cura divina pode se encaixar neste diagrama.

A cura divina no diagrama

A1: Esta parte do diagrama representa declarações de fé sobre a cura com as quais praticamente todos concordam. Por exemplo, o campo da fé dirá que a cura divina está disponível para aqueles que têm fé para serem curados. O campo da soberania geralmente concorda com essa afirmação.

A2: Esta parte do diagrama representa declarações de soberania sobre a cura com as quais praticamente todos concordarão. Por exemplo, o campo da soberania dirá que a confiança autêntica entrega a saúde totalmente às mãos de Deus e acredita em Sua bondade providencial. O campo da fé geralmente concorda com essa afirmação.

B1: Esta parte do diagrama representa coisas que o campo da fé dirá sobre a cura divina que são verdadeiras, mas que são resistidas pelo campo da soberania. Por exemplo, o campo da fé às vezes dirá que os crentes sofrem tolamente em seus corpos porque se submeteram à doença e enfermidade que o diabo lhes impôs. O campo da soberania resistirá a essa declaração porque eles não querem pensar que estão se submetendo ao diabo. Eles argumentarão que estão se submetendo a Deus. Eles fariam bem, no entanto, em aceitar o que o campo da fé tem a dizer na seção B1.

B2: Esta parte do diagrama representa coisas que o campo da soberania dirá sobre a cura divina que são verdadeiras, mas que são resistidas pelo campo da fé. Por exemplo, o campo da soberania dirá que às vezes Deus tem o propósito de usar doenças e enfermidades de forma redentora na vida de Seus filhos para conformá-los à imagem de Cristo. O campo da fé resistirá a essa declaração porque eles percebem que isso prejudica a fé para a cura. Eles podem responder cinicamente com comentários como: "Bem, então peça a Deus por ainda mais doenças!" Eles fariam bem, no entanto, em aceitar o que o campo da soberania tem a dizer na seção B2.

C1: Esta parte do diagrama representa posições excessivas no campo de fé. Quando o campo da soberania resiste às verdades da seção B1 do diagrama, o campo da fé tende a reagir e fazer afirmações extremas para tentar fazer uma afirmação. Por exemplo, alguns no campo da fé podem dizer que todas as doenças, enfermidades e aflições vêm apenas do diabo e nunca são a vontade de Deus para nossas vidas. Mas isso não é verdade. É uma posição extrema que se equivocou e só faz com que o campo da soberania se sinta justificado em sua oposição.

C2: Esta parte do diagrama representa posições excessivas no campo da soberania. Quando o campo da fé resiste às verdades da seção B2 do diagrama, o campo da soberania tende a reagir e fazer afirmações extremas para tentar fazer uma afirmação. Por exemplo, alguns no campo da soberania podem dizer algo como: "Os crentes que realmente confiam em Deus pedirão para serem curados apenas se for a vontade de Deus, e então renunciarão a Deus se Ele decidir curá-los". O campo da fé fica indignado com declarações como essa, concluindo que o santo nessa postura nunca será curado. E eles provavelmente estão certos. Não é bíblico orar, *se for a Tua vontade*, em uma área onde Deus revelou a Sua vontade. Deus já revelou Sua vontade de perdoar todas as nossas iniquidades e curar todas as nossas doenças (Sl 103.3). As posições excessivas representadas por C2 no diagrama levaram ao erro, fazendo com que o campo da fé se sinta justificado em sua oposição.

Minhas ilustrações aqui podem não ter uma formulação 100% perfeita, mas são uma tentativa de mostrar como o paradoxo entre fé e soberania às vezes parte e divide o corpo de Cristo.

Escrituras de apoio

Talvez eu possa ilustrar as diferenças entre os dois campos listando algumas das Escrituras para as quais cada campo provavelmente gravitaria.

Quando se trata de cura divina, o campo da fé tende a se apegar a versos como estes:

"Eu sou o Senhor que te sara" (Êx 15.26).

"Em verdade, em verdade vos digo que aquele que crê em Mim também fará as obras que Eu faço, e as fará maiores do que estas; porque Eu vou para Meu Pai" (Jo 14.12).

"Jesus respondeu-lhes: Por causa da vossa pequena fé; porque em verdade vos digo que, se tiverdes fé como um grão de mostarda, direis a este monte: Passa daqui para lá, e ele passará. Nada vos será impossível" (Mt 17.20).

"Jesus perguntou-lhe: Se podes crer; tudo é possível ao que crê" (Mc 9.23).

"Porque em verdade vos digo que qualquer que disser a este monte: Ergue-te e lança-te no mar, e não duvidar em seu coração, mas crer que se fará aquilo que diz, tudo o que disser lhe será feito. Portanto, vos digo que tudo o que pedirdes, orando, crede que o recebereis e o tereis" (Mc 11.23-24).

"E esta é a confiança que temos para com Ele: que, se pedirmos alguma coisa, segundo Sua vontade, Ele nos ouve. E, se sabemos que nos ouve em tudo o que pedimos, sabemos que alcançamos as petições que Lhe fazemos" (1Jo 5.14-15).

Por outro lado, quando se trata de cura divina, o campo da soberania tende a se apegar a versos como estes:

"E disse: Nu saí do ventre de minha mãe e nu voltarei para lá. O Senhor o deu e o Senhor o tomou; bendito seja o nome do Senhor" (Jó 1.21).

"Mesmo que me mate, Nele esperarei" (Jó 13.15).

"Pai, se queres, passa de Mim este cálice; todavia, não se faça Minha vontade, mas a Tua" (Lc 22.42).

"Pois Tu, ó Deus, nos provaste; Tu nos refinaste como se refina a prata. Tu nos deixaste cair na rede; afligiste nossos lombos" (Sl 66.10-11).

"Aquietai-vos e sabei que Eu sou Deus" (Sl 46.10).

"Humilhai-vos, pois, debaixo da potente mão de Deus, para que a seu tempo Ele vos exalte" (1Pe 5.6).

"Bom é para o homem suportar o jugo na sua mocidade; assentar-se solitário e ficar em silêncio; porque Deus o pôs sobre ele. Ponha a boca no pó; talvez assim haja esperança. Dê sua face ao que o fere; farte-se de afronta" (Lm 3.27-30).

"Eis que nosso Deus, a quem servimos, nos pode livrar; e Ele nos livrará da fornalha de fogo ardente e da tua mão, ó rei. Mas, se não, fica sabendo,

ó rei, que não serviremos aos teus deuses nem adoraremos à estátua de ouro que levantaste" (Dn 3.17-18).

Meu coração diz *"sim!"* para ambas as listas de versos. Quero ser alguém capaz de abraçar totalmente a verdade de ambos os lados do paradoxo.

Em minha observação, algumas pessoas tendem a receber mais de Deus quando se inclinam para o lado da fé do espectro, enquanto outras parecem receber mais de Deus quando colocam seus corações no lado da soberania do espectro. Talvez as diferenças tenham a ver com a personalidade, ou com tendência teológica, ou com a forma como Deus escolhe caminhar de maneira única com cada pessoa. O importante é que cada um de nós encontre sua própria maneira de se conectar com a vida e o poder de Deus. Líderes sábios reconhecerão que dentro da maioria das congregações há alguns que são "pessoas de fé" e outros que são "pessoas de soberania", e somos chamados para alimentar todo o rebanho de Deus. Então, vamos cobrir os dois lados de nossos ensinamentos.

Antes de prosseguirmos, permita-me mencionar o versículo que nenhum campo gosta: "Muitas são as aflições do justo, mas o Senhor o livra de todas" (Sl 34.19).

O campo da fé *ama* a segunda metade desse versículo. Eles pregarão com paixão e vigor sobre como o Senhor livra os justos de todas as suas aflições. Eles simplesmente não gostam da primeira parte do versículo, que diz que os justos têm muitas aflições. Para o campo da fé, se você tivesse andado em justiça, não teria todas as suas aflições. O fato de você ter todas essas aflições é uma evidência, para eles, de que há transigência em sua justiça. Alguns no campo da fé acreditam que a justiça lhe dá imunidade contra aflições.

O campo da soberania *ama* a primeira metade desse versículo. Eles estão muito cientes de quantas aflições assaltam os piedosos ao se posicionarem com retidão em sua geração. Eles simplesmente não gostam da segunda metade do versículo. Não gostam de ensinar que é a vontade de Deus livrá-lo de "todas" as suas aflições. Para eles, esse tipo de ensino impõe um jugo de expectativa sobre os santos já oprimidos pela aflição e os prepara para mais sofrimento.

Portanto, esse é o versículo que ninguém gosta.

Mas meu coração quer dizer *sim* ao versículo inteiro. Eu concordo que muitas aflições vêm para os justos sem que tenham alguma culpa, e também concordo que é a vontade de Deus livrar os justos de *todas elas*.

Quando se trata de paradoxo, nossa tendência natural é comprar um lado da equação e depois olhar de soslaio para o outro lado. Dizer *sim* a ambos é muito mais difícil porque requer um compromisso robusto com toda a verdade de Deus. Mas isso é precisamente o que o crente maduro busca – abraçar totalmente a soberania de Deus e o exercício de nossa fé quando se trata da extensão do reino de Deus na Terra.

A correção do Senhor nos empurra para o vórtice desse paradoxo. Provavelmente nos perguntaremos se devemos ficar parados e descansar no plano e tempo de Deus, ou se devemos nos levantar na fé e nos apegar na Sua promessa de livramento. O paradoxo está no fato de que, às vezes, precisamos fazer as duas coisas. Como você descansa e se apega ao mesmo tempo? É um paradoxo. Mas, no final, Deus deseja que a parte manca seja curada.

Deus prefere a cura

Antes de passarmos para o próximo capítulo, quero apontar para uma única palavra em Hebreus 12.13. É uma palavra fácil de encobrir, mas é importante em nossa discussão. É a palavra *antes*. "Fazei veredas direitas para vossos pés, para que o que manqueja não se desvie inteiramente; *antes*, seja sarado". Embora *sarado* seja a última palavra em nossa tradução do versículo, *antes* é a última palavra no texto grego original. Sua localização a torna a palavra mais enfática do versículo.

Antes é a palavra grega *mallon*. *Mallon* é traduzido no Novo Testamento como *melhor, mais, muito mais,* ou *antes*. A palavra indica melhor em termos de preferência. *Ser preferido*. A cura é preferida.

Aqui está o que *mallon* significa em nosso texto: Deus valoriza e aprecia o quebrantamento e o desenvolvimento do caráter que veio com sua correção, mas Ele *prefere* sua cura ainda mais. Sim, Ele estima todo o bem que advém de sua provação, mas *mallon* – ainda mais do que isso – Ele valoriza sua libertação.

A mesma implicação de *mallon* é encontrada em Romanos 8.34, onde também é traduzido como *antes*: "Quem os condenará? É Cristo quem morreu ou, *antes,* quem ressuscitou dentre os mortos, o qual está à direita de Deus e também intercede por nós". Deixe-me explicar as implicações de *mallon (antes)* nesse versículo.

Paulo afirma que Cristo morreu por nós – o que é tremendo por si só. Mas, *antes, ou melhor do que isso (mallon),* Ele também ressuscitou. A ressurreição de Cristo foi *melhor* do que Sua crucificação. Deus valorizou a morte de Cristo na cruz por causa do que ela realizou, mas Ele valorizou Sua ressurreição ainda mais. Aqui está o atraente princípio de *mallon* de Romanos 8.34: *Deus valoriza a crucificação, mas Ele prefere a ressurreição.* Isso também é verdade em sua vida. Ele valoriza sua crucificação, mas prefere sua ressurreição.

Mallon é traduzido como *mais* em Hebreus 9.14.

Porque, se o sangue dos touros e bodes e a cinza de uma novilha espargida sobre os imundos os santificam, quanto à purificação da carne, quanto mais o sangue de Cristo, que pelo Espírito eterno Se ofereceu a Si mesmo imaculado a Deus, purificará vossa consciência das obras mortas, para servirdes ao Deus vivo! (Hb 9.13-14).

Eu tenho uma pergunta. Se o sangue de touros e bodes pode purificar a carne, quanto *mais* o sangue de Cristo pode purificar a consciência? Você pode quantificar a diferença? Quão *mais* deve o sangue de Cristo ser preferido ao sangue de touros?

A resposta é: o sangue de Cristo é infinitamente mais *(mallon)* eficaz do que o sangue de touros e bodes.

Voltemos a Hebreus 12.13 agora, e permitamos que essas outras ocorrências de *mallon* informem seu significado aqui: "Fazei veredas direitas para vossos pés, para que o que manqueja não se desvie inteiramente; *antes [mallon],* seja sarado". Façamos aqui a mesma pergunta que fizemos a Hebreus 9.14. Quão *mais (mallon)* a sua cura deve ser preferida a um manquejo permanente? Acho que a resposta é a mesma: infinitamente *mais (mallon).* Infinitamente *antes.*

Mallon – é uma palavra forte!

Deus valoriza sua correção, mas *prefere (mallon)* sua cura.

13

Jornada para a cura

Aquela pequena e forte palavra *mallon* no capítulo anterior está me provocando a dizer: Eu amo traduções literais da Bíblia. Gosto de ler e usar a tradução mais próxima possível dos manuscritos originais, enquanto mantenho a legibilidade e a integridade do texto. Para dizer isso do ângulo oposto, eu pessoalmente não gosto de paráfrases da Bíblia. (As paráfrases são traduções soltas da Bíblia que representam os significados das frases em vez de palavras específicas nessas frases. Às vezes, são mais um comentário do que uma tradução). Paráfrases são boas para uma leitura complementar, mas quero que minha primeira leitura da Bíblia seja uma tradução literal.

Por quê? Porque quando você é corrigido, cada palavra das Escrituras se torna extremamente importante para você. Uma única palavra, corretamente entendida, pode abrir as portas do entendimento e produzir grande fé, esperança e amor no coração. Quando você está sendo corrigido, fica desesperado para saber exatamente o que Deus está dizendo a você em cada uma de Suas palavras.

É por isso que a palavra *mallon* em nosso texto está me levando a escrever assim. Se eu estivesse usando uma paráfrase na minha leitura da Bíblia, as chances são de que nem teria percebido que *mallon* existia. *Antes* nem mesmo é mencionado no versículo em algumas traduções. Eu descobri essa palavra porque estava usando uma tradução literal da Bíblia que realmente dizia *antes*. A fé é baseada na absorção das verdadeiras palavras de Deus (Rm 10.17). Quando vi a palavra *antes* em minha Bíblia e pesquisei sobre ela, ela produziu grande fé em meu coração. Eu percebi que *Ele realmente disse essa palavra. Deus prefere minha cura.*

Se sua experiência for como a minha, você descobrirá que a única maneira de suportar a disciplina é ouvindo e se apegando a cada palavra que sai de Sua boca.

Acredito que, com base em Hebreus 12.13, o Pai deseja curar cada criança que foi manquejada por Sua vara. Mesmo que nem todos alcancem essa cura, acredito que a cura é sempre a intenção final do Pai para aqueles que Ele disciplina. Aqueles que se opõem à minha posição frequentemente usam Hebreus 11.35-40 como base para sua objeção. Eu gostaria de responder à sua objeção. Deixe-me explicar.

A objeção de Hebreus 11.35-40

Aqueles que se opõem à minha posição podem expressá-la da seguinte maneira: "*Alguns* podem ser curados, mas não *todos*. Não é a vontade de Deus curar a *todos*". Eles costumam apoiar sua posição com Hebreus 11.35-40, então vamos dar uma olhada nessa passagem.

Nos versículos que precedem Hebreus 11.35-40, eles falam das conquistas e façanhas de santos cheios de fé nos tempos bíblicos. Dizem que eles apagaram o fogo, escaparam da morte, foram vitoriosos na batalha, "estes, pela fé, venceram reinos, praticaram a justiça, alcançaram promessas, fecharam a boca dos leões" (Hb 11.33). Mas então, no versículo 35b, o tom da passagem muda repentinamente e descreve homens e mulheres de fé que, em vez de obter a libertação, sofreram gravemente:

> *Uns foram torturados, não aceitando ser resgatados, para alcançarem uma melhor ressurreição. Outros experimentaram escárnios, açoites e até cadeias e prisões. Foram apedrejados, serrados, tentados, mortos ao fio da espada; andaram vestidos de peles de ovelhas e de cabras, desamparados, aflitos e maltratados (homens dos quais o mundo não era digno), errantes pelos desertos, montes, covas e cavernas da terra. Todos estes, conquanto tivessem obtido testemunho pela fé, não alcançaram a promessa; por haver Deus provido algo melhor a nosso respeito, para que eles, sem nós, não fossem aperfeiçoados (Hb 11.35b–40).*

Com base nesta passagem, meus objetores podem dizer: "Os homens e mulheres de fé descritos nestes versículos não foram libertados de suas aflições, embora tenham sido elogiados como pessoas de fé. Portanto, as pessoas de fé nem sempre são curadas. Assim como esses crentes 'não alcançaram a promessa' (11.39), há pessoas de fé hoje que serão corrigidas pelo Senhor, mas nem sempre receberão a promessa de cura".

Permita-me responder a esta objeção.

Há um paradoxo em Hebreus 11 que nem sempre é bem compreendido. Em Hebreus 11.33, diz que as pessoas de fé "alcançaram promessas", e em Hebreus 11.39 diz que "não alcançaram a promessa". O paradoxo está nesta pergunta: As pessoas de fé alcançam promessas, ou não?

A resposta está em compreender que os versículos 33 e 39 descrevem dois grupos diferentes de fé. O primeiro grupo de fé (11.32-35a) viu livramentos poderosos, enquanto o segundo grupo de fé (11.35b-38) não. Aqui está a diferença entre os dois grupos. O primeiro grupo tinha promessas de libertação, e pela fé eles as alcançaram; o segundo grupo não tinha promessas de libertação e, por meio de sua fé, eles suportaram o sofrimento. Deus não prometeu nos livrar de todos os sofrimentos na Terra. Os sofrimentos do segundo grupo foram consequência da perseguição, e Deus não prometeu nos livrar de todas as instâncias de perseguição e opressão de pessoas iníquas. Algumas perseguições devem ser suportadas. Isso não nos torna menores na fé. Significa simplesmente que não nos foi prometido a libertação de toda a opressão humana maligna nesta vida.

Quando você está sofrendo algo do qual não tem promessa de libertação, o que você faz? Você persevera na fé, sabendo que tem uma recompensa no céu.

Quando é dito no versículo 39, para este segundo grupo, que eles "não alcançaram a promessa", ele está se referindo à promessa dada a Abraão – a promessa de que as pessoas de fé herdariam todo o céu e a Terra. Santos de toda a história morreram enquanto lutavam para alcançar essa promessa. Ela ainda não foi dada. Todos nós entraremos nessa promessa juntos no último dia.

Como você pode saber se está no primeiro grupo e pode esperar obter promessas nesta vida, ou se está no segundo grupo e pode morrer sem obter a promessa? Aqui está a resposta. *Você sabe que é o seu destino obter promessas*, de acordo com Hebreus 11.33, *se Ele lhe deu promessas*. Você recebeu uma promessa de Deus? Nunca desista até obter essa promessa.

Se você tem sido corrigido pelo Senhor e tornado coxo, você tem uma promessa. Deus prometeu curar aqueles que Ele manquejou (Hb 12.13). Então, se você foi corrigido por Deus, é seu destino pressionar até a cura. Nunca ceda até obter o fim pretendido pelo Senhor.

A correção é um processo

Se a correção for leve, pode terminar em alguns minutos. Golpes, arrependimento, perdão, intimidade restaurada – os pequenos incidentes podem acontecer com a mesma rapidez. Mas se for uma correção moderada ou severa, então prepare-se para uma jornada. Ela não acabará em apenas alguns minutos. Você está caminhando com Deus.

Um exemplo de correção severa seria a prisão de José. José orou arduamente por libertação, mas não foi libertado da prisão com sua primeira oração. Nem com sua segunda ou terceira. Na verdade, parece que ele passou quase dez anos na prisão antes que seu clamor por libertação fosse atendido. Por que foi tão demorado? Porque foi uma correção severa. Quando você está nesse tipo de situação, a cura provavelmente não virá com a primeira oração que você fizer. Como José, você pode precisar fazer uma jornada com Deus antes de ser curado.

Nem toda posição teológica no corpo de Cristo concordará comigo aqui. Alguns acreditam que, se você tiver fé para a cura, será curado imediatamente. Por exemplo, li autores que usam as três primeiras palavras de Hebreus 11.1, "A fé é", para dizer: "A fé sempre opera no *agora*". O que eles querem dizer é que, se você realmente tiver fé, receberá o objeto de sua fé *agora*. E se você não receber sua resposta agora, isso significa que, de acordo com o entendimento deles, sua fé é fraca e deficiente.

Há um certo grau de verdade nesse ensino. Mas estou sugerindo que existem contextos únicos nos quais você pode ter fé *agora* e ainda assim não ser curado até que a jornada de correção esteja completa. Você pode ser um filho da fé, mas a jornada exigirá que você persista até que o objeto de sua fé possa ser realizado. Calebe, por exemplo, foi para o deserto com fé para entrar na Terra Prometida, mas ele não entrou em Canaã até que se passassem quarenta e cinco anos. Por que não? Porque Deus estava usando o deserto para conceder a Calebe um nível incomum de autoridade espiritual – autoridade para tomar montanhas.

Permita-me dizer a mesma coisa de um ângulo diferente. Quando você está iniciando uma jornada de correção, não é possível ter fé *agora* para a sua cura. Por que não? Porque o tempo de Deus para sua cura está mais adiante na estrada. Você tem uma fé duradoura que o levará nesta jornada, mas não uma fé catalítica *agora* que apreende seu objeto no momento. Você pode precisar esperar por aquela libertadora palavra de fé até chegar ao lugar de encontro que o coração Dele designou para você. Se Ele ainda não está pronto para levá-lo ao próximo capítulo da história, não é possível gerar fé para a cura com seus próprios recursos. Esse tipo de fé não pode ser fabricado, mas só pode ser recebido do alto.

Talvez seja isso o que Pedro quis dizer com o seu termo, *a seu tempo*: "Humilhai-vos, pois, debaixo da potente mão de Deus, para que *a seu tempo* Ele vos exalte" (1Pe 5.6). Quando você está sendo corrigido, você está "debaixo da potente mão de Deus". Você sente o peso de Sua mão pesadamente sobre você. Qual é o conselho de Pedro? Humilha-te. Abaixe-se, *para que Deus o exalte a seu tempo*. O termo *a seu tempo* parece implicar que Deus tem um cronograma para a correção, e você não será exaltado antes que o tempo Dele seja cumprido.

Não desanime se sua oração não for respondida imediatamente. Em vez disso, humilhe-se e espere em Deus pelo Seu devido tempo. Continue pedindo, continue buscando, continue batendo. Nunca ceda. No devido tempo, Deus o erguerá.

Hebreus 12 foi colocado imediatamente após Hebreus 11 para nos assegurar que não há contradição entre a vida de fé (Hb 11) e suportar a correção do Senhor (Hb 12). *A fé suporta!*

Alguém pode perguntar: "Se ainda não tenho fé suficiente para a cura, o que devo fazer?" Siga o conselho de 1 Timóteo 6.11 e 2 Timóteo 2.22: "Segue… a fé". Busque a fé de todo o coração, até que Ele o encha com uma fé que move montanhas. Um dos motivos para a correção é remover a pseudo-fé de sua alma e levá-lo a uma jornada em Deus que culmina em uma fé que move montanhas.

Não buscamos a cura para que possamos driblar a instrução; buscamos a cura para que possamos nos graduar.

Se alguém disser: "Acredito que serei curado no tempo que Deus designou", há críticos que dirão: "Isso não é fé verdadeira. Se você tivesse verdadeira fé, saberia que agora é o tempo aceitável e hoje é o dia da salvação" (2Co 6.2). E, no entanto, Jesus também disse: "Ainda não é chegado Meu tempo, mas vosso tempo está sempre presente" (Jo 7.6). Concordo que, na maioria das vezes, a fé opera no agora. Mas quando se trata de correção, a fé suporta no espírito de Tiago 1.3-4.

> *Sabendo que a provação da vossa fé produz a paciência. Tenha, porém, a paciência sua obra perfeita, para que sejais perfeitos e completos, sem faltar em coisa alguma.*

Quando você está sendo corrigido, Deus não deseja apenas aperfeiçoar sua fé. Ele deseja aperfeiçoar você em *todas* as áreas, para que você passe pela provação *perfeito e completo, sem faltar em coisa alguma.*

Aqueles que perseveram através da correção por todo o caminho até a cura de suas feridas, experimentarão a luz sete vezes maior.

> *Será a luz da lua como a luz do sol, e a luz do sol, sete vezes maior, como a luz de sete dias, no dia em que o Senhor ligar a quebradura do seu povo e curar a chaga da sua ferida (Is 30.26).*

O clamor para ser curado em breve

No Salmo 90, Moisés lida com nossa longevidade à luz das disciplinas do Senhor. Primeiro, ele exalta a eternidade de Deus. "De eternidade em eternidade, Tu és Deus" (v. 2). "Porque mil anos são aos Teus olhos como o dia de ontem que passou" (v. 4).

Então, em contraste, Moisés aponta para a efemeridade dos dias fugazes do homem.

> *"Pois todos os nossos dias vão passando na Tua indignação; acabam-se os nossos anos como um conto ligeiro. A duração da nossa vida é de setenta anos, e se alguns, pela sua robustez, chegam a oitenta anos, o melhor deles é canseira e enfado; pois tudo passa rapidamente, e nós voamos... Ensina-nos a contar os nossos dias, de tal maneira que alcancemos um coração sábio" (Sl 90.9-12).*

Quando você está sob o peso da mão de Deus, você sente a transitoriedade da vida humana – ela é apenas um sopro. E quando você está sendo corrigido, pode sentir que seu breve período de anos está sendo engolido pelos tratos de Deus em sua vida.

Creio que é por isso que Moisés, no contexto de lutar com essas realidades, clamou ao Senhor: "Sacia-nos de manhã com Tua benignidade, para que nos regozijemos e nos alegremos todos os nossos dias" (Sl 90.14). Ele estava basicamente dizendo: "Por favor, não demore eternamente!" Deus está na eternidade, mas somos frágeis e temos apenas alguns anos de vida. Portanto, ele clamou a Deus por misericórdia, para que Ele pudesse vir até nós no início da correção, nos libertar e graciosamente nos conceder muitos anos de alegria e regozijo.

Pedir a Deus por uma liberação antecipada é uma oração bíblica.

Vencendo a correção

Continuarei minha dança com polêmica e direi ousadamente: A correção é algo a ser vencido. Visto que a correção vem da mão de Deus, estou sugerindo que somos convidados a vencer a mão de Deus. Sei que parece arrogante, então deixe-me explicar o que quero dizer.

Nas cartas às sete igrejas (Ap 2 e 3), Jesus repete esta linha para cada igreja: "Ao que vencer". Somos chamados para vencer o mundo, a carne, o diabo e a tentação. Mas há algo ainda maior e mais desafiador a vencer: os juízos de Deus. Jesus disse que há "muitos" que vencerão o diabo expulsando demônios e fazendo maravilhas, mas não vencerão o juízo, porque o Senhor os expulsará de Sua presença. Aqui está a Escritura que tenho em mente: "Muitos me dirão naquele dia: Senhor, Senhor, não profetizamos em Teu nome? Em Teu nome não expulsamos demônios? E em Teu nome não fizemos muitas maravilhas?' Então lhes direi abertamente: 'Nunca vos conheci; apartai-vos de Mim, vós que praticais a iniquidade'" (Mt 7.22-23).

O maior desafio que você enfrentará em sua existência é vencer os juízos de Deus.

Na carta a Laodiceia, Jesus disse: "Eu repreendo e castigo todos quantos amo" (Ap 3.19). Ele então lhes disse: "Ao que vencer, permitirei que se assente Comigo no Meu trono, assim como Eu venci e Me assentei com Meu Pai no Seu trono" (Ap 3.21). A questão é: ao que vencer *o quê?* O que Jesus está convidando os laodicenses a vencer? Quando você olha a carta para Laodiceia (Ap 3.14-21), você percebe que Ele os estava chamando para *vencer a correção* (v. 19). Foi um chamado para vencer os juízos de Deus – para prevalecer na luta contra Deus.

Ao que vencer a correção vem a maior promessa de todas as sete cartas: assentar-se com Jesus em Seu trono.

Jesus exortou os laodicenses a vencerem "assim como Eu venci". Ele estava se referindo à cruz. Assim como Jesus venceu Sua cruz, devemos vencer a nossa. Se o fizermos, compartilharemos Seu trono.

Quando Jesus prevaleceu sobre a cruz, Ele ganhou o direito de abrir o livro nas mãos do Pai (veja Ap 5.1-7). Esse livro representava Seu destino para liderar nosso planeta na próxima época dos propósitos de Deus para a Terra. Prevalecer sobre a cruz qualificou Jesus para o papel que o Pai queria dar a Ele. E isso vale também para nós. Quando vencemos a correção, qualificamo-nos para abrir o livro de nosso destino eterno em Deus. Veremos mais detalhadamente essa dinâmica de qualificação nos próximos dois capítulos. Vencer a disciplina do Pai colocará uma autoridade em sua vida que você carregará para a era futura.

Por favor, vá para o próximo capítulo, porque agora estamos chegando ao cerne deste livro.

14

Três propósitos da correção

Considero os próximos dois capítulos os mais importantes e úteis deste livro. Quando você compreende os três propósitos da correção, todo o assunto entra em foco.

Eu não posso enfatizar exageradamente a importância de compreender esses três propósitos de correção. A compreensão nos permite cooperar com os propósitos de Deus e entrar na plenitude do santo destino que Ele designou para nós.

Antes de examinarmos os três propósitos da correção, porém, deixe-me dar um motivo pelo qual esta área às vezes é envolta em mistério para alguns. Algumas pessoas cometem o erro de avaliar o que está acontecendo na correção, analisando as circunstâncias externas. No entanto, as aparências podem realmente nos tirar do curso, e podemos acabar errando totalmente o diagnóstico do que está acontecendo.

Às vezes, tentamos discernir as situações de acordo com nossos olhos, em vez de nossos ouvidos. Mas Jesus disse: "Como ouço, assim julgo" (Jo 5.30). Ele quis dizer que não julgou as circunstâncias das pessoas com base no que Ele podia ver externamente, mas com base no que ouviu internamente do Pai.

Uma das principais razões pelas quais as pessoas muitas vezes interpretam mal o que Deus está fazendo na vida de alguém é porque elas nem sempre compreenderam este princípio importante: *Os meios que Deus usa para disciplinar os obedientes e punir os desobedientes costumam ser idênticos.*

Deixe-me explicar esse importante princípio e, então, chegaremos imediatamente aos três propósitos da correção.

Os meios de punição e promoção

Os meios que Deus usa para punir os rebeldes e promover os consagrados às vezes são idênticos. Como exemplo, gostaria de comparar Deuteronômio 28.30-35 com a história de Jó.

Em Deuteronômio 28.30-35, o Senhor falou das consequências que cairiam sobre Seu povo se eles se apostatassem e se afastassem Dele. Ele disse:

> *Edificarás uma casa, porém não morarás nela... Teu jumento será roubado diante de ti e não te será devolvido... Teus olhos o verão e desfalecerão de saudades deles [teus filhos e tuas filhas] todos os dias, porém não haverá poder na tua mão... O Senhor te ferirá com úlceras malignas nos joelhos e nas pernas, de que não possas sarar, desde a planta do teu pé até ao alto da cabeça.*

Todas essas coisas sucederiam ao desobediente.

Quando você chega à história de Jó, percebe que tudo o que foi mencionado na passagem acima aconteceu com ele. A casa de seu filho foi destruída por um tornado, seus burros e gado foram violentamente tirados dele, todos seus dez filhos foram mortos e ele ficou coberto de furúnculos da cabeça aos pés. Um olho sem discernimento poderia olhar para as calamidades de Jó e pensar: "Jó experimentou tudo o que Deus disse que sobreviria ao desobediente em Deuteronômio 28.30-35. Portanto, Jó deve estar vivendo em grande desobediência. Ele está claramente sob a ira de Deus".

Mas essa conclusão estaria totalmente errada. Porque os meios que Deus usa para punir os pecadores (Dt 28) às vezes são os mesmos meios que Ele usa para promover Seus favoritos. Geralmente é impossível olhar para as circunstâncias externas e saber se a pessoa que está passando pela provação está sendo punida ou promovida. A única maneira de saber se a pessoa é um pecador sendo punido ou um santo sendo promovido é recebendo informações divinas sobre a situação.

Direi novamente. Os meios que Deus usa para punir os transgressores são frequentemente idênticos aos meios que Ele usa para promover aqueles cujo coração era perfeito para com Ele. O gráfico a seguir dá alguns exemplos de pessoas na Bíblia cujas vidas ilustram esse princípio.

Meios usados por Deus	Punição	Promoção
Enfermidade / doença	Miriã, Uzias, Herodes	Jó, Ezequias
Enfermidade / deficiência	Nabal, Nabucodonosor	Zacarias, Jacó
Prisão	Zedequias, Sansão	José, Paulo
Exílio / cativeiro	Judá exilado para a Babilônia	Davi, João
Deserto / isolamento	Caim, Jonas	Moisés, João Batista, Jesus
Luto	Davi e Bate-Seba	Jó, Noemi, Ana
Perda financeira	Jeorão	Jó, Noemi
Esterilidade	Mical, família de Abimeleque	Ana, Isabel

Os meios que Deus usa para disciplinar os obedientes e punir os desobedientes às vezes são idênticos.

Para nos ajudar a entender o que este gráfico está representando, deixe-me explicar dois dos exemplos acima.

Exemplo número um: observe a primeira linha do gráfico, relacionada a doenças e enfermidades. Deus usou a doença da lepra como meio de punir Miriã e Uzias por sua desobediência e atacou Herodes com vermes por causa de sua arrogância. Com essas três pessoas, Ele usou doenças ou enfermidades para puni-las. No entanto, nos casos de Jó e Ezequias, Deus usou a enfermidade (com Ezequias) e a doença (com Jó) como meio de promovê-los e levá-los a um lugar mais elevado Nele. Vemos, portanto, que Deus usará enfermidades e doenças tanto para punir o desobediente quanto para promover o obediente a algo mais elevado. Uma mente sem discernimento pode concluir: "Deus deve ter punido Jó, porque Ele usa a doença apenas para punir". Mas, em vez de punir Jó, Deus o estava promovendo a uma posição superior no reino.

Exemplo número dois: observe a categoria Prisão – o terceiro meio listado no gráfico. Deus usou a prisão para punir o rei Zedequias e Sansão por sua desobediência. Mas Deus também usou a prisão para promover José e Paulo por causa de sua consagração excepcional. A prisão foi um meio que Deus usou tanto com os rebeldes quanto com os submetidos. Então, quando você vê alguém na prisão, você não pode assumir automaticamente que a prisão é uma punição. Ela pode ser, mas também pode ser uma promoção. A única maneira de saber a intenção de Deus é receber informações divinas sobre a situação. Sem discernimento sobrenatural, é fácil diagnosticar erroneamente o que Deus está fazendo com a prisão de alguém.

Você pode até ter um versículo da Bíblia para fundamentar sua opinião sobre a vida de alguém e estar totalmente errado. Por exemplo, os principais sacerdotes poderiam ter citado Provérbios 15.10 na cruz: "Correção molesta há para o que deixa a vereda, e o que aborrece a repreensão morrerá". Eles poderiam ter usado aquela Escritura para dizer: "Jesus está morrendo na cruz porque Ele abandonou o caminho e odeia a correção". Mas eles estariam errados. Não é suficiente usar um versículo da Bíblia para discernir o coração de Deus; devemos ter o Espírito de discernimento.

Novamente, o ponto aqui é que é fácil olhar para alguém passando por circunstâncias difíceis e automaticamente concluir: "Deus deve estar punindo-os por um campo de transigência e desobediência em suas vidas". Isso pode ser verdade. Mas também é possível que Ele os esteja promovendo, em Seu prazer, a uma posição mais elevada no reino. Este é o significado por trás do gráfico acima: que os meios que Deus usa na punição e promoção são frequentemente idênticos.

Quando pensamos em correção, a primeira associação que frequentemente vem à mente é a *punição* – Deus está nos punindo por algo que fizemos de errado. Ora, é verdade que a punição muitas vezes funciona na punição até certo ponto, mas não é o único elemento em ação. Na verdade, existem três elementos envolvidos na correção, e até que entendamos todos os três, teremos uma visão incompleta ou distorcida da correção de Deus. Vamos começar examinando o primeiro.

Punição

O primeiro objetivo da correção é a punição. Na maioria dos casos de correção, há um elemento de punição envolvido. Nesses casos, a mensagem básica de Deus é: "Quero ensiná-lo a não fazer isso de novo". Em outras palavras, *punição* é Deus respondendo às maneiras como nós nos arruinamos. Todos nós pecamos em algum grau na vida cotidiana, então a punição é um elemento comum na disciplina, mesmo que seja fracionada.

É por isso que, sempre que você está sendo corrigido, é sábio parar e perguntar ao Senhor: "Há algo em minha vida que está desagradando a Ti?" Se Ele mostrar algo a você, então se arrependa. Se Ele não o fizer, então volte seu foco para os próximos dois propósitos de correção. Mas, pelo menos, faça a pergunta.

Elifaz viu a punição operativa na correção de Jó: "Bem-aventurado é o homem a quem Deus castiga; não desprezes, pois, o castigo do Todo-poderoso" (Jó 5.17). Elifaz afirmou que Deus estava corrigindo Jó pelas maneiras pelas quais ele pecou, e que Deus queria que ele se arrependesse e voltasse aos trilhos. Era verdade que Jó pecou? Certamente, no sentido de que todos nós carecemos da glória de Deus de várias maneiras. Mas a correção de Jó foi por causa de um pecado em sua vida? Não. Ao contrário do diagnóstico de Elifaz, Deus não estava tentando corrigir um pecado na vida de Jó.

Quando pecamos, ocasionalmente a correção do Senhor pode ocorrer. Salmo 99.8 mostra que é possível ser perdoado por Deus por um certo pecado e ainda sofrer alguma punição por isso. Por quê? Porque alguns pecados têm consequências. Um exemplo disso é quando Davi contou o povo de Israel sem permissão divina (2Sm 24.10-15). Embora Deus tenha aceitado o arrependimento de Davi, Ele ainda puniu a nação pela transgressão de Davi.

Eu concordo com RT Kendall que "A correção não é Deus se vingando. Ele se vingou na cruz". Quando somos punidos, não estamos expiando nossos pecados. Mas as consequências do pecado às vezes são inevitáveis. Devemos aprender com elas para nunca repetir o mesmo erro.

A cruz satisfez a ira de Deus contra o pecado, mas quando Seus filhos pecam intencionalmente e presunçosamente, eles ainda podem enfrentar consequências dolorosas.

É raro que a punição seja o *único* elemento operante na correção. Na grande maioria dos casos, Deus usa a correção para produzir algo positivo e de valor eterno em nossas vidas. No entanto, existem casos raros em que a correção de Deus é 100% de punição. Nas palavras de Graham Cooke, "Disciplina sem desenvolvimento é punição"[15]. Um exemplo seria a morte de Ananias e Safira (Atos 5.1-11), que sabiam bem, mas presunçosamente mentiram ao Espírito Santo. Acredito que eles foram para o céu quando morreram, mas não tiveram oportunidade de cultivar o tesouro eterno em sua caminhada terrena.

Outro exemplo trágico de 100% de punição é visto na vida do rei Uzias. Quando Deus prosperou e o fortaleceu, seu coração se encheu de orgulho. Ele se tornou tão confiante em seu território que presumiu entrar em uma alçada que não era sua. Ele se sentiu tão favorecido por Deus que, como ser rei parecia não ser suficiente, ele pensou que poderia atuar como sacerdote no templo. O sucesso subiu à sua cabeça. Então ele entrou na casa do Senhor e começou a queimar incenso no altar de incenso. Deus puniu sua presunção atacando-o com lepra no local. Ele permaneceu leproso até sua morte. Eu considero sua punição totalmente punitiva por causa deste versículo:

> *Assim, ficou leproso o rei Uzias até o dia da sua morte. Morou, por ser leproso, numa casa separada, porque foi excluído da casa do Senhor (2Cr 26.21).*

A consequência mais devastadora de sua lepra foi que a lei de Moisés proibia qualquer leproso de entrar na casa do Senhor (Lv 13.46). Não havia nada redentor em ser excluído da casa do Senhor. Foi totalmente punitivo e terrivelmente devastador. Tenho certeza de que Deus o perdoou, mas, mesmo assim, ele pagou um preço exorbitante por assumir o papel de sacerdote no templo. A história de Uzias demonstra que é melhor ser punido pelo Senhor *antes* de nos enchermos de orgulho do que *depois*.

Alguém uma vez me perguntou: "Todas as consequências do pecado são irreversíveis? Como você sabe se certas partes do seu destino estão realmente perdidas para sempre devido à sua desobediência?" A história de Uzias ilustra que, em alguns casos, podemos viver com as consequências de nossos pecados para o resto de nossas vidas – especialmente os pecados

---

15   Graham Cooke, *Qualidades De Um Guerreiro Espiritual (Qualities Of A Spiritual Warrior)*, Vacaville, CA: Brilliant Book House, 2008, p. 32.

cometidos conscientemente em flagrante presunção. Mas considero tais casos raros. Na maioria dos casos, o Senhor nos restaura e nos redime dos pecados dos quais estamos completamente arrependidos. Ele é o Deus da segunda chance.

Eu disse que a punição raramente é a única coisa que acontece na correção. Acrescentarei o seguinte: a punição não é um elemento em todos os casos de correção. Por exemplo, Deus usou a prisão para castigar José – não pelo que ele havia feito de errado, mas de certo. Deus usou a prisão para corrigir a propensão juvenil de José de falar abertamente sobre seus sonhos, mas isso foi Deus o *purificando*, não o *punindo*. Não tenho conhecimento de qualquer sentido em que a prisão de José foi punitiva.

Não devemos presumir, portanto, só porque alguém está sob as mãos disciplinadoras do Senhor, que ele ou ela está sendo punido por Deus por algo. Aqueles com um "paradigma punidor" de correção assumem automaticamente que as pessoas com problemas estão sendo punidas por seus erros. Essa visão estreita da correção simplesmente não responde como Deus trabalha na vida da maioria dos crentes.

Os chefes dos sacerdotes nos dias de Jesus pareciam ter um paradigma punidor de correção. Isaías indicou que quando olharam para Cristo na cruz, pensaram que Ele estava "aflito, ferido de Deus e oprimido" (Is 53.4). Eles pensaram que a cruz provava que Ele estava sob descontentamento divino. Claramente, eles interpretaram mal a cruz.

Sim, a punição é o primeiro objetivo da correção. Mas muitas vezes é o elemento menos significativo dos três propósitos. E, em alguns casos (como a prisão de José), não é um fator de forma alguma.

Os próximos dois propósitos de correção realmente nos levam à essência do que está acontecendo.

Purificação

O segundo propósito da correção é nossa purificação. Deus corrige para nos transformar à imagem de Cristo. A correção é como um fogo refinador que serve para queimar a impureza da não semelhança com Cristo, de modo que sejamos transformados no processo e progridamos em direção à obediência completa.

Percebo que nem todos concordam comigo aqui. Alguns não acreditam que Deus corrige a fim de purificar ou refinar nossas vidas. Mas creio que Ele o faça, de acordo com Hebreus 12.10: "Porque aqueles, na verdade, por um pouco de tempo, nos corrigiam como bem lhes convinha; mas este, para nosso proveito, para sermos participantes da Sua santidade". Jesus corrige a fim de nos mudar e nos levar à Sua santidade. Eu entendo que isso significa que Ele usa a intensidade de Seu refinamento para purificar as coisas em nós que não mudam prontamente sem Seu fogo. O fogo refinador de Deus alcança lugares em nossos corações que nem nós mesmos podemos alcançar. Sua liderança em nossas vidas é muito eficaz e sábia!

O elemento de punição é planejado para nos persuadir a evitar essa mesma transigência no futuro, e o elemento purificador é planejado para nos tornar participantes mais plenos de Sua santidade.

O Senhor nos refinará até que a justiça e a santidade ressoem em todo o nosso ser. Ele tem meios de alcançar profundamente e de lidar com nossas iniquidades na fonte. Que bondade gloriosa, quando Ele nos ama o suficiente para subjugar nossas iniquidades! Isso é o que Miqueias celebrou quando escreveu: "Ele voltará a Se apiedar de nós, subjugará as nossas iniquidades e lançará todos os nossos pecados nas profundezas do mar" (Mq 7.19).

Pedro fez a declaração surpreendente de que, quando suportamos o sofrimento em nossos corpos de maneira redentora, somos purificados do pecado.

> *Aquele que padeceu na carne já está livre do pecado; para que, no tempo que vos resta na carne, não vivais mais segundo as concupiscências dos homens, mas segundo a vontade de Deus (1Pe 4.1-2).*

O sofrimento pode ser um detergente.

Paulo foi alguém que sofreu na carne de uma forma que o impediu de pecar. Deus usou o espinho na carne de Paulo como meio de purificação em sua vida. Aqui está como Paulo explicou o propósito do espinho:

> *E para que eu não fosse exaltado acima da medida pela abundância das revelações, um espinho na carne foi dado a mim, um mensageiro de Satanás para me esbofetear, para que eu não fosse exaltado acima da medida (2Co 12.7).*

Deus usou o espinho para manter Paulo em um lugar de humildade, quebrantamento e dependência Dele. Eu lido com o espinho de Paulo separadamente no capítulo 20, mas meu ponto aqui é que Deus usou o espinho para lidar com o orgulho em potencial. Foi um meio de purificação para Paulo.

Purificação, portanto, é o segundo propósito de correção. Deus está usando isso para nos mudar para melhor.

O terceiro propósito

Quando digo que Deus corrige para punir e purificar em nossas vidas, muitos crentes concordam prontamente. Mas, para alguns, essas duas coisas representam o propósito completo de correção. Contudo, tenho algo muito importante a dizer neste livro: há um terceiro propósito para a correção.

Este terceiro motivo é o menos compreendido dos três e, ainda assim, é o mais encorajador e fortalecedor de todos. E é o princípio mais atraente deste livro.

Antes de revelar e identificar o terceiro propósito da correção, quero preparar o terreno para isso fazendo a pergunta de um milhão de dólares.

Estou prestes a fazer a pergunta que divide o corpo de Cristo em dois campos teológicos gerais. É uma pergunta de suma importância, e nossa tendência, quando lemos a pergunta, pode ser oferecer uma resposta apressada e precipitada. Mas peço que você diminua a velocidade e processe a pergunta cuidadosamente comigo.

A pergunta de um milhão de dólares

Aqui está:

A cruz foi, em qualquer aspecto, um exemplo do Pai corrigindo Seu Filho?

Vamos analisar essa questão criticamente, olhando para os propósitos de correção discutidos até agora.

O primeiro objetivo da correção é a punição. A cruz foi, portanto, um exemplo do Pai *punindo* Seu Filho, o Senhor Jesus, pelos pecados que Ele cometeu na Terra? Claramente, nossa resposta deve ser firme: *não*! Embora Jesus tenha sido tentado de todas as maneiras como nós, Ele era "sem pecado" (Hb 4.15). Paulo disse que Cristo "não conheceu pecado" (2Co 5.21). Na cruz, Ele "Se ofereceu a Si mesmo imaculado a Deus" (Hb 9.14). Concluímos, portanto, que Cristo não foi corrigido na cruz como punição pelos pecados que cometeu[16]. Ele morreu como "um cordeiro imaculado e incontaminado" (1Pe 1.19).

O segundo propósito da correção é a purificação. E sobre a questão da purificação, então? A cruz foi um exemplo do Pai *purificando* Seu Filho das imperfeições para que Ele pudesse ser feito completamente perfeito e puro por meio de Seus sofrimentos?

Novamente, nossa resposta deve ser um retumbante: *Não!* A cruz não mudou Jesus Cristo! Ela não O tornou uma pessoa melhor ou mais completa. Em vez disso, "Jesus Cristo é o mesmo ontem, hoje e para sempre" (Hb 13.8). Ele era tão perfeito em sabedoria e virtude antes da cruz quanto o foi depois.

Se nosso conceito de correção divina se limita apenas à punição e purificação, então, devemos categoricamente determinar que a cruz *não* foi uma correção de Cristo.

Mas há um terceiro propósito de correção.

---

16 Devo destacar o testemunho de Isaías que disse: "O castigo que nos traz a paz estava sobre Ele" (Is 53.5). Algumas traduções dizem: "O castigo que nos trouxe paz estava sobre Ele". A intenção de Isaías, no entanto, não é dizer que Jesus foi punido pelos pecados que cometeu; antes, Ele foi punido pelos pecados que cometemos.

15

O terceiro propósito da correção

Antes de apresentar o terceiro e mais significativo propósito de correção, quero apontar para um versículo difícil em Hebreus. A resposta é complicada porque o problema no versículo é muito forte. Aqui está o versículo do problema:

> *Ao levar muitos filhos à glória, convinha que Deus, por causa de quem e por meio de quem tudo existe, tornasse perfeito, mediante o sofrimento, o autor da salvação deles (Hb 2.10 – NVI)*

Referindo-se à cruz, este versículo diz que por meio de Seu sofrimento Jesus foi *tornado perfeito*. (A mesma ideia é reiterada em Hebreus 5.9 e 7.28.) O que Hebreus quis dizer quando disse que a cruz tornou Jesus perfeito? Ele era imperfeito antes da cruz?

A palavra grega para perfeito, *teleios*, tem três significados principais: ser tornado perfeito, completo ou maduro.

Aplicando esses significados de *teleios*, Hebreus 2.10 significa, portanto, que Jesus era *imperfeito* em caráter antes da cruz? Ou significa que Ele era *incompleto*, mas que a cruz O tornou uma pessoa completa? Ou significa que Ele era *imaturo* de antemão, mas a cruz completou Seu processo de maturidade?

A todas as três perguntas respondemos de forma inequívoca: *Não!* Antes da cruz, Jesus era eternamente perfeito, completo e maduro.

O que, então, Hebreus 2.10 significa? Como a cruz tornou Jesus, o autor da nossa salvação, "perfeito mediante o sofrimento"?

Para responder a essa pergunta, vamos olhar novamente para a palavra grega *teleios*. Seus significados principais são perfeito, completo e maduro. Mas há um significado secundário e mais sutil para *teleios*, e é esse significado secundário que responde ao nosso enigma.

Teleios também carrega o significado de *qualificado*. Este significado é amplamente apoiado por autoridades notáveis. Por exemplo, Matthew Poole diz que a palavra grega significa "a consagração ou aperfeiçoamento de uma pessoa para o cargo por meio de sacrifício"[17]. Matthew Henry escreve: "Ele aperfeiçoou a obra de nossa redenção derramando Seu sangue e, portanto, estava perfeitamente *qualificado* para ser um Mediador entre Deus e o homem"[18]. Albert Barnes afirma: "Para torná-Lo totalmente *qualificado* para Sua obra"[19]. Interpretar *teleios* como *qualificado* é consistente com como o próprio Cristo usou a palavra quando disse: "Ide e dizei àquela raposa: Eis que expulso demônios e realizo curas, hoje e amanhã, e no terceiro dia terei terminado" (Lc 13.32).

Concluímos, portanto, que Hebreus 2.10 significa o seguinte: Por meio dos sofrimentos da cruz, Jesus *qualificou-Se* para se tornar o "Sumo Sacerdote da nossa confissão" (Hb 3.1). O sofrimento da morte deu a Ele a experiência necessária para se tornar o Autor de nossa salvação (Hb 2.10).

Existem alguns postos e posições no reino de Deus para os quais alguém deve se qualificar. Esse princípio também é verdadeiro na ordem natural. Por exemplo, para um piloto se tornar um instrutor de voo, ele teria que ter concluído determinado trabalho do curso e tantas horas de tempo de voo registradas para se qualificar para o posto de instrutor. Em outro exemplo, para que um aluno se qualifique para um doutorado ou diploma, ele deve cumprir um regime rigoroso de estudos acadêmicos e trabalhos relacionados. Em ainda outro exemplo, um soldado teria muitos anos de trabalho árduo e fidelidade zelosa pela frente antes que pudesse se qualificar como Sargento-mor do Exército. Este princípio de qualificação permeia toda a

---

[17] Matthew Poole, Um Comentário Sobre A Bíblia *(A Commentary on the Bible)*, McLean, VA: MacDonald Publishing Company, Vol. III, p. 816.
[18] Matthew Henry, Um Comentário Sobre A Bíblia Inteira *(A Commentary on the Whole Bible)*, Old Tappan, NJ: Fleming H. Revell Company, Vol. VI, p. 897.
[19] Albert Barnes, Notas Sobre o Novo Testamento *(Notes on the New Testament)*, Grand Rapids, MI: Baker Book House, 1983, Vol. XII, p.64.

vida. Alguns postos não podem ser alcançados até que um candidato esteja devidamente qualificado para a posição mais alta.

Isso foi assim com Cristo, como Autor de nossa salvação. Embora fosse eternamente perfeito e completo, Ele não poderia servir como nosso Sumo Sacerdote até que viesse à Terra como Homem, morresse na cruz e ressuscitasse.

Agora, por causa dos sofrimentos da morte, Ele está qualificado como o Autor de nossa salvação para conduzir cada santo crente através do vale de nossa própria morte para a vida de ressurreição que Ele comprou para nós.

A cruz foi uma correção, então? *Sim!* Não no sentido de punição ou purificação, mas no sentido de *qualificação*. Por meio da correção da cruz, Jesus Se qualificou para Se tornar nosso Apóstolo e Sumo Sacerdote.

Apocalipse 5 confirma que a cruz qualificou Jesus como nosso Redentor.

> *Vi, também, um anjo forte, apregoando em alta voz: Quem é digno de abrir o livro e desatar seus selos? Ninguém no céu, nem na Terra, nem debaixo da terra, podia abrir o livro, nem olhar para ele (Ap 5.2-3).*

De acordo com esta passagem, Jesus era *digno* e *podia* pegar e abrir o livro nas mãos do Pai. O que O qualificou para ser digno e poder abri-lo? A Cruz. Antes da cruz, Jesus não era digno nem podia abrir aquele livro; Ele teve que suportar a cruz a fim de Se qualificar para abri-lo.

Antes de Jesus se tornar um Homem, Ele era totalmente Deus e ilimitado em poder. No entanto, em Seu estado pré-humano, Ele não *podia* abrir este livro. Por que não? Por que Ele não tinha força? Não. Ele não tinha a experiência de vida necessária. A cruz foi um qualificador. Ao suportá-la, Jesus ganhou autoridade para abrir o livro do plano do Pai para a Terra e a raça humana na era futura. Somente Jesus está qualificado para nos conduzir ao nosso destino eterno em Deus.

Relacionando a cruz com a correção

Eu gostaria de levá-lo a três versículos significativos que corroboram a afirmação de que a cruz foi uma correção de Deus.

> *Então Jesus lhes disse: Esta noite, todos vos escandalizareis em Mim; porque está escrito: 'Ferirei o Pastor, e as ovelhas se dispersarão' (Mt 26.31).*

O fato de Deus ter dito que "feriria" Seu Filho carrega uma associação clara com a correção.

Eis o segundo verso.

> *E já vos esquecestes da exortação que argumenta convosco como filhos: "Filho meu, não desprezes a correção do Senhor e não desmaies quando por Ele fores repreendido, porque o Senhor corrige o que ama e açoita qualquer que recebe por filho" (Hb 12.5-6).*

Açoita é a mesma palavra usada para o açoite de Jesus em Sua crucificação. O Pai não só açoitou Jesus nas mãos dos romanos, mas também açoita "*qualquer* que recebe por filho". A ligação entre a cruz e a correção é clara. Cristo foi corrigido pelo Pai na cruz.

Em terceiro lugar, Isaías fortalece a conexão entre a cruz e a correção.

> Como pasmaram muitos à vista de ti, pois Seu parecer estava tão desfigurado, mais do que o de outro qualquer, e Sua figura, mais do que a dos outros filhos dos homens (Is 52.14).

Quando Isaías diz: "Como pasmaram muitos à vista de ti", ele está falando sobre o cativeiro na Babilônia. Quando os israelitas foram exilados para a Babilônia, eles sofreram tanta humilhação e crueldade nas mãos dos babilônios que as pessoas de outras nações ficaram surpresas com a severidade com que Israel foi corrigido no cativeiro. O que Isaías quer dizer é que, assim como outras nações ficaram surpresas com a forma como Deus corrigiu Israel, da mesma forma os homens verão como Deus corrige Jesus na cruz e ficarão pasmados com o sofrimento de Cristo. Assim, Isaías traça uma conexão inegável entre a correção do cativeiro babilônico e a cruz de Jesus. O cativeiro prefigurou a morte de Cristo. Assim como o Pai usou os babilônios para corrigir Israel, Ele usou os romanos para corrigir Jesus na cruz.

As Escrituras substanciam nossa conclusão, portanto, que a cruz foi um exemplo do Pai corrigindo Seu Filho. Mas, novamente, Ele não foi *punido ou purificado*; antes, Ele foi *qualificado* para servir como nosso Redentor.

Nossa correção é qualificadora

Assim como a correção de Jesus O qualificou como nosso Autor, nossa correção também pode ser qualificadora. Essa verdade infunde em nossos momentos de angústia grande esperança e significado.

Até que você veja a importância da qualificação no processo de correção, todo o assunto permanece obscuro e desconcertante. Por exemplo, se o seu único modelo de correção é punição e purificação, então a história de Jó é confusa. Alguns acham que Deus estava punindo Jó pelo temor em sua vida, por causa do que ele disse em Jó 3.25: "Porque o que eu temia me sobreveio, e o que receava me aconteceu". Se Deus estivesse punindo ou purificando Jó por causa de uma fortaleza de temor que se desenvolveu em seu coração, poderíamos entender que Jó estava passando por uma época difícil. Mas quando você olha para a intensidade de seu cadinho, parece um exagero. Por que uma fortaleza de temor incorreria em sofrimento extremo e intenso? A punição parece extremamente excessiva. A história toda permanece inexplicável. Que pecado foi tão grande que ele precisou ser purificado com medidas tão extremas? Se tudo o que vemos na correção é punição e purificação, portanto, simplesmente não podemos entender a história de Jó.

Mas e se Jó estivesse se qualificando para um cargo mais alto no reino? Com essa possibilidade, de repente o livro de Jó se torna uma joia brilhante e vivificante. Sua provação o qualificou para escrever o primeiro livro da Bíblia, tornar-se um mentor e pai espiritual para todas as gerações, prefigurar a cruz de Cristo e contemplar a glória de Deus com seus olhos físicos. A provação fez dele um General do exército de Deus!

Assim como Deus corrigiu Jó para qualificá-lo para um cargo mais alto, Deus corrigiu Jesus para qualificá-Lo como o Autor de nossa salvação. É a mesma operação ocorrendo tanto em Jó quanto em Jesus. Embora alguns não vejam nenhuma conexão entre Jó e Jesus, acho a conexão entre suas vidas absolutamente impressionante.

Aqui está a grande esperança na correção. Se Ele o ama, Ele o corrigirá – para que você se qualifique para uma liderança servil maior. O posto mais alto vem com a graça de perder ainda mais sua vida pelo bem dos outros.

A disciplina de Deus não significa que Ele está irado com você, mesmo que estivesse "um pouco desgostoso" (Zc 1.15). Ela significa que Ele Se deleita em você! Ele está tão contente com a sua consagração e fervor que o convida a uma jornada que leva a uma maior intimidade e maior eficácia na colheita.

A esperança da qualificação

Pense nisso! Deus está castigando-o – assim como fez com Jesus – para que você tenha autoridade para realizar maiores façanhas no reino e produzir maiores frutos.

É por isso que sua provação é tão intensa. Pode até parecer duplamente intenso em seu extremo, mas Deus a está usando para qualificá-lo para o livro de seu próprio destino em Deus. Mais uma vez, deixe-me citar Isaías 40.2.

> *"Falai benignamente a Jerusalém e bradai-lhe que já sua malícia é acabada, que sua iniquidade está expiada e que já recebeu em dobro, da mão do Senhor, por todos os seus pecados".*

Se a sua correção for duplamente intensa, então preste atenção. Deus pode estar qualificando você para contemplar Sua glória.

A provação de Jó não foi a única na Bíblia que parecia duplamente intenso. Considere as histórias de Jacó, José, Noemi, Davi, Jesus e outros. Todas as suas histórias de repente fazem sentido quando percebemos que eles estavam se qualificando para uma maior incumbência no reino.

Uma das razões pelas quais os sofrimentos de Jesus foram tão intensos foi porque Ele estava Se qualificando para uma função *eterna*. Quando Deus nos qualifica para algo eterno, podemos achar o processo duplamente intenso.

"O Senhor é um Deus de equidade" (Is 30.18). Se você sofre o dobro por seus pecados, a justiça de Deus considera que agora você se qualifica para o dobro da promoção. Não satisfaria a Sua justiça levá-lo a uma provação em dobro e depois abandonar Seu propósito em sua vida.

Equidade, justiça, juízo – tudo isso é muito importante para Deus. É importante para Deus que o preço devido seja pago pelas coisas. É por isso que havia confusão sobre pesos e medidas no Antigo Testamento (veja Dt

25.13-16); a justiça de Deus exige que o preço total seja pago pelo que é comprado. Esse senso de justiça afeta a maneira como Ele exercita Seus filhos. Quando o preço for pago, o posto deve ser fornecido.

Seu sofrimento parece injusto? Ele pode ser. Mas eis a questão: Deus é o Mestre da vingança pelo sofrimento injusto. Seu grande senso de justiça exige que o sofrimento injusto de Seus escolhidos seja respondido. O duplo sofrimento pode qualificá-lo para a dupla honra de uma posição superior.

A ressureição nos qualifica

Novamente, a cruz e a ressurreição qualificaram Jesus para servir como o Autor de nossa salvação. Se Ele tivesse suportado apenas a cruz, mas não tivesse ressuscitado, Ele não teria Se qualificado como nosso Sumo Sacerdote. Paulo atestou isso:

> *E, se Cristo não ressuscitou, vossa fé é vã e ainda permaneceis em vossos pecados! (1Co 15.17).*

As implicações desta declaração são surpreendentes. Paulo disse que se Cristo tivesse morrido na cruz, mas não ressuscitado, nada do que Ele realizou na cruz seria nosso. Ainda estaríamos mortos em nossos pecados.

Direi novamente para dar ênfase. Se Jesus tivesse sido escarnecido, espancado, cuspido, açoitado, coroado com espinhos, pregado na cruz, contorcido em tormentos por seis horas, morto e descido ao inferno – mas não ressuscitado – nada que Ele tivesse trabalhado para comprar no Calvário seria nosso. Para Se qualificar como nosso Redentor, Ele *teve* que ser ressuscitado.

Isso também é verdade para você. Para que sua correção o qualifique para sua próxima designação, você deve ser levantado. A ressurreição não é simplesmente desejável, é *essencial*.

Quando Deus lhe cura e levanta, tudo pelo que você trabalhou em seus anos de correção estará disponível para o corpo de Cristo, e você se qualificará para um desamparo ainda maior no serviço.

O DNA de sua nova atribuição

Inerente à natureza de sua provação está o DNA de sua atribuição maior. Deixe-me explicar.

Quando você está sendo corrigido pelo Senhor, considere cuidadosamente a natureza de sua provação. Está relacionada com finanças? Então, sua próxima tarefa provavelmente envolverá ajudar outras pessoas a superarem seus desafios financeiros. Está relacionada à enfermidade física? Então, quando você for curado, provavelmente ajudará outros a obterem a cura em Deus. Está relacionado à saúde mental? Ao vencer, você ajudará outras pessoas com distúrbios mentais a terem paz e integridade. A sua crise está relacionada aos seus filhos? Sua provação lhe dará autoridade e compreensão para ajudar outros pais com seus filhos. Sua provação está relacionada ao seu casamento? Então, provavelmente Deus irá equipá-lo para ajudar outros casamentos no tempo devido.

O desafio diante de você é como uma meta de qualificação. Depois de realizar essa façanha ou proeza, isso o qualificará com maior autoridade e compreensão para entregar sua vida em maior serviço por outras pessoas que enfrentam desafios semelhantes.

O exemplo de Zacarias

Deus castigou Zacarias para que ele pudesse se qualificar para servir como um pai eficaz para João Batista. Quero falar sobre sua história porque acredito que encherá seu coração de esperança.

Quando Gabriel apareceu a Zacarias para lhe dizer que sua esposa, Isabel, ia ter um filho, Zacarias não pôde acreditar. Não apenas sua esposa era estéril, mas também idosa. Uma dupla negativa. A mensagem de Gabriel parecia surreal para ele. Então Gabriel disse: "Eis que ficarás mudo e não poderás falar até o dia em que estas coisas acontecerem, pois não creste nas minhas palavras, que a seu tempo irão se cumprir" (Lc 1.20).

Deus manquejou Zacarias em sua voz por dez meses, deixando-o mudo. Foi uma correção.

Algumas pessoas podem olhar para a mudez de Zacarias como uma punição, como se Deus estivesse dizendo: "Você não acreditou em Mim, Zacarias, então estou lhe dando uma pena. Sua punição será a frustração de não poder falar até que seu filho nasça. Vou ensiná-lo como a sua incredulidade é desagradável para Mim".

Embora possa ter havido um elemento de punição em sua mudez, eu realmente não acho que essa foi a substância principal da provação. Em vez disso, acho que tinha a ver com a qualificação de Zacarias para a paternidade espiritual. Deixe-me explicar.

Como um fiel sacerdote de Deus, Zacarias era piedoso, irrepreensível e devoto. Ele não estava vivendo em concessões, mas servia humildemente a Deus da melhor maneira possível. Seu problema não era rebelião, mas descrença. Como ele caiu nessa incredulidade? Através de profunda decepção e tristeza. Por décadas, Zacarias clamou a Deus por um filho, mas sua oração ficou sem resposta. Com o passar dos anos, sua alma se calcificou e seu coração se tornou como um odre velho e endurecido. Quando o poderoso anjo Gabriel veio com uma grande notícia, o coração de Zacarias estava tão endurecido pela decepção que ele simplesmente não conseguiu responder com fé. Ele não poderia se decidir pelos caminhos de Deus. Muitos foram os anos de sonhos frustrados e esperanças não realizadas. A vida tinha sido muito difícil. Depois de quinze anos de esperança adiada, este homem triste foi incapaz de responder com fé à notícia fabulosa de Gabriel.

Posso imaginar Deus pensando algo como: "Zacarias, temos que fazer um trabalho rápido aqui. João Batista precisa de um pai profético, e só temos cerca de dez meses para transformá-lo nesse homem. Seu odre velho precisa de uma renovação séria. Vou ter que colocá-lo em Meu programa acelerado. Vou colocá-lo em uma prisão de enfermidades. Da mesma forma que a masmorra de José acelerou sua curva de crescimento, esta aflição o forçará a encontrar um novo caminho Comigo. A intensidade da provação fará com que você entre em Mim como nunca antes. Em minha misericórdia, estou concedendo a você a oportunidade de ser mudado. Então aperte o cinto. Você vai passar por uma provação muito difícil. Estou deixando você surdo[20] e mudo".

A correção foi eficaz na vida de Zacarias. Cerca de dez meses depois, após o nascimento de João, Zacarias escreveu aquelas famosas palavras, "Seu nome é João", e sua língua foi imediatamente solta. Em vez de dúvida

---

20   Lucas 1.62 indica que Zacarias não estava apenas mudo, mas também surdo, pois faziam sinais para se comunicarem com ele.

e incredulidade saindo de sua boca, uma torrente inflamada de declarações proféticas irrompeu desse homem. Zacarias explodiu em uma profecia que ecoou com uma visão clara e uma fé corajosa.

Zacarias! Quem é Você? Você não é nada como o homem de dez meses atrás. O que aconteceu com você?

Em uma palavra, correção. Deus usou uma prisão de mudez para efetuar mudanças poderosas em seu coração. O odre velho de seu coração duro foi totalmente renovado e ele saiu da provação com compreensão profética para os propósitos redentores de Deus. Se você tiver tempo para isso, maravilhe-se com a glória de sua profecia após sua correção:

> *Zacarias, seu pai, foi cheio do Espírito Santo e profetizou: Bendito o Senhor, Deus de Israel, porque visitou e remiu Seu povo e nos suscitou uma salvação poderosa na casa de Davi, Seu servo, como prometera, desde a antiguidade, pela boca dos Seus santos profetas, que nos livraria dos nossos inimigos e da mão de todos os que nos aborrecem, para manifestar misericórdia a nossos pais e lembrar-se da Sua santa aliança e do juramento que fez a nosso pai Abraão, de conceder-nos que, libertados da mão dos nossos inimigos, O servíssemos sem temor, em santidade e justiça perante Ele, todos os dias da nossa vida. Tu, ó menino, serás chamado profeta do Altíssimo, porque irás adiante da face do Senhor para preparar Seus caminhos; para dar ao Seu povo conhecimento da salvação, na remissão dos seus pecados, pelas entranhas da misericórdia do nosso Deus, pela qual o sol nascente lá do alto nos visitará, para iluminar os que estão assentados nas trevas e na sombra da morte, a fim de guiar nossos pés pelo caminho da paz" (Lc 1.67-79).*

Deus corrigiu Zacarias para purificá-lo e transformá-lo, mas, ainda mais do que isso, para qualificá-lo. Por meio de sua fidelidade na provação, ele foi *capacitado* a servir como um pai espiritual para João Batista.

Que história encorajadora! Deus está nos qualificando para algo maior no reino.

16

Fuga da prisão do irmão Yun

Portanto, tornai a levantar as mãos cansadas e os joelhos desconjuntados e fazei veredas direitas para vossos pés, para que o que manqueja não se desvie inteiramente; antes, seja sarado (Hb 12.12-13).

Chegamos ao final de nossa exposição de Hebreus 12.1-13. Na Parte 2, examinaremos assuntos e questões relacionadas à correção do Senhor, algumas das quais são bastante controversas. Mas antes de prosseguirmos para a Parte 2, quero compartilhar uma história poderosa relacionada a Hebreus 12.12-13. É a história de um crente chinês chamado Irmão Yun, que experimentou uma fuga milagrosa da prisão. Contarei a história como foi contada em seu livro *O Homem Celestial*[21].

Em março de 1997, onze líderes de igrejas locais se reuniram na cidade de Zhengzhou para se encontrarem. O irmão Yun foi um dos líderes presentes nesta reunião. Sem que eles soubessem, agentes do governo seguiram alguém até a casa de reunião e prenderam todos os líderes. Oficiais de segurança pública estavam escondidos no apartamento quando o irmão Yun chegou. Quando ele entrou pela porta, eles o encontraram e anunciaram sua prisão.

Ele tentou evitar a prisão virando-se imediatamente e pulando pela janela. Machucou gravemente os pés na longa queda, apenas para perceber que vários policiais estavam do lado de fora. Imediatamente o atacaram

---

21 *O Homem Celestial*, com Paul Hattaway, pp. 241-262. Londres, Inglaterra: Monarch Books, 2002.

e começaram a espancá-lo. Pisaram fortemente nele, chicotearam-no e o torturaram com um bastão elétrico até que ele perdesse a consciência. Surpreendentemente, ele não foi morto.

Todos os líderes presos foram torturados terrivelmente. Além disso, as autoridades foram enviadas à cidade natal do irmão Yun, Nanyang, para prender sua esposa e outros crentes da igreja.

Em sua audiência no tribunal, o juiz repreendeu Yun por suas atividades de testemunho e pela sua tentativa de fuga. "Diga-me Yun", perguntou ele, "Se você tiver a oportunidade de fugir de novo, você vai aproveitá-la?"

Yun decidiu responder com sinceridade e disse que o faria. Ele foi chamado para pregar as Boas Novas em toda a China e queria cumprir esse chamado.

Todos os oficiais ficaram furiosos com sua resposta. O juiz disse: "Vou quebrar suas pernas permanentemente para que você nunca mais escape!"

Ele foi levado a uma sala onde um certo homem com um cassetete começou a bater em suas pernas dos joelhos para baixo. Ele destruiu suas pernas, quebrando-as em vários lugares até que Yun estava gritando no chão. Suas pernas abaixo dos joelhos ficaram completamente pretas.

Em seguida, ele foi colocado em confinamento solitário na Prisão de Segurança Máxima Número Um de Zhengzhou, onde alguns dos outros líderes também foram detidos. Nas primeiras 36 horas, ele foi espancado e interrogado sem parar. Em seguida, os interrogatórios foram em dias alternados, com tortura. Eles especialmente batiam em sua cabeça, mãos e pernas.

Yun disse que gritava versículos da Bíblia com toda a força de seus pulmões, apegado às promessas de Deus. Ele também cantava alto, tanto de dia quanto de noite.

Como ele não conseguia andar, três outros líderes cristãos foram encarregados de carregá-lo entre sua cela, a sala de tortura e o banheiro. Um desses irmãos era um proeminente líder cristão na China, chamado irmão Xu.

Um informante foi colocado na cela do irmão Xu para espioná-los. Um dia ele ficou gravemente doente e o irmão Yun pediu para ser carregado até ele para que pudesse fazer uma "massagem". Na verdade, Yun orou por ele, e o homem foi curado e se recuperou rapidamente.

O irmão Xu sugeriu a Yun que ele deveria tentar escapar se tivesse uma oportunidade.

Com o passar das semanas, começou uma depressão em Yun. A cada noite, ele apoiava as pernas aleijadas contra a parede para tentar diminuir um pouco a dor. Sua esposa estava em uma prisão de mulheres, e ele não tinha ideia do que havia acontecido com seus dois filhos. Na época, Yun tinha trinta e nove anos e esse foi o ponto mais baixo de sua vida.

O irmão Xu continuou a sugerir que ele tentasse escapar. Yun reclamou: "Minhas pernas estão esmagadas e estou trancado em minha própria cela com uma porta de ferro. Eu nem consigo andar! Como posso escapar?"

Em 4 de maio de 1997, como todas as noites nas seis semanas anteriores, Yun apoiou dolorosamente as pernas contra a parede. Ao desviar o sangue, suas pernas ficariam dormentes e a agonia diminuiria um pouco.

Yun se sentiu abandonado pelo Senhor e pensou que iria apodrecer na prisão. Na manhã seguinte, o Senhor o encorajou com as passagens de Jeremias 14 e 15 e Hebreus 10.35. Yun soluçou ao se identificar com as palavras de Jeremias e enquanto o Espírito Santo sussurrava promessas ao seu coração.

De repente, Yun teve uma visão em que ele estava com sua esposa e ela tratava de seus ferimentos. Ela perguntou a ele: "Por que você não abre a porta de ferro?" Então o Senhor disse a ele: "Este é o momento da sua salvação". Imediatamente ele soube que deveria tentar uma fuga.

Yun fez um sinal na parede para Xu na cela ao lado, pedindo-lhe que orasse. Então ele chamou o guarda: "Eu preciso ir ao banheiro agora mesmo". O guarda abriu a porta da cela de Xu e disse-lhe para carregar Yun para o banheiro.

Sempre que os prisioneiros estavam fora de suas celas, um portão de ferro no corredor era trancado para impedir a fuga. Cada andar era protegido por um portão de ferro vigiado. Para que Yun escapasse, ele teria que passar por três portões de ferro e passar por seis guardas armados.

Quando o irmão Xu bateu à sua porta, ele disse: "Você deve fugir!" Yun vestiu uma calça e colocou como um cinto em volta da cintura uma sequência de papel higiênico no qual havia escrito algumas Escrituras. Ele orou: "Senhor, Tu me mostraste que devo tentar sair desta prisão. Irei obedecer-Te agora e tentarei escapar. Mas quando os guardas atirarem em mim, por favor, receba minha alma em Tua morada celestial".

Era quase 8h00 da manhã de 5 de maio de 1997. Para a mente normal, esta parecia a pior hora do dia para tentar uma fuga, com tanta atividade em todos os lugares e todos os guardas em seus postos. Yun escolheu a obediência cega.

Ele saiu da cela e caminhou em direção ao portão de ferro no corredor. Ele apenas olhou para frente e orou. No exato momento em que ele alcançou o portão, este se abriu para permitir que outro prisioneiro crente, o irmão Musheng, tivesse acesso ao bloco de celas após completar suas tarefas do lado de fora. Ele disse ao irmão Musheng: "Não feche o portão" e, sem diminuir o passo, passou direto pelo portão.

O guarda que acompanhava o irmão Musheng ouviu um telefone tocar no corredor e correu para atender o telefone, então nunca viu Yun. Yun pegou uma vassoura encostada na parede e desceu as escadas para o segundo andar. Um guarda armado estava sentado a uma mesa, de frente para o segundo portão de ferro. O portão às vezes ficava aberto porque era vigiado constantemente pelo guarda. O Espírito Santo falou: "Vá agora! O Deus de Pedro é o seu Deus".

O guarda parecia estar cego. Ele olhou diretamente para Yun com um olhar vazio. Yun apenas olhou para frente e continuou andando. Ele sabia que poderia levar um tiro nas costas a qualquer momento, mas nenhum tiro veio.

Ele desceu as escadas, mas ninguém o deteve e nenhum dos guardas disse uma palavra a ele. Quando ele chegou ao portão principal de ferro que conduzia ao pátio, descobriu que já estava aberto. Isso era muito estranho porque geralmente era o portão mais seguro de todos. Os dois guardas normalmente estacionados ali não estavam presentes. Yun descartou a vassoura que carregava e atravessou o portão para o pátio. A luz forte da manhã o fez fechar parcialmente os olhos. Ele passou por vários guardas, mas ninguém disse uma palavra a ele. Ele então passou pelo portão principal da prisão que, por alguma razão inexplicável, também estava entreaberto.

A adrenalina bombeava pelo seu sistema. Ele agora estava parado na rua em frente à Prisão de Segurança Máxima Número Um em Zhengzhou. Ninguém antes havia escapado daquela prisão!

Imediatamente, um táxi parou ao lado dele e o jovem motorista abriu a porta do passageiro para ele. "Para onde você está indo?" Yun entrou e disse: "Preciso ir ao meu escritório o mais rápido possível, por favor, dirija rápido". Ele deu-lhe o endereço de uma família cristã que conhecia. Após a chegada, Yun subiu os três lances de escada até o apartamento da família para conseguir a tarifa para pagar o taxista. Uma das filhas da família deu-lhe o dinheiro do táxi e Yun desceu correndo as escadas e pagou ao motorista.

De volta ao apartamento, uma das filhas disse a ele: "A igreja inteira está jejuando e orando por você e seus colegas de trabalho há mais de uma semana. Ontem o Espírito Santo disse à minha mãe: 'Vou libertar Yun, e o primeiro lugar onde ele vai parar será na sua casa'".

Eles haviam arranjado um lugar para Yun se esconder. Depois da oração, Yun partiu em uma bicicleta que haviam providenciado para ele. Um membro da família estava atrás dele na bicicleta para guiá-lo ao esconderijo.

No momento em que Yun começou a pedalar a bicicleta, de repente percebeu que havia sido curado das pernas e dos pés. Ele estava tão distraído com a fuga inesperada que não tinha percebido até aquele momento. O irmão Musheng disse-lhe posteriormente que, ao passar por ele no terceiro andar, ele estava andando normalmente, então parece que o Senhor o curou quando ele saiu de sua cela.

Enquanto Yun andava de bicicleta, o versículo que veio à mente foi Hebreus 12.13: "E fazei veredas direitas para vossos pés, para que o que manqueja não se desvie inteiramente; antes, seja sarado". Seu coração se alegrou porque ele estava experimentando o cumprimento daquele versículo.

O irmão Xu escreveu mais tarde: "Acredito que um dos motivos pelos quais Deus escolheu libertar Yun dessa maneira foi porque as autoridades da prisão zombaram do Senhor e de Yun quando quebraram suas pernas. Eles disseram: 'Gostaríamos de ver você escapar agora!' O Senhor está sempre pronto para enfrentar um desafio".

PARTE DOIS

O espinho de Paulo e
outras questões

17

Deus é capaz de praticar o mal?

Deus é bom – o tempo todo! Tudo o que Ele faz brota de infinita bondade. E agora fazemos uma pergunta profunda: Ele é capaz de fazer o mal? Alguns dos meios usados na correção parecem ser maus, então como se pode dizer que eles vêm de Deus?

Esta é uma questão controversa. Mas, como você viu, não estamos evitando a controvérsia neste livro.

Antes de articular meu entendimento sobre esta questão, quero citar amplamente alguém que discordou fortemente de minha posição. Eu o cito literalmente porque quero apresentar seu ponto de vista com precisão. É importante ponderar o que os outros têm a dizer sobre os dois lados de uma questão.

A citação abaixo é uma transcrição de um sermão de John Alexander Dowie, o fundador da cidade de Zion, Illinois. Ele viveu há mais de um século e era um poderoso homem de fé – usado poderosamente por Deus em sinais, maravilhas, milagres e curas. Eu *amo* esse aspecto de seu ministério. Sempre que encontro alguém com paixão pela cura divina, sinto uma forte afinidade e espírito de equipe com ele.

Quando se trata do tópico de correção, no entanto, Dowie (assim como outros que Deus usou poderosamente para ministrar cura divina) discordou fortemente de mim, o que é doloroso para minha alma por causa de nossa paixão mútua pela demonstração do poder miraculoso de Deus. Por favor, desculpe o comprimento da seguinte citação. Espero que você a ache útil. Quero enfatizar que concordo com algumas coisas que ele diz, enquanto discordo de outras. As menções de "amém" refletem a resposta afirmativa da audiência enquanto ele pregava.

A maior mentira que já foi pronunciada a respeito da Palavra de Deus desde a reforma pode ser encontrada na teologia cristã – uma mentira que tem sido a abominação da Igreja e sua poluição; uma mentira que a tornou incapaz de sustentar sua posição; uma mentira que afirma que Deus agiu de maneira a ser o autor ou o permissor voluntário do pecado ou da doença; a mentira calvinista, que criou Deus – o que direi?

Há palavras que saltam aos meus lábios que são mais amargas, pois é amargo para mim pensar na mentira infernal que em minha infância eu tive que ouvir, que Deus havia predeterminado a condenação dos ímpios e, portanto, os tinha criado como "vasos da ira" para serem súditos de Sua vingança, e os tornou incapazes de terem virtude ou santidade. Ó, que mentira! E aquela segunda mentira que veio depois da primeira, a saber, que Deus Pai, em Sua infinita sabedoria, consentiu que Seus filhos fossem vítimas de moléstias, de todos os tipos de doenças e enfermidades, porque por meio disso Deus purifica os corações dos Seus filhos, e os traz para Si. Isso é uma mentira infernal! (Amém. Amém.)

Quando Cristo disse isso? Onde Cristo disse isso? Se Ele dissesse, eu deveria dizer a Ele: por que Tu disseste isso? Mas Ele nunca o fez. Quando é que Ele disse, olhando nos rostos dos homens sofredores: "não Me peças para te curar; seu Pai Celestial sabe o que é bom para você e, portanto, em Seu infinito amor e misericórdia, Ele permitiu que Sua mão de aflição caísse sobre você e o deixou doente em seu corpo para que Ele pudesse torná-lo puro de espírito?" Nunca! (Amém.) Mas o Filho de Deus foi manifestado para que pudesse destruir as obras do diabo. Que obras Ele destruiu? Na casa de Cornélio, o Centurião, Pedro, o Apóstolo, ao descrever a vida terrena de Cristo, disse: "Deus ungiu Jesus de Nazaré com o Espírito Santo e com poder; o qual andou fazendo o bem e curando todos os oprimidos" – de Deus? Não.

Do diabo? Sim. Por quê? "Porque Deus era com Ele". Você vê? Em Mateus 4.23, que citei na última tarde do Dia do Senhor, está escrito: "Percorria Jesus toda a Galileia, ensinando nas suas sinagogas, pregando o evangelho do reino e curando todas as enfermidades e moléstias entre o povo".

Dezenove séculos atrás, todo tipo de enfermidade e todo tipo de moléstia foi curada por Jesus. Pedro declara que todos os que Ele curou foram oprimidos pelo diabo; se isso for verdade, então, dezenove séculos atrás, todo tipo de enfermidade era obra do diabo. Pode ser a obra de Deus hoje? "Não". De quem? "Do diabo". Deve ser assim, a menos que você vá provar que Deus está fazendo hoje a obra que o diabo costumava fazer dezenove séculos atrás. Agora, a mentira de que Deus deseja doenças se infiltrou nas igrejas, é embalsamada em suas canções e ensinada em seus púlpitos, que Deus abençoa a humanidade colocando Sua mão, cheia de corrupção, sobre ela e deixando as pessoas doentes. Digo-lhe isso, como ministro de Deus hoje, há coisas que Deus não pode fazer.

Eu digo a você hoje que muitas coisas são impossíveis para Deus porque são más. É impossível para Deus deixar um homem doente. É impossível para a mão de Deus transmitir doenças.

Impossível! E por quê? Por esse bom motivo: que Deus é incorruptível, puro e incapaz de transmitir o mal. Consequentemente, é impossível que uma coisa incorruptível transmita corrupção. (Amém.) É impossível para um ser sem doença transmitir doenças. É impossível para Deus tornar as pessoas pecadoras, doentes, impuras ou miseráveis, pois se o fizesse, Ele seria uma fonte de pecado e doença. É impossível que qualquer doença venha do céu, pois no Céu não há pecado, doença, morte e poder do inferno e, portanto, é impossível que qualquer uma dessas coisas venha do Céu. Não existe possibilidade de que Deus seja o Autor da doença.

"Ah", dizem alguns, "espere! Você não leu, Dr. Dowie, na Palavra de Deus, 'porque o Senhor corrige o que ama e açoita qualquer que recebe por filho?' Você não sabe que essas palavras significam que Deus corrige os homens com doenças?" Eu não, pois Satanás é o profanador e Cristo é o Curador. Mas eu sei que esta é a construção colocada neste versículo, mesmo por clérigos que deveriam saber mais. Eles evidentemente não conhecem a palavra "*paideia*", a palavra grega para castigo. Vem da palavra "pais", criança, e essa palavra é a base para a palavra pedagogo em nossa própria língua, que significa instrutor de crianças.

E assim a palavra "*paideia*" significa instrução, educação, a formação de uma criança, a educação de suas faculdades, do espírito, da alma, do corpo. Significa educar a criança com cuidado, mantendo-a saudável e separando a criança de tudo que é mau e tornando-a limpa e saudável, pura, santa, forte em todos os sentidos. "Aquele que o Senhor ama, Ele nutre, Ele educa, fortalece, cria como um pai o faz com os filhos", é o correto significado das palavras originais. Não tem nada a ver com tornar doente, mas o oposto. Você por um momento imagina que a educação é imperfeita, a menos que a criança adoeça? Quando você manda seu filho para a faculdade, você diz: "agora, Sr. Jones, eu lhe envio meu filho; eduque-o; mas providencie para que ele receba uma dose regular de doença a cada trimestre; arranque um olho se achar necessário; dê a ele tuberculose, febre tifoide ou qualquer outra doença adequada, em intervalos frequentes; ou quebre uma perna – ame-o, Sr. Jones, e corrija-o como o Senhor faz com Seus filhos; pois quem o Senhor ama, Ele torna doente". Se fosse assim, eu diria: "Senhor, não me ame".

A doença é o resultado do pecado e não existiria no mundo se não fosse pelo pecado. Fazer da doença uma parte do plano ou propósito de Deus é fazer de Deus o Pai do pecado, e isso seria transformar Deus no diabo. Agora, essa mentira foi embalsamada em canções, orações e pregações por tempo suficiente. "Ah, mas", diz alguém, "você não sabe que às vezes a doença melhora os homens? Que as pessoas são trazidas a Deus pela doença?" Elas são? Eu discordo. Digo que nunca houve uma declaração feita que contivesse menos verdade do que essa. Tenho alguma familiaridade com doenças. No ano passado, impus as mãos mais de cinquenta mil vezes sobre os enfermos. Eu sei do que estou falando. Vejo frequentemente de mil a mil e quinhentas pessoas enfermas por semana no Tabernáculo de Sião e nos Lares etc., e oro definitivamente por milhares aos quais nunca vi. Visitei hospitais e trabalhei entre os sofredores em muitos países, e por quase vinte anos tenho sido usado no ministério de cura pela fé em Jesus. Devo dizer-lhe o que sei?

A doença não aproxima as pessoas de Deus; ela os afasta ainda mais Dele. É o Espírito Santo que leva as pessoas a Deus, sejam elas doentes ou sãs. Eu pergunto a vocês que estão sentados aqui hoje, não é assim? "Sim". Se você disser que enfermidades e doenças lhe trarão mais perto de Deus, então suponha, por um momento, que eu tenho uma variedade de doenças aqui, e eu digo, venha aqui e deixe-me dar a você febre tifoide, ou tuberculose, ou cólera; deixe-me arrancar um olho ou quebrar uma perna para você – farei tudo isso como ministro de Deus para trazer-lhe para mais perto de Deus e mostrar que Ele o ama. Minha experiência é diretamente oposta ao ensino de que doenças, as corrupções nascidas do pai Satanás e da mãe Pecado, sempre trouxeram pessoas a Deus. Aqueles que viveram mais perto de Deus descobrem que a doença diminui sua fé, deprime seu espírito e os deixa nas sombras e nas trevas; e quando seus entes queridos morrem, muitas vezes deixam uma sombra para trás que nunca é apagada enquanto eles pensarem que Deus enviou a doença[22].

Eu concordo com muito do que Dowie disse aqui. Concordo que a doença aprisiona a vasta maioria das pessoas em cativeiro, em vez de torná-las melhores. Satanás é quem aprisiona a raça humana com moléstias, enfermidades e doenças, e Jesus "andou fazendo o bem e curando todos os oprimidos do diabo, porque Deus era com Ele" (Atos 10.38). A doença é o resultado da desobediência do homem, e Satanás faz questão de promover as horríveis consequências do pecado em toda a raça humana. O diabo está sempre trabalhando para nos tentar a pecar, porque então colocamos sobre nossas próprias cabeças todas as suas horríveis consequências, que incluem moléstia, enfermidade e doença. Jesus veio para nos libertar das consequências do pecado, como diz 1 João 3.8: "Para isto o Filho de Deus se manifestou: para desfazer as obras do diabo". Nessas coisas, Dowie e eu concordamos.

Mas Dowie discordou de mim em alguns aspectos. Ele disse que Deus nunca usa a enfermidade para purificar Seus filhos. Na mesma consideração, ele disse: "Existem coisas que Deus não pode fazer". Ele insistiu: "É impossível para Deus tornar um homem doente". E eu vejo essas coisas de forma diferente.

Como eu responderia às objeções de Dowie? Minhas respostas serão encontradas com mais detalhes no capítulo 23, que é dedicado a responder a perguntas e objeções. Por enquanto, quero abordar apenas uma questão que este assunto levanta, a saber: Deus é capaz de fazer o mal? Apresentarei alguns versículos aqui e depois os deixarei com você para estudar e determinar o que a Bíblia diz sobre essas coisas.

Começo com esta declaração enfática: Deus é bom, e não há nele treva alguma (1Jo 1.5). Tiago 1.16-17 afirma claramente que, se você recebe algo bom, ele veio do céu para você. "Toda boa dádiva... vem do alto". No entanto, Tiago 1.16-17 não diz que, se for mal, vem de Satanás. Por quê? Porque, como vamos ver, às vezes o mal vem de Deus.

---

22 John Alexander Dowie, Jesus O Curador (*Jesus the Healer*), Tucson, AZ: Zion Restorationists, pp. 20-23

Às vezes, os juízos de Deus, que procedem de Sua presença, são maus. O próprio Deus os descreveu como tais:

"Porque assim diz o Senhor Deus: 'Muito mais quando Eu enviar Meus quatro maus juízos, a espada, a fome, os animais selvagens e a peste, contra Jerusalém, para exterminar dela homens e animais?'" (Ez 14.21).

Maus é a tradução do adjetivo hebraico *rag*. *Rag* significa *mal*. É a palavra hebraica mais comum para mal, voltando a Gênesis 2.9, que fala da "árvore da ciência do bem e do mal".

Acho intrigante que poucos tradutores interpretem Ezequiel 14.21 como *maus juízos*, mesmo que essa seja a terminologia real. Evidentemente, *rag* tem vários tons de ênfase com base no contexto em que é usado. Em vez de mal, a maioria das traduções usa adjetivos como dolorido, severo, pavoroso, apavorante, mortal, calamitoso, doloroso, desastroso, amargo e terrível. Por que eles escolhem quase tudo, exceto *mal*? Talvez por causa das implicações teológicas embaraçosas de atribuir juízos *rag (maus)* a Deus. Mas não se engane, é assim que o próprio Deus os chamou. Deus afirmou ser o autor de maus juízos.

Aqui estão algumas outras passagens que mostram Deus como o autor de *rag*.

"Eu formo a luz e crio as trevas; faço a paz e crio o mal [rag]; Eu, o Senhor, faço todas estas coisas" (Is 45.7).

"Porventura da boca do Altíssimo não sai o mal [rag] e o bem?" (Lm 3.38).

"Ouve, ó terra! Trarei o mal [rag] sobre este povo, a saber, o fruto dos seus pensamentos; porque não estão atentos às Minhas palavras e rejeitam a Minha lei" (Jr 6.19).

Porque o Senhor dos Exércitos, que te plantou, pronunciou contra ti o mal [rag], pela maldade [rag] da casa de Israel e da casa de Judá, que para si mesmos fizeram, pois me provocaram à ira, queimando incenso a Baal (Jr 11.17).

Ora, pois, fala agora aos homens de Judá e aos moradores de Jerusalém: "Assim diz o Senhor: 'Estou forjando um mal [rag] e projetando um pla-

no contra vós; convertei-vos, pois, agora, cada um, do seu mau [rag] caminho e melhorai vossos caminhos e vossas ações'" (Jr 18.11).

Dize: Ouvi a palavra do Senhor, ó reis de Judá e moradores de Jerusalém. Assim diz o Senhor dos Exércitos, o Deus de Israel: "Trarei um mal [rag] sobre este lugar, que fará retinir os ouvidos de quem dele ouvir falar" (Jr 19.3).

(Veja rag também em Jr 11.11, 23; 19.15; 23.12; 26.19; 36.3; Ez 14.22; Dn 9.12; Mq 1.12).

Por que Deus descreveria Seus juízos como *maus*? Porque coisas como espada, fome e pestilência são más para aqueles que as experimentam. Sabemos que Deus criou o inferno para o bem final de Seu reino, mas aqueles que estão no inferno o consideram o maior mal do universo. Visto que as menções de *rag* indicam que Deus às vezes inflige mal às pessoas, eu afirmo que Deus é capaz de fazer o mal *(rag)*.

Mas, embora Seus juízos – dos quais a correção faz parte – sejam experimentados como maus por aqueles que estão sob eles, Suas obras nunca procedem de um coração mau, pois não há mal em Deus. Deus é totalmente bom e todos os Seus juízos são motivados por Sua bondade. Para dizer de outra forma, *embora Deus seja capaz de atos malignos, Ele é incapaz de motivações malignas*. A bondade permeia todos os Seus maus juízos (Sl 119.39). Por exemplo, quando Israel experimentou a correção maligna da invasão da Babilônia e foi exilado para a terra da Babilônia, Jeremias revelou os motivos de Deus no exílio quando escreveu: "Porque bem sei os pensamentos que tenho acerca de vós, diz o Senhor; pensamentos de paz, e não de mal *[rag]*, para vos dar o fim que esperais" (Jr 29.11). A destruição de Jerusalém foi má para os israelitas, mas as intenções de Deus eram boas. Três capítulos depois, o Senhor disse: "Porque assim diz o Senhor: Como Eu trouxe sobre este povo todo este grande mal *[rag]*, assim trarei sobre ele todo o bem que lhes tenho prometido" (Jr 32.42).

Embora a maior parte do mal no mundo seja de origem demoníaca, não devemos supor – e aqui estou eu discordando de John Alexander Dowie – que as calamidades malignas estão fora do poder da soberania de Deus. Ele é Deus e Se reserva o direito de fazer coisas más e horríveis. Ele é terrível no juízo e deve ser temido.

Quando entendemos que Ele é capaz de infligir mal *(rag)* às pessoas, isso produzirá um temor saudável Dele. "Horrenda coisa é cair nas mãos do Deus vivo" (Hb 10.31). Os pecadores devem temê-Lo porque Ele pune os incrédulos impenitentes; os santos devem temê-Lo porque Ele disciplina Seus filhos (Hb 12.6).

A Escritura assume que os verdadeiros deuses, se realmente forem deuses, seriam capazes de perpetrar o bem e o mal. Por exemplo, Deus zombou dos falsos deuses dos israelitas dizendo-lhes: "Anunciai-nos as coisas que ainda hão de vir, para que saibamos que sois deuses; fazei bem ou fazei mal *[rag]*, para que nos assombremos e, juntamente, o vejamos" (Is 41.23). Deus reforçou o mesmo ponto quando falou a Israel por meio de Jeremias sobre seus falsos deuses: "São como um espantalho numa plantação de pepinos, não podem falar e necessitam de quem os carregue. Não tenhais medo deles, pois não podem fazer o mal *[rag]*, tampouco têm poder de fazer o bem" (Jr 10.5).

Por inferência, Deus estava sugerindo que Ele é capaz de fazer tanto o bem quanto o mal. Portanto, somente Ele deve ser adorado e temido.

Deus é sempre o autor de doença?

Embora John Alexander Dowie discordasse, vejo as Escrituras indicando que às vezes Deus é o autor de doenças.

Em Êxodo 4.11, Deus disse que Ele torna as pessoas mudas, surdas ou cegas: "Respondeu-lhe o Senhor: Quem fez a boca do homem? Quem fez o mudo, o surdo, o que vê e o cego? Não sou Eu, o Senhor?'"

Em Miqueias 6.13, Deus disse que faria o Seu povo adoecer: "Assim, Eu também te enfraquecerei, ferindo-te e assolando-te por causa dos teus pecados".

Habacuque escreveu: "Adiante dele ia a peste, e raios de fogo, sob seus pés" (Hc 3.5).

Mais uma vez, permita-me citar Ezequiel 14.21, que falava da pestilência vinda de Deus. "Porque assim diz o Senhor Deus: 'Muito mais quando Eu enviar Meus quatro maus *[rag]* juízos, a espada, a fome, os animais selvagens e a peste, contra Jerusalém, para exterminar dela homens e animais?'" O dicionário define peste como "uma epidemia de doença altamente contagiosa ou infecciosa, como a peste bubônica"[23]. Deus afirmou que era capaz de infligir tais pestes.

Minha mente não renovada acha desagradável pensar que o bom Deus a quem amo e sirvo é capaz de infligir doenças e enfermidades, mas não posso negar o testemunho do próprio Deus que disse: "Vede agora que Eu, Eu o sou, e mais nenhum deus Comigo. Eu mato e faço viver. Eu firo e curo. Ninguém há que escape da Minha mão" (Dt 32.39).

Concordo com John Alexander Dowie que a enfermidade e a doença vêm do diabo. Mas eu não concordo que elas sempre vêm do diabo. Dowie disse que Deus era incapaz de tais coisas, mas Deus afirmou que poderia fazê-las.

Deus é o autor de desastres naturais?

De acordo com uma fonte, os desastres naturais ocorrem em nosso planeta a uma taxa de cerca de um por dia. Deus é responsável por isso?

Eu fiz uma pesquisa na Internet sobre "A soberania de Deus sobre o clima" e cerca de cinquenta textos bíblicos apareceram na minha tela. Aqui estão três exemplos que mostram que Deus dirige o clima.

> *"Ou entraste nos tesouros da neve e viste os tesouros da saraiva, que Eu retenho até o tempo da angústia, até o dia da peleja e da guerra?" (Jó 38.22-23).*

> *"Fogo e saraiva, neve e vapores, e vento tempestuoso que executa Sua palavra" (Sl 148.8).*

> *"Ele faz subir os vapores das extremidades da Terra; faz os relâmpagos para a chuva; tira os ventos dos seus tesouros" (Sl 135.7).*

Tempestades, inundações, secas, ciclones, tufões, furacões, tornados, tsunamis, terremotos – Deus orquestra tudo isso. As seguradoras às vezes categorizam um desastre natural como "um ato de Deus" e, em muitos casos, provavelmente estão certas.

Mas também vemos que Satanás tinha poder limitado para desencadear tempestades, especificamente na história de Jó. Satanás enviou o raio

---

[23] *Encarta® World English Dictionary* © 1999 Microsoft Corporation. Todos os direitos reservados. Desenvolvido para a Microsoft pela Bloomsbury Publishing Plc.

que queimou as ovelhas e os servos de Jó (Jó 1.16) e enviou o tornado que derrubou a casa sobre os filhos de Jó, matando todos os dez (Jó 1.19). Este poder havia sido especificamente delegado a Satanás por Deus, entretanto, parece improvável que Satanás pudesse ter controlado o clima sem a permissão divina (Jó 1.12). Alguns sugerem que a tempestade de Marcos 4.35-41 foi instigada por Satanás para impedir o avanço de Jesus em direção a um novo território. Vemos, portanto, que às vezes Satanás é capaz de exercer um poder limitado sobre o clima.

Isso significa que ele pode instigar desastres naturais? A evidência bíblica sugere que é improvável. O testemunho consistente das Escrituras é que Deus mantém as rédeas sobre as forças da natureza. "Pois Ele ordena, e se levanta o vento tempestuoso, que eleva suas ondas" (Sl 107.25). A capacidade de Satanás de afetar os padrões climáticos parece muito limitada. Parece que ele deve obter a permissão de Deus para abalar o clima. É minha conclusão pessoal, portanto, que os desastres naturais estão sob a autoridade de Deus.

Quando o furacão Katrina devastou a cidade de Nova Orleans, Louisiana, em agosto de 2005, as palavras de Amós 3.6 pareciam especialmente sérias: "A buzina na cidade será tocada sem que o povo estremeça? Sucederá algum mal à cidade sem que o Senhor o tenha enviado?"

Parece-me que os desastres naturais podem ser causados por três agentes: Deus, Satanás (se Deus permitir especificamente) e as causas naturais. Por causas naturais, quero dizer que alguns padrões climáticos parecem ser o resultado natural de mudanças nos ventos da Terra. Nosso planeta geme porque as coisas na ordem natural são afetadas adversamente pela maldição do pecado da humanidade (Rm 8.22). Minha conclusão pessoal, portanto, é que, embora Deus não cause todos os desastres naturais, Ele orquestra alguns deles, e eles são considerados pelas pessoas como *maus [rag]* e dolorosos.

O livro do Apocalipse diz que o próprio Deus lançará os juízos do tempo do fim neste planeta, que incluem muitos desastres naturais como terremotos (Ap 6.12), perturbações cósmicas (6.12), colisões com massas celestiais, como meteoritos (8.10), calor abrasador (16.8-9), grandes saraivas (16.21) e outras calamidades. Esses juízos não serão apenas *permitidos* por Deus, mas *executados* por Ele e Seus anjos. E eles serão *maus* aos olhos daqueles contra quem são dirigidos – o anticristo e os exércitos de seu império. E ainda assim afirmamos com Davi: "Os juízos do Senhor são verdadeiros e justos juntamente" (Sl 19.9).

Meu ponto neste capítulo é simplesmente este: quando experimentamos circunstâncias ruins em nossas vidas, não devemos assumir automaticamente que são sempre do diabo. Às vezes, elas são de Deus. Se Deus está envolvido nas circunstâncias difíceis que enfrentamos, podemos considerar a possibilidade de que Deus está nos corrigindo.

18

Cinco causas da aflição

Hebreus 12.11 descreve a correção do Senhor em nossas vidas como "triste". Quando algo triste acontece conosco, no entanto, nem sempre significa que estamos sendo corrigidos. As aflições podem surgir em nossas vidas por muitos motivos. Para entender todas as razões possíveis, é útil identificar os cinco elementos causais possíveis por trás das circunstâncias tristes: Deus, Satanás, as pessoas, nós mesmos e uma criação decaída. Eu mencionei isso antes, mas agora quero expandir e explorar como esses cinco elementos causais se interrelacionam.

Aqui está um resumo de cada um deles.

1. Deus pode causar calamidade

Às vezes, as aflições que as pessoas enfrentam vêm de Deus. Conforme afirmado no capítulo anterior, qualquer coisa perturbadora que vem de Deus é motivada pela bondade e amabilidade. Portanto, mesmo quando Deus envia calamidades, elas resultam da infinita bondade de Seu coração.

Se alguém disser: "às vezes, Deus *permite* que uma calamidade nos aconteça", a maioria dos cristãos provavelmente concordaria com isso, e com razão. Mas se alguém disser: "às vezes Deus *causa* as calamidades que experimentamos", então a discussão se torna mais intensa e controversa. Nem todos os cristãos acreditam que Deus realmente causaria uma calamidade ou crise triste para nós. Eles provavelmente podem ver Deus *permitindo* que Satanás faça algo mal contra nós, mas eles lutam para ver circunstâncias tristes *originadas* de Deus.

Mas, como dissemos no capítulo anterior, o testemunho do Senhor parece bastante claro: "Vede agora que Eu, Eu o sou, e mais nenhum deus Comigo. Eu mato e faço viver. Eu firo e curo. Ninguém há que escape da Minha mão" (Dt 32.39). Deus disse aos exilados que Ele *fez* com que fossem levados para a Babilônia: "Assim diz o Senhor dos Exércitos, o Deus de Israel, a todos os que foram transportados, que Eu fiz transportar de Jerusalém para a Babilônia" (Jr 29.4). Deus não apenas permitiu que fossem levados cativos, Ele causou isso. "Eu formo a luz e crio as trevas; faço a paz e crio o mal; Eu, o Senhor, *faço* todas estas coisas" (Is 45.7). O Senhor não apenas disse que *permite* a calamidade, mas que realmente *cria* a calamidade. Às vezes, a calamidade na Terra tem um Projetista celestial. Alguns podem achar isso ofensivo, repreensível ou desorientador, mas é verdade. Novamente, eu abordei isso de forma mais completa no capítulo 17, "Deus É Capaz de Praticar o Mal?"

Mesmo quando a calamidade vem de Deus, ainda declaramos: "O Senhor é bom e Suas misericórdias duram para sempre". Jesus é perfeito em liderança, perfeito em amor e infalível em sabedoria. Portanto, mesmo quando outros estão furiosos com Sua liderança, afirmamos a perfeição de Seus planos e caminhos para nossas vidas.

A primeira causa possível de calamidade, portanto, é Deus.

2. Satanás causa aflições

Algumas das coisas más que experimentamos vêm diretamente do diabo.

Satanás é nosso inimigo, adversário e acusador. Ele está sempre trabalhando para fazer tudo ao seu alcance para impedir o povo de Deus e afligir a raça humana com dor e calamidade. Jesus descreveu suas obras da seguinte maneira: "O ladrão não vem senão para roubar, matar e destruir; Eu vim para que tenham vida, e a tenham com abundância" (Jo 10.10).

Quando coisas más acontecerem no mundo, deixe suas primeiras suspeitas recaírem sobre Satanás e seus exércitos. Como Paulo testificou: "Porque não temos de lutar contra carne e sangue, mas, sim, contra os principados, contra as potestades, contra os príncipes das trevas deste século, contra as hostes espirituais da maldade, nos lugares celestiais" (Ef 6.12).

Pedro também nos alertou sobre o diabo: "Sede sóbrios, vigiai, porque o diabo, vosso adversário, anda em derredor, rugindo como leão, buscando a quem possa devorar; ao qual resisti firmes na fé, sabendo que as mesmas aflições ocorrem entre vossos irmãos no mundo" (1Pe 5.8-9).

3. Pessoas causam problemas

Às vezes, coisas ruins acontecem conosco por causa das pessoas. Em alguns casos, a negligência dos outros nos machuca, mesmo quando não pretendia nos fazer mal. Em alguns casos, as pessoas nos machucam acidentalmente, como pode acontecer quando um motorista bêbado causa um acidente de carro. Em alguns casos, as pessoas nos machucam intencionalmente – mentindo sobre nós, nos forçando a deixar nosso trabalho, nos difamando ou nos rejeitando etc. E então, em casos extremos, pessoas más podem nos ferir de maneiras maliciosas, como roubo, estupro, sequestro, atentado suicida, guerra etc.

Fazemos parte de uma raça humana pecaminosa e é inevitável que sentiremos dor nas mãos de nossos semelhantes.

4. Podemos causar aflições para nós mesmos

Algumas das provações tristes que sofremos são por causa de nossa própria negligência pessoal, más escolhas, erros ou pecados. O pecado vem com consequências: "Sentireis vosso pecado, quando vos achar" (Nm 32.23). "Porque o salário do pecado é a morte" (Rm 6.23).

Existem muitas maneiras pelas quais podemos causar aflições para nós mesmos. Por exemplo, se trapacearmos em nossos impostos, provavelmente sofreremos por isso. Mesmo que nosso erro não seja intencional, ainda podemos sofrer por isso. E se fizermos algo "humano" como adormecer ao volante enquanto dirigimos, podemos realmente sofrer por isso.

Existem centenas de maneiras pelas quais podemos causar aflições par nós mesmos e, no final, podemos culpar apenas a nós mesmos.

Mas nem tudo de ruim que acontece conosco é por causa de algo que fizemos de errado. Há uma história bíblica que nos ajuda com isso. Em uma ocasião, Jesus viu um homem cego de nascença, e Seus discípulos perguntaram: "Rabi, quem pecou, este ou seus pais, para que nascesse cego? Jesus respondeu: Nem ele pecou nem seus pais, mas isto aconteceu para que se manifestem nele as obras de Deus" (Jo 9.2-3). Jesus deixou claro que o homem não era cego por causa do pecado dele ou de qualquer outra pessoa. Não devemos presumir, portanto, que aflições na vida de alguém significam automaticamente que eles pecaram.

Nem todas as provações que enfrentamos foram causadas por nós mesmos. Mas quando nos deparamos com uma, devemos pelo menos fazer a pergunta: "Fiz algo para provocar isso?", porque nós mesmos somos uma das cinco possíveis causas de aflições em nossas vidas.

5. A criação está doente

Às vezes, os problemas que experimentamos na vida são causados simplesmente por vivermos em um planeta destruído pelo pecado.

Suponha que seja inverno. Você pisa em uma calçada, mas não percebe que está congelada. Seus pés escorregam e você cai. Você cai para trás e bate com a cabeça no cimento. Acontece tão rápido que você não percebe o que está acontecendo até que seja tarde demais. Chamamos isso de acidente porque não foi planejado e inesperado. Se você pudesse ter evitado, você o teria feito. Mas você não esperava que isso acontecesse. É um acidente. Quando acidentes acontecem, eles podem causar uma dor incrível em nossas vidas.

Vivemos em um mundo caído e doente que está "sujeito à vaidade" (Rm 8.20) desde que Adão e Eva pecaram. Toda a criação "geme e está com dores de parto" (Rm 8.22) por causa do impacto negativo que o pecado teve em nosso mundo. Agora, tudo parece estar imperfeito até certo ponto. Eletrônicos não funcionam, peças se quebram, edifícios se deterioram, acidentes acontecem, animais atacam, doenças se espalham, o clima fica ruim, comida estraga etc. Coisas dão errado o tempo todo.

Às vezes, sofremos aflições simplesmente por vivermos em um mundo doente.

Portanto, essas são as cinco causas possíveis quando somos feridos: Deus, Satanás, as pessoas, nós mesmos e uma criação doente. Ocasionalmente, acontece algo causado por apenas um desses elementos, mas, em muitos casos, há uma combinação de duas a cinco dessas causas em ação. Algumas pessoas têm a tendência de simplificar demais suas provações e atribuir tudo a uma única fonte, como o diabo. Mas algumas provações são mais complexas do que isso, causadas por vários fatores.

Uma mistura de fatores

Quando mais de uma causa está por trás de uma calamidade ou uma provação, cada elemento causal provavelmente está contribuindo para a situação em diferentes porcentagens. Falo de *porcentagens* por causa do princípio "com medida" encontrado em Isaías 27.8: "Com medida contendeste com ela quando a rejeitaste; ela a tirou com o seu vento forte, no tempo do vento leste". Deixe-me explicar o versículo.

Deus enviou Israel ao cativeiro porque Ele estava lutando contra a rebelião da nação. Mas Ele não foi o único elemento que contribuiu para o cativeiro deles. Ele foi um elemento causador apenas *com medida*, isto é, apenas em um certo grau ou porcentagem. Outros elementos causais também estavam envolvidos, em várias porcentagens.

Isaías 27 não estava se referindo a nenhuma invasão específica, então o princípio de Isaías 27.8 se aplica a qualquer ocasião quando um inimigo invade e leva o povo de Deus cativo. Sempre que aflições invadem nossas vidas, pode haver uma mistura de porcentagens entre os elementos causais. Por exemplo, quando somos pegos de surpresa por problemas, Deus pode estar envolvido 5% na causa, Satanás pode ter 50% da culpa, as pessoas podem estar envolvidas em 35% e nós mesmos podemos ser 10% culpados porque não lidamos com tudo perfeitamente. É a mistura de porcentagens, *com medida*, que pode tornar o discernimento e o diagnóstico da causalidade complicado e complexo.

Discernir a causa das calamidades é uma proposição tão difícil que é praticamente impossível identificar as porcentagens causais com precisão e exatidão – a menos que você receba informações divinas. Na maior parte do tempo, ficamos confusos. Mas Deus não. Como Davi disse ao Senhor: "Diante de Ti estão todos os meus adversários" (Sl 69.19). Em sua perplexidade, Davi reconheceu que Deus conhecia as causas de tudo que vinha contra ele. Ele sabia que Deus era capaz, portanto, de defender sua causa.

Se nossa provação é uma correção, isso significa que Deus está envolvido na provação porque Ele é o único que corrige Seus filhos. No entanto, muitas vezes Ele não é o único envolvido. Tome por exemplo a invasão de Israel pela Assíria, conforme mencionado em Isaías 10. Deus estava envolvido porque Ele estava corrigindo Seu povo; Satanás estava envolvido porque estava incitando a Assíria com fúria demoníaca; o povo da Assíria estava envolvido porque eram eles que realmente invadiam Israel; e a nação de Israel causou isso a si mesma, em certo sentido, por causa de sua rebelião e pecado. Portanto, pelo menos quatro dos cinco elementos causais possíveis estavam envolvidos na invasão de Israel pela Assíria. E nenhum de nós sabe as porcentagens de envolvimento de cada elemento.

No caso do espinho na carne de Paulo, foi uma correção do Senhor, o que significa que Deus estava diretamente envolvido. Se Paulo pensasse que o espinho era simplesmente um ataque demoníaco, ele provavelmente teria dito algo como: "Fui perturbado por Satanás com um espinho na carne". Em vez disso, ele escreveu: "Foi-me dado um espinho na carne" (2Co 12.7). Satanás *ataca* os apóstolos; Deus *dá* aos apóstolos. Ao dizer que o espinho "me foi dado", Paulo estava reconhecendo uma fonte divina. Deus deu a ele o espinho. Em seguida, ele passou a esclarecer que era "um mensageiro de Satanás para me esbofetear", o que significa que a aflição física que ele suportou foi instigada e incitada diretamente por um demônio. É enigmático, mas Deus deu a Paulo um espinho demoníaco. Assim, com o espinho de Paulo, dois elementos causais estavam envolvidos: Deus e Satanás. E não sabemos os percentuais. Foi 50/50? Quando Deus e Satanás estão por trás de sua aflição, torna-se muito difícil identificar com precisão a fonte de tudo que está vindo em sua direção.

Houve alguns exemplos de correção na Bíblia que foram causados 100% por Deus, sem outros elementos causais. O primeiro que tenho em mente é o manquejo de Jacó. Ele mancou pelas mãos de Jesus enquanto lutava com Ele. Para dizer isso sem rodeios, Jesus tornou Jacó manco. Nem o diabo nem nenhum ser humano estava envolvido. O segundo exemplo é a mudez de Zacarias. Isso veio de nenhuma outra fonte, mas de Deus (administrado pessoalmente pelo anjo Gabriel). A cegueira que Paulo experimentou na estrada para Damasco não veio de outra fonte senão de Deus. Acrescentamos a esta lista aqueles na Bíblia que foram julgados por Deus por um pecado específico. Deus (e somente Deus) feriu Miriã, Uzias e Geazi com lepra, secou a mão de Jeroboão, cegou Elias, cegou os homens que atacavam a casa de Ló e também cegou o exército sírio que tinha vindo a Dotã para prender Eliseu. E a lista continua. Às vezes, portanto, Deus está corrigindo sem nenhum outro agente envolvido.

E então há momentos em que todos os cinco elementos causais estão envolvidos. Esse foi o caso na correção de Jó. Deus, Satanás e as pessoas estavam envolvidos. Assim como a natureza (no relâmpago e no redemoinho que veio contra sua família). E ele mesmo era parcialmente responsável porque havia pedido algo a Deus (Jó 12.4). Curiosamente, porém, o último capítulo atribuiu todo o infortúnio a Deus. "Se compadeceram dele e o consolaram acerca de todo o mal que o Senhor lhe havia enviado" (Jó 42.11). Por que a adversidade seria atribuída ao Senhor, quando todas as cinco causas estavam claramente envolvidas? Aqui está a minha resposta: Deus é um jogador tão forte que, se Ele está envolvido da forma mais ínfima, Seu 1% é maior do que os 99% de todos os outros agentes ativos.

O Senhor clamou por meio do profeta Miqueias: "Ouvi a vara e quem a ordenou" (Mq 6.9). Quando Ele disse: "Ouvi a vara", Ele quis dizer que estava usando uma vara para chamar a atenção deles e queria que eles discernissem e compreendessem Sua mensagem. E quando Ele disse: "e quem a ordenou", Deus queria que eles usassem o discernimento espiritual para decifrar a causa de sua calamidade. Ele sabia que seria útil se eles pudessem discernir qual dos cinco agentes causadores estava atuando em sua situação. O discernimento preciso os ajudaria a cooperar com os propósitos de Deus.

Em outras palavras, Deus quer que perguntemos: "Por que isso aconteceu? Pai, por que permitiste que isso acontecesse? Tu estás tentando chamar minha atenção?"

"Não culpe Deus"

Algumas pessoas estão inquietas por não atribuirmos às mãos de Deus o que vem do diabo. Elas dizem coisas como: "Deus é bom e Satanás é mau – portanto, não atribua coisas más ao nosso bom Deus!"

Já procurei, mas não consigo encontrar essa referência nas Escrituras. Não consigo encontrar nenhum lugar na Bíblia onde Deus disse algo como: "Estou indignado que você atribua essa aflição a Mim, quando na verdade Eu não tive nada a ver com isso". Muitas pessoas na Bíblia atribuíram sua aflição ou problema a Deus, e nenhuma vez Deus respondeu dizendo: "Eu não fiz isso. Não Me culpe por esse tipo de coisa".

Por exemplo, Noemi lamentou: "Cheia parti, porém vazia o Senhor me fez retornar. Por que, pois, me chamareis Noemi? Pois o Senhor testifica contra mim, e o Todo-poderoso muito me afligiu?" (Rt 1.21). Deus não a corrigiu, como se dissesse: "Não fui Eu quem afligiu você". Seu silêncio parece confirmar sua perspectiva. Seu silêncio parece sugerir: "Na verdade, Naomi, você está certa. Tive um certo papel em sua aflição. Estou orquestrando algo aqui. Então você lançar a causa aos Meus pés não é totalmente inapropriado".

Deus nunca expressou desalento quando a aflição foi atribuída a Ele. No entanto, Ele expressou consternação quando as pessoas falharam em atribuir a Ele a correção que Ele estava executando. O exemplo mais claro está em Jeremias: "Negam o Senhor e dizem: 'Não é Ele; e: Nenhum mal nos sobrevirá, nem veremos espada ou fome'" (Jr 5.12). No contexto, o povo de Israel estava dizendo que Deus não estava enviando os babilônios para corrigi-los. Quando eles disseram: "Deus não está fazendo isso", Deus ficou incomodado e descontente. Ele não queria que eles ignorassem e desprezassem Sua correção; Ele os queria dominados pelo tremor e arrependimento.

Não erramos, então, ao atribuir as provações disciplinadoras às mãos de Deus. Erramos em não reconhecer Seu envolvimento.

Alguns afirmam: "Deus nunca usaria o diabo para cumprir Seus propósitos". Esta é a mesma objeção que Deus dirigiu ao povo de Israel por meio de Seu profeta, Habacuque, quando disse:

"Vede entre as nações, olhai, maravilhai-vos e admirai-vos; porque realizo em vossos dias uma obra que não crereis, quando vos for contada. Porque eis que suscito os caldeus, nação amarga e apressada, que marcha sobre a largura da terra, para possuir moradas que não são suas" (Hc 1.5-6).

Deus afirmou que Ele mesmo levantou os caldeus para invadirem Jerusalém. Deus estava dizendo: "Usarei um meio para corrigir o Meu povo no qual vocês não crerão, mesmo quando Eu lhe contar. Sou Eu quem levanta os caldeus contra Jerusalém, mas mesmo enquanto digo isso, vocês não crerão".

A mesma incredulidade continua hoje na igreja. Há alguns que insistem que Deus nunca usa poderes demoníacos e malignos para Seus propósitos, mas estou sustentando neste livro que Ele, de fato, o faz.

Várias provações

Tiago escreveu no início de sua epístola:

Meus irmãos, tende grande alegria quando passardes por várias provações, sabendo que a provação da vossa fé produz a paciência (Tg 1.2-4).

Quando Tiago disse que *passamos* por várias provações, ele não quis dizer cair em tentação ou pecado, como em uma falha moral. Em vez disso, ele queria dizer passar por uma calamidade imprevista. Se pudéssemos tê-la evitado ou impedido, nós o teríamos feito. Mas ela nos pegou de surpresa. Estava além do nosso controle. Sofremos uma queda forte e agora estamos sofrendo por isso.

Ao usar o termo *várias provações,* Tiago estava implicitamente apontando para as muitas causas possíveis de aflições. Neste capítulo, reduzi as *várias* causas possíveis a cinco: Deus, o diabo, as pessoas, nós mesmos e um mundo com defeito. *Várias* provações têm *várias* causas em *vários* graus.

Tiago estava dizendo que devemos ter grande alegria, independentemente da fonte. Se Deus está o castigando, tenha grande alegria. Se um acidente horrível aconteceu, tenha grande alegria. Mesmo que Satanás esteja atacando você, tenha grande alegria!

Por quê? Porque ao perseverarmos na fé durante a provação, o Senhor trabalhará em nossa vida tão poderosamente que sairemos do cadinho totalmente transformados. Quando a paciência tiver seu trabalho perfeito em nossas vidas, passaremos pela provação "perfeitos e completos, sem faltar em coisa alguma".

Deus usa varas

Às vezes, Deus usa uma vara para castigar Seus filhos – isto é, Ele usa outros meios que não sejam Suas próprias mãos. Isso é uma reminiscência da maneira pela qual Salomão, em Provérbios, aconselhou os pais a usar uma vara (um meio diferente das mãos) ao bater em seus filhos (por exemplo, Pv 22.15; 23.13-14; 29.15).

Que tipo de vara Deus usa? Vejo três varas principais à sua disposição: pessoas, Satanás e as circunstâncias.

Primeiro, Deus usa as pessoas como uma vara. Por exemplo, em 2 Samuel 7.14 o Senhor chamou Salomão de Seu filho e disse: "Se vier a transgredir, o castigarei com vara de homens e com açoites de filhos de homens". Ele disse que usaria pessoas de mente maliciosa como uma vara contra Salomão, se necessário, para levá-lo ao arrependimento. Outro exemplo está em Isaías 10, onde Deus falou sobre usar a nação da Assíria como uma vara para disciplinar Seu povo. Ele disse: "Ai da Assíria, a vara da Minha ira" (Is 10.5). Ele falou ai da Assíria porque, embora Ele os tivesse designado como uma vara para atacar e disciplinar Seus filhos, eles cumpriram essa ordem maliciosamente e atacaram mais severamente do que Deus pretendia, trazendo assim juízo sobre si mesmos. Em ambos os casos, Deus usou as pessoas como uma vara para disciplinar Seus filhos.

Quando Deus usou nações pagãs para corrigir Israel, o profeta Miqueias disse sobre essas nações: "Mas não conhecem os pensamentos do Senhor, nem entendem seu conselho, porque as ajuntou como gavelas em uma eira" (Mq 4.12). As nações não entendiam que permissão para atacar não significa permissão para destruir. Deus pretendia corrigir, mas eles procuraram demolir. Como resultado, Deus disse que debulharia aquelas nações em juízo. Ele os usou como uma vara e depois os descartou no juízo.

Quando Deus usa pessoas para corrigi-lo, seu primeiro impulso é colocar seus olhos nas pessoas envolvidas, vê-las como seus antagonistas e ficar mais resistente a elas. Em vez disso, adote a postura de José, que viu a mão de Deus em tudo o que seus irmãos fizeram a ele. Porque ele viu Deus como o elemento causador primário (embora seus irmãos também fossem agentes causadores), ele se manteve livre da amargura e emergiu da provação como um vaso refinado que Deus poderia usar para propósitos nobres.

Em primeiro lugar, então, Deus usa as pessoas como uma vara.

Em segundo lugar, Deus usa Satanás como uma vara. O Senhor individualiza a invasão da Assíria na pessoa de seu rei, Senaqueribe. Ele disse de Senaqueribe: "Porventura se gloriará o machado contra o que corta com ele? Ou presumirá a serra contra quem a utiliza? Como se o bordão movesse o que o levanta, ou a vara erguesse o que não é madeira!" (Is 10.15). Deus falou de Senaqueribe como uma vara em Suas mãos. Nesta passagem, Senaqueribe representou Satanás como o principal inimigo do povo de Deus. A título de aplicação espiritual, podemos dizer que Deus usa o diabo como um pedaço de madeira em Suas mãos para cumprir Seus propósitos na Terra. Colossenses 2.10 diz que Jesus é "a cabeça de todo principado e toda potestade", o que significa que Ele tem jurisdição completa sobre todos os poderes demoníacos. Jesus está à frente de Satanás e o usa como deseja. O diabo é uma vara em Suas mãos.

Um claro exemplo bíblico de Deus usando Satanás como ferramenta é a maneira como Satanás atacou Jó. Satanás roubou o sustento de Jó, matou seus filhos e o afligiu com furúnculos – mas sabemos pela história que Deus estava orquestrando tudo, usando Satanás como uma vara. Satanás gosta de pensar em si mesmo como um agente livre, mas para seu desgosto, ele muitas vezes olha para trás em retrospecto e percebe que foi um peão nas mãos de Deus. Se Satanás é como uma ferramenta de madeira nas mãos de Deus, então quem é o verdadeiro instigador da calamidade – Satanás ou Deus? Como Jó perguntou: "Se não é Ele que faz isso, quem poderia ser?" (Jó 9.24). Embora Satanás tivesse se levantado contra ele, Jó atribuiu corretamente a calamidade a Deus. Porque o 1% de Deus supera os 99% de Satanás.

Se você luta com a ideia de que Deus e Satanás algum dia estariam envolvidos em uma provação, talvez ajude ver como Jesus ensinou isso. Jesus nos ensinou a orar: "E não nos deixes cair em tentação, mas livra-nos do Mal" (Mt 6.13). Jesus quis dizer que Deus nos tenta a fazer o mal? Certamente não, pois Tiago 1.13 diz: "Ninguém, sendo tentado, diga: 'De Deus sou tentado'; porque Deus não pode ser tentado pelo mal, e a ninguém tenta". A tentação vem, portanto, do diabo quando ele busca nos prender pelos desejos malignos de nosso coração (Tg 1.14). O que Jesus quis dizer, então, na oração de Mateus 6.13? Ele quis dizer que o Pai é capaz de nos conduzir por um caminho que nos expõe às tentações de Satanás, e Ele também pode nos conduzir por um caminho protegido delas. Devemos pedir o último ao Pai. Um exemplo bíblico do Pai permitindo que Satanás tentasse é encontrado na história de Ezequias: "Contudo, na questão dos embaixadores dos príncipes de Babilônia, enviados a ele para o indagarem acerca do prodígio que se havia feito em sua terra, Deus o desamparou, para prová-lo e conhecer tudo o que havia no seu coração" (2Cr 32.31).

Deus retirou Sua proteção de Ezequias, o que capacitou Satanás a tentá-lo para que os verdadeiros desejos de seu coração pudessem se manifestar. Ao nos dar a oração de Mateus 6.13, Jesus afirmou que o Pai às vezes conduz as pessoas por um caminho no qual Satanás ataca com tentação, e que devemos orar com humildade para que o Pai nos poupe desse caminho. A história de Ezequias ilustra o que Jesus ensinou em Mateus 6.13, que o Pai e o diabo podem estar envolvidos no teste de alguém.

A questão é que Deus usa o diabo como uma vara.

Em terceiro lugar, Deus usa as circunstâncias como uma vara para nos corrigir. A prisão de José, a caverna de Davi, a renúncia de Sara e Ana, o peixe de Jonas, o espinho de Paulo, o manquejo de Jacó, o deserto de Moisés – todos esses são exemplos das muitas maneiras pelas quais Deus pode usar as circunstâncias de forma redentora em nossas vidas.

Deus não é limitado nos meios pelos quais Ele pode corrigir Seus filhos. Eu disse antes que Ele não usa doenças como o câncer. Eu não disse isso para limitar Deus, como se Ele *não pudesse*; disse isso para descrever Seus caminhos – que Ele *não faz*. Estou dizendo com a precisão que deveria? Talvez não. Mas eu sei disso: não devemos limitar a Deus. Ele pode usar todos os meios que quiser para corrigir Seus filhos, sejam enfermidades, pestes, dificuldades financeiras, tensões relacionais ou acidentes. Quando Miqueias previu um desastre para a casa de Jacó, ele perguntou a eles: "Tem-se restringido o Espírito do Senhor? São estas Suas obras?" (Mq 2.7). Com esta pergunta retórica, Miqueias afirmou que o Espírito de Deus não é restringido pelos meios que Ele pode usar para disciplinar Seu povo com desastres. Ele defendeu a soberania absoluta de Deus. Como escreveu o salmista: "Mas nosso Deus está nos céus; faz tudo o que Lhe apraz" (Sl 115.3).

Quer Deus use pessoas, o diabo ou as circunstâncias, eles são apenas uma vara; Ele é quem os empunha. Portanto, devemos olhar para Deus como Aquele com quem lidamos. Isso está de acordo com o Salmo 119.75, "Bem sei, ó Senhor, que Teus juízos são justos e que segundo a Tua fidelidade me afligiste". A aflição do salmista pode ter vindo de qualquer mistura das cinco causas possíveis, mas ele atribuiu a aflição a Deus. Satanás ou as pessoas podem ter um papel a desempenhar, mas o salmista estava vendo Deus como o jogador principal responsável pela provação. Ele manteve os olhos em Deus, crendo que Seus propósitos seriam cumpridos.

19

É Deus ou o diabo?

Quando ocorre uma calamidade, muitas vezes nos perguntamos: "Isso é de Deus ou o diabo está vindo atrás de nós?" Essa pergunta é importante porque a resposta determina nossa reação. Como reagimos às coisas que vêm de Deus é muito diferente de como reagimos às coisas do diabo. Tiago abordou isso:

Sujeitai-vos, pois, a Deus, resisti ao diabo, e ele fugirá de vós (Tg 4.7).

Se Deus é a causa da provação, submetemo-nos a Ele e a Seus propósitos. Se o diabo é a causa, resistimos a ele e a todos os seus planos malignos. A última coisa que queremos fazer é inverter isso e nos submeter ao diabo ou resistir a Deus. Mas, para reagirmos adequadamente, precisamos de discernimento sobre o que é a mão de Deus e o que é a instigação de Satanás.

Algumas provações vêm diretamente do diabo, e Deus não tem parte nelas. Por exemplo, enquanto Jesus ensinava em uma certa sinagoga, uma mulher estava presente "que, havia dezoito anos, tinha um espírito de enfermidade; andava encurvada e não podia de modo algum aprumar-se" (Lc 13.11). Aqui está o que Jesus disse sobre a causa de sua enfermidade: "Não convinha soltar desta prisão, no dia de sábado, esta filha de Abraão, a quem há dezoito anos Satanás mantinha cativa?" (Lc 13.16). Como filha de Abraão, Jesus a reconheceu como uma mulher de fé. E, ainda assim, ela estava presa por Satanás. Sua enfermidade não era algo que Deus estava usando para ampliar seu coração, mas Satanás estava usando para prendê-

-la. Então Jesus a libertou da escravidão do diabo, assim como Pedro testificou: "Como Deus ungiu Jesus de Nazaré com o Espírito Santo e com poder; o qual andou fazendo o bem e curando todos os oprimidos do diabo, porque Deus era com Ele" (Atos 10.38). Essa história nos ensina que algumas aflições vêm do diabo e devem ser resistidas.

O que devemos fazer, porém, em casos de correção em que Deus *e* o diabo estão envolvidos? E se Deus estiver corrigindo e usando o diabo como uma vara em nossas vidas? Nesses casos, muitas vezes ficamos desorientados sem saber o que fazer. Não queremos nos submeter à provação porque não queremos nos submeter ao diabo; mas também não queremos resistir a ela porque não queremos resistir a Deus. Não podemos nos submeter e não podemos resistir. Ficamos travados com a perplexidade da coisa.

Quando Deus e Satanás estão ambos envolvidos em sua provação, não é que eles estejam *em parceria*; é melhor ver Deus, nas palavras de Bill Johnson, usando Satanás como um peão em um tabuleiro de xadrez. Nesses casos, quando você não sabe se submete-se ou resiste, pode precisar de uma chave do céu para desbloquear a situação. Felizmente, Jesus prometeu que nos daria as chaves do reino (Mt 16.19).

Para discernir entre a mão de Deus e a mão do diabo, precisamos de discernimento todas as vezes. Na primeira rodada de uma provação, uma coisa pode estar acontecendo, e na segunda rodada algo totalmente diferente. Vemos essa dinâmica por meio de algo que Isaías disse:

> *"Eis que poderão vir a juntar-se, mas não será por Mim; quem se ajuntar contra ti cairá por amor de ti. Eis que criei o ferreiro, que assopra as brasas no fogo e que produz a ferramenta para sua obra; também criei o assolador, para destruir. Toda arma forjada contra ti não prosperará, e toda língua que se levantar contra ti em juízo, tu a condenarás. Esta é a herança dos servos do Senhor, e sua justiça vem de Mim, diz o Senhor (Is 54.15-17).*

Permita-me explicar a passagem.

Antes desses versículos, Isaías falou de Deus usando invasores estrangeiros para corrigir Israel. Depois que Israel foi purificado, restaurado e estabelecido, no entanto, Isaías disse que o inimigo se levantaria uma segunda vez contra eles. Ao contrário do primeiro ataque, o segundo ataque não foi uma correção do Senhor. Isso é o que Deus quis dizer quando disse: "Eis que poderão vir a juntar-se, mas não será por Mim". Na segunda vez, Deus não estava envolvido de forma alguma. Na primeira vez, sim; na segunda vez, não. Portanto, Deus assegurou-lhes que, quando esta segunda onda de animosidade viesse contra eles, Ele os defenderia poderosamente e seus inimigos cairiam diante deles.

Às vezes, o inimigo tentará um segundo tiro em você. Na primeira rodada, Deus usou a situação para transformar e alargar o seu coração. Mas o inimigo não estava satisfeito em deixá-lo lá. Ele decidiu vir até você uma segunda vez. Desta vez, o Senhor não estava corrigindo, era um ataque demoníaco direto. Deus quer que você ataque os poderes das trevas e enfrente vigorosamente o inimigo. Ele permitirá que você vença o adversário de forma rápida e decisiva.

Quando Deus e Satanás estiverem trabalhando em suas circunstâncias, esteja pronto para que outros crentes interpretem mal os sinais, assim como Pedro interpretou mal os sinais na prisão de Cristo. Foi a vontade de Deus que homens maus prendessem Jesus e o levassem até Caifás. Em seu zelo, Pedro pegou sua espada e começou a rodá-la, tentando salvar Jesus do cálice do Pai. Então Jesus disse a Pedro: "Embainhe a tua espada; acaso não beberei o cálice que o Pai Me deu?" (Jo 18.11). Pedro tentou poupar Jesus do cálice do Pai. Da mesma forma, não se surpreenda se outros crentes tentarem, com zelo como Pedro, poupá-lo do cálice de seu Pai. Eles vão girar sua espada (Bíblia), empunhando versículos que dizem que você não deve sofrer dessa forma. Em seu zelo sem discernimento, eles vão realmente complicar a situação e tornar a provação mais dolorosa. Eles repreenderão o que Deus propôs ou citarão promessas que serão cumpridas posteriormente. Ficam tão distraídos com o papel do adversário em sua crucificação que não entendem como a mão do Pai também está envolvida. Esteja pronto para isso. Alguns crentes tentarão salvá-lo do cálice do Pai.

Lute!

Alguns estão preocupados que se atribuirmos nossa provação a Deus, quando Satanás também está envolvido na coisa, podemos acabar nos submetendo às mãos de Satanás. É possível uma coisa dessas? Na verdade, sim. Alguns cristãos, sob a bandeira de "submeter-se à soberania de Deus", simplesmente se deitam e permitem que o diabo pise neles. Mas não acredito que o reconhecimento da soberania de Deus signifique que devemos nos tornar passivos na guerra. Em vez disso, é assim que eu vejo.

Quando reconhecemos que Deus, em Sua soberania, está ativamente envolvido em nossa provação, reconhecemos que foi Ele quem nos colocou no ringue com Satanás. Mesmo que estejamos lutando contra forças demoníacas, Deus é quem armou tudo. Por meio da cruz, Ele nos deu tudo o que precisamos para vencer. Agora é hora de lutar!

Nosso modelo aqui é a cruz de Cristo. Isaías 53.10 mostrou que Deus orquestrou a morte de Cristo[24], e Lucas 22.3 mostrou que Satanás planejou matar Jesus[25]. Tanto Deus quanto Satanás estavam envolvidos, portanto, na crucificação de Cristo. Jesus Se submeteu à cruz porque Ele sabia que era a vontade de Seu Pai. No entanto, Ele também resistiu a Satanás porque sabia que estava lutando em uma batalha cósmica.

Que a cruz foi uma batalha cósmica entre Jesus e Satanás é visto em Gênesis 3.15. Deus disse a Satanás: "esta [a serpente] te ferirá a cabeça e tu lhe ferirás o calcanhar". Nesse versículo, o Pai predisse que Jesus machucaria a cabeça de Satanás na cruz.

Na cruz, Jesus e Satanás lutaram. Cada um estava mirando na cabeça. Satanás acertou o calcanhar de Jesus, mas Jesus deixou Sua marca. Na cruz, Jesus foi ferido, mas Satanás foi destruído.

Mesmo que o Pai tenha projetado soberanamente a cruz, Ele não pretendia que Jesus Se submetesse passivamente a tudo que Satanás estava jogando contra Ele. Não, Ele queria que Jesus lutasse! O Pai queria que Jesus usasse os sete chifres do Espírito para prevalecer sobre os poderes das trevas (Ap 5.5-6). Na cruz, portanto, vemos Jesus Se submetendo a Deus e resistindo ao diabo.

A cruz de Cristo é o seu exemplo. Você está sendo corrigido pelo Senhor? Então *lute*! Assuma os poderes do inferno, vença na provação e levante-se para o seu destino pretendido em Deus.

---

24 "Mas ao Senhor agradou moê-Lo, fazendo-O enfermar" (Is 53.10).
25 "Entrou, porém, Satanás em Judas, que tinha por sobrenome Iscariotes, que pertencia ao grupo dos doze" (Lc 22.3).

Por que a correção de Deus às vezes parece excessiva?

A intensidade da correção de Deus pode ser qualquer coisa de muito leve a severa, dependendo do caso. Quando a mão de Deus é especialmente severa, pode nos parecer excessiva. Sua intensidade pode ser desconcertante, especialmente quando a severidade da provação parece desproporcional às questões em nossas vidas que precisam ser aperfeiçoadas. Pode parecer que estamos sob Sua ira, em vez de sob Sua misericórdia.

O próprio Deus reconheceu que, às vezes, a severidade da provação parece excessiva, quando Ele disse: "Falai benignamente a Jerusalém e bradai-lhe que já sua malícia é acabada, que sua iniquidade está expiada e que já recebeu em dobro, da mão do Senhor, por todos os seus pecados" (Is 40.2). Parece que o Senhor está falando da destruição de Jerusalém e do exílio na Babilônia. Por que Deus faria com que Israel recebesse *o dobro* por seus pecados?

Esse nível de sofrimento parece desleal e injusto. E, de fato, *não* é justo. Porque Satanás nunca joga limpo. Mas tenha isso em mente: Deus é um Deus de justiça. Onde a injustiça assediou Seus filhos, Ele pretende responder com restauração, restituição e retaliação ao inimigo. Deus é mestre em vingar a injustiça. É uma de Suas especialidades. Seu grande senso de justiça não permite que o sofrimento injusto de Seus escolhidos permaneça sem resposta[26].

Qual foi a resposta de Deus à dupla correção de Israel?

Por vossa dupla vergonha e afronta, exultarão sobre sua parte; pelo que, na sua terra, possuirão o dobro e terão perpétua alegria (Is 61.7).

Porque Israel recebeu o dobro por seus pecados, a justiça de Deus exigia que ela recebesse dupla honra, o dobro de posses e alegria perpétua.

A mesma coisa aconteceu na crucificação de Cristo. A cruz foi excessiva – um pagamento excessivo extravagante pelo pecado. Jesus não sofreu apenas o suficiente para comprar nossa redenção e cura. Ele sofreu em dobro. Ele pagou mais do que o suficiente. O Pai está agora no processo de usar a excessividade da cruz para reunir a Si Seus filhos de todas as nações e, no final, Ele glorificará o nome de Jesus acima de qualquer outro

---

[26] Abordo sobre isso em meu livro *Oração Implacável* (*Unrelenting Prayer*).

nome. Eu prometo a você, o Filho receberá dupla honra por Seu duplo pagamento!

A mesma coisa é verdade para você. Se Deus faz com que você receba o dobro por seus pecados, é para que Ele possa coroá-lo com dupla honra. Como Paulo escreveu: "porque nossa leve e momentânea tribulação produz para nós um peso eterno de glória mui excelente" (2Co 4.17). Às vezes, experimentamos um pouco dessa glória nesta vida, mas o maior peso de glória será aquela que Ele derramar sobre nós na cidade eterna. Quando você vê sua correção de uma posição celestial, percebe que realmente é uma "leve tribulação" em contraste com o peso da glória que Deus receberá dela.

Satanás exagera em Sua mão

Aqui está outra razão pela qual a correção de Deus às vezes parece excessiva: Satanás sempre tende a exagerar sua mão. Ele usa a "autorização" de Deus para causar mais problemas do que Deus pretendia. Ele exagera por causa de seu ódio malicioso por Deus e Seu povo. Sua agressão faz parecer que a disciplina de Deus em nossas vidas é excessiva.

O exagero de Satanás é ilustrado, metaforicamente, na forma como os antigos inimigos vieram contra Israel. Os profetas (como Isaías e Habacuque) falaram de como Deus corrigiu Seu povo ao permitir que nações malignas invadissem a terra de Israel (por exemplo, 2Rs 18.25). Mas essas nações maliciosamente atacaram e destruíram Israel mais do que a designação que Deus havia ordenado.

Qual foi a resposta de Deus? Ele executou juízo sobre as nações más que usou como vara em Israel. É por isso que as nações que oprimiram Israel – Egito, Assíria e Babilônia – ficaram sob o juízo divino. E isso é verdade para Satanás e seu reino. Deus usará Satanás como uma vara para corrigir Seu povo, Satanás passará dos limites e então Deus julgará Satanás. Como Deus julgará Satanás? Dando ao Seu povo grande vitória sobre os poderes das trevas. A igreja surgirá vitoriosa!

Coloque sua esperança na dupla honra que Deus exigirá para a extrapolação cruel de Satanás.

Intercessão sem acusação

Tenho trabalhado para mostrar que Deus e Satanás podem ter um papel em nossa correção. Isso leva, no entanto, a uma pergunta muito importante: *Como podemos manter nossos corações livres de acusações quando Deus é parcialmente responsável pela ardente prova*ção *que estamos enfrentando*? Esta pergunta é muito importante porque Satanás deseja que nos tornemos amargos contra Deus, acusando-O de nos afligir injustamente e perdendo nossa herança espiritual.

Esta é outra maneira de fazer a mesma pergunta: *como devemos nos relacionar com Deus quando percebemos que Ele é parcialmente responsável pelo grande sofrimento que estamos suportando?*

A resposta é revelada, elegante e alegoricamente, no livro de Ester. Na história que se segue, gostaria de sugerir o seguinte simbolismo: o rei da Pérsia representa Deus, Hamã representa Satanás e Ester (a noiva) representa o crente individual.

Aqui está o contexto da nossa história.

Hamã tinha um ódio maligno pelos judeus e decidiu que queria eliminá-los da Terra. Ele incitou o rei persa contra eles e astuciosamente o convenceu a aprovar uma lei ordenando que os judeus fossem exterminados em um determinado dia. O próprio Hamã apoiou a iniciativa e executou todos os planos. O verdadeiro inimigo dos judeus, na história, não era o rei, mas Hamã.

Ester era judia e também a rainha (embora o rei não soubesse que ela era judia). Ela procurou encontrar uma maneira de derrubar aquela legislação horrível, mas a situação era complicada. Para começar, seu marido (o rei) era um co-conspirador da trama. Ela queria derrubar a legislação que seu próprio marido havia assinado contra os judeus.

Veja por que a situação era complicada: por causa da Vasti. Vasti era a rainha anterior que havia sido banida de sua posição por causa de sua atitude negativa em relação ao rei. Vasti era uma rainha amargurada que resistiu ao rei, e a última coisa que Ester queria fazer era parecer apenas mais uma rainha amargurada que estava resistindo ao rei. Já que o próprio rei havia ratificado a lei para exterminar os judeus, como ela poderia mostrar a ele a natureza maligna de sua própria lei sem passar por um caminho acusatório?

A estratégia de Ester para ganhar o coração do rei foi magnífica. Ela decidiu dar-lhe um banquete e convidar Hamã também. Ela não poupou despesas, mas o alimentou com as carnes mais saborosas e serviu os melhores vinhos. Com seus gestos, expressões faciais, palavras e comida, ela estava transmitindo ao rei: "Eu te amo. Você é incrível. Você é tão sábio. Sua liderança é brilhante. Sinto-me muito honrada em ser sua esposa. Não há ninguém como você em toda a Terra. Você merece o melhor". Ela queria que o rei sentisse a autenticidade de sua admiração, devoção e fidelidade.

Como ela pagou o banquete? Bem, o rei deu a sua rainha um subsídio mensal. Vasti – a ex-rainha que Ester substituiu – usou o subsídio do rei para dar presentes a seus amigos (Et 1.9); em contraste, Ester usou seu subsídio para dar presentes e honras ao rei. O rei provavelmente estava pensando consigo mesmo: "Nunca recebi nada parecido com isso de Vasti. Ester é o oposto de Vasti!" E isso é exatamente o que Ester queria que ele percebesse.

No final do banquete, o rei quis saber qual era o pedido de Ester. Mas Ester não tinha certeza se o rei estava totalmente persuadido de sua devoção. Quando ela apelasse ao rei, era essencial que ele não interpretasse seu desafio apenas como uma repetição do que Vasti fizera a ele antes. Ele não deveria perceber nela um espírito de acusação. Para garantir seu coração, ela decidiu fazer um segundo banquete. Não deveria haver dúvida de que ela o adorava. Então ela disse: "Venha amanhã com Hamã para um segundo banquete, e eu lhe direi meu pedido".

Então, na noite seguinte, ela fez tudo de novo. Tudo o que ela esbanjou no rei comunicou: "Eu confio em você. Você é o melhor. Você é digno de minha devoção e da devoção de todo o império. Você é um líder tão sábio. Eu amo você!" Em vez de atacá-lo com acusação, ela o encheu de elogios.

Finalmente, no segundo banquete, chegou o momento em que ela disse ao rei seu pedido. O próprio texto conta isso melhor.

> *Disse também o rei a Ester, no segundo dia, no banquete do vinho: Qual é a tua petição, rainha Ester? E te será concedida. Qual é o teu requerimento? Até a metade do reino te será dada. Então respondeu a rainha Ester: Se, ó rei, achei graça aos teus olhos e se bem parecer ao rei, dê-se a minha vida como minha petição e o meu povo como o meu requerimento. Porque estamos vendidos, eu e o meu povo, para nos destruírem, mata-*

rem e aniquilarem. Se ainda por servos e por servas nos vendessem, eu me calaria, ainda que o opressor não pudesse recompensar a perda do rei. Então falou o rei Assuero à rainha Ester: Quem é esse? Onde está esse cujo coração o instigou a agir assim? Disse Ester: O homem, o opressor e o inimigo é este mau Hamã. Então Hamã se perturbou perante o rei e a rainha. O rei, no seu furor, se levantou do banquete do vinho para o jardim do palácio, e Hamã se pôs em pé para rogar à rainha Ester por sua vida, porque viu que já o mal lhe era determinado pelo rei (Et 7.2-7).

Você pode ver o brilhantismo da estratégia de Esther? Embora o rei fosse parcialmente responsável pela lei de exterminar os judeus, quando Ester finalmente apresentou sua petição ao rei, ela elevou o rei como magnificamente bom e considerou Hamã o vilão. Todos os seus elogios estavam voltados para o rei e Hamã permaneceu sozinho como o único conspirador contra seu povo.

Ela não tinha nenhuma acusação contra o rei, mas colocou toda a culpa pela legislação maligna exclusivamente sobre Hamã, o inimigo dos judeus.

Quando o rei ponderou toda a situação enquanto estava no jardim do palácio, ele deve ter se perguntado como se permitiu seguir com a trama de Hamã. Ele provavelmente estava se culpando por ser tão idiota! E ficou surpreso com o fato de que Ester não o havia implicado em nada. Ela colocou toda a culpa em Hamã.

A ausência de acusação em sua abordagem capacitou o rei a direcionar a plenitude de sua raiva ao adversário. Porque ela o adorava, o rei executou Hamã e revogou sua legislação perversa.

Então, o que você deve fazer quando Deus é um dos agentes causadores de sua provação? Siga o exemplo de Ester. Derrame o seu amor sobre o seu Senhor, louve-O por Sua sabedoria e bondade, adore-O na beleza da santidade e peça-Lhe para julgar o seu adversário.

Ele fará tudo que você pedir – por amor!

20

O espinho na carne de Paulo

Poucas coisas nas Escrituras foram mais controversas entre os cristãos do que o espinho na carne de Paulo. Percebo desde o início, portanto, que alguns leitores irão discordar de minha perspectiva sobre o assunto. Uma teologia sólida da disciplina do Senhor, no entanto, deve explicar o espinho de Paulo porque era uma correção. Aqui está a passagem em que Paulo falou sobre isso.

> *E, para que não me exaltasse pelas excelências das revelações, foi-me dado um espinho na carne, a saber, um mensageiro de Satanás, para me esbofetear, a fim de não me exaltar. Por este motivo, três vezes orei ao Senhor para que o afastasse de mim. Mas Ele disse-me: Minha graça te basta, porque Meu poder se aperfeiçoa na fraqueza. De boa vontade, pois, me gloriarei nas minhas fraquezas, para que em mim habite o poder de Cristo. Pelo que sinto prazer nas fraquezas, nas injúrias, nas necessidades, nas perseguições e nas angústias, por amor de Cristo. Porque, quando sou fraco, então sou forte (2Co 12.7-10).*

Paulo começou dando o motivo de sua disciplina. Para enfatizar a importância deste ponto, ele deu a razão duas vezes: *para que não me exaltasse*.

Existem dois significados possíveis para essa frase. Primeiro, Paulo poderia dizer que o espinho tinha a intenção de protegê-lo de se orgulhar de suas revelações abundantes. Se Paulo sucumbisse ao orgulho e entrasse no mesmo tipo de exaltação própria que seduziu Lúcifer, ele entraria em um relacionamento adversário com Deus – porque Deus resiste aos soberbos (Tg 4.6). O espinho poderia ter servido para manter Paulo ternamente apoiado em uma intimidade dependente de Jesus, mesmo em meio a grande poder e revelação.

E, em segundo lugar, Paulo poderia referir que o espinho foi planejado para impedir que outros o pusessem em um pedestal e considerassem mais do que deveriam. Se as pessoas exaltassem a Paulo, seus olhos seriam baixados de Deus para um homem, comparações carnais se seguiriam, e a glória seria desviada de Deus para um vaso humano.

Eu acredito que ambos os significados são pretendidos. *Deus corrigiu Paulo para mantê-lo humilde; e Ele também o corrigiu para impedir que as pessoas lhe dessem honras excessivas.* Na minha opinião, o segundo significado é a principal razão para o espinho de Paulo. Digo isso porque Paulo, em sua redação gramatical, não usou a voz ativa (por exemplo, *para que não me exalte*), mas a voz passiva (*para que não seja exaltado*). O tempo passivo sugeriria que a exaltação estava sendo feita a ele por outras pessoas. Deus não queria que os outros considerassem Paulo mais do que deveriam, então Ele designou um espinho para a carne de Paulo que faria com que ele não parecesse tão impressionante para os outros. Para dizer isso sem rodeios, Deus machucou Paulo para arruinar sua imagem.

A crucificação é sempre pública. E feia.

Pudemos ver o espinho de Paulo quase como uma vacina – uma prevenção que, em uma pequena dose, foi capaz de salvá-lo de possibilidades devastadoras. Como Mike Bickle disse: Deus protege o poder com problemas. Ele usou o "problema" de um espinho na carne de Paulo para que o poder e as revelações fluindo por ele não tivessem consequências negativas para ele ou seus amigos.

Por que vejo o espinho de Paulo como uma correção? Porque foi usado por Deus para propósitos redentores, fazendo algo nele que nenhuma correção verbal poderia realizar. Além disso, a linguagem da passagem evoca imagens de correção: *na carne, esbofetear, fraquezas.*

Às vezes, Deus tem que quebrar o vaso de barro (o corpo de um santo) para que a excelência do poder seja reconhecida como vinda de Deus e não daquela pessoa (veja 2Co 4.7). No caso de Paulo, o espinho era uma grande rachadura em seu vaso de barro. Mesmo que Paulo não precisasse dele, as pessoas precisavam que ele o tivesse.

Existem duas coisas que impressionam especialmente as multidões: o discernimento revelacional da verdade da palavra de Deus e o poder do Espírito para realizar sinais, maravilhas e milagres. Revelação e poder. Se você tiver apenas um desses, as pessoas clamarão para chegar perto de você. Paulo tinha ambos. Ele precisava de ambos para seu ministério apostólico, mas era um pacote bastante impressionante. O Senhor decidiu, portanto, dar a Paulo um contrapeso em sua carne para que as pessoas fossem dominadas pela mensagem e não pelo mensageiro.

Paulo era um homem excepcionalmente talentoso e capaz. Para equilibrar essas forças, Deus soberana e estrategicamente impôs fraqueza em sua vida. Algumas formas de fraqueza (como o jejum) são aceitas voluntariamente, mas essa aflição em sua carne foi recebida involuntariamente. Paulo não tinha escolha no assunto. Ele teve que viver com a dor e a fraqueza, embora não quisesse. A correção é, por definição, uma imposição involuntária de fraqueza. Mas Deus tem maneiras incríveis de aperfeiçoar Sua força por meio de nossa fraqueza.

Na carne

Paulo especificou que o espinho estava *na carne*. Embora haja muito debate sobre *o que esse espinho na carne* realmente era, estou convencido de que ele quis dizer as palavras ao pé da letra. O problema estava em sua carne. Literalmente. Era algum tipo de enfermidade física.

Alguns intérpretes têm trabalhado arduamente para explicar o espinho de Paulo como sendo algo diferente de uma aflição em sua carne. Por exemplo, alguns ensinam que o espinho era uma pessoa que resistia a ele, ou que era perseguição que ele enfrentava por onde passava. Por que eles não querem que seja uma enfermidade física? Acho que é por causa de seu compromisso tenaz com a doutrina da cura divina. Visto que Paulo não foi curado imediatamente, eles não querem que seu espinho seja uma enfermidade física, porque isso contradiria o seu ensino de que Deus sempre quer curar a todos *imediatamente*. Amo o zelo deles pela cura divina, mas acho que seu zelo por essa doutrina os leva a interpretar essa passagem de maneira inadequada. Apesar de meu zelo pela cura divina, afirmo que esse espinho foi algo que Paulo sentiu em sua carne. Isso o assediava em seu corpo. E ele não foi imediatamente curado disso.

Não era apenas uma leve irritação, de forma que ele não disse que era uma *lasca*. Ele o chamou de *espinho*. Era uma dificuldade corrosiva, espetante e cortante.

Já que o espinho tinha a intenção de evitar que as pessoas o exaltassem acima da medida, seus efeitos devem ter sido observáveis de alguma forma para os outros. A melhor conclusão é que o espinho de Paulo era uma enfermidade física que era óbvia para os outros e o fazia parecer um tanto lamentável e inexpressivo. As pessoas estavam inclinadas a olhar para ele com reprovação e desprezo.

Quando Paulo chamou-o de *espinho*, eu me pergunto se ele tinha Isaías 10.17 em mente, onde o Senhor descreveu a agressão da Assíria contra Israel como *espinheiros* e *sarça*[27]. Deus usou a Assíria para corrigir Israel, e Isaías 10 descreveu a Assíria como uma *vara* (v. 24) e um *espinheiro* (v. 17) para Israel. É uma linguagem disciplinadora. A garantia de Isaías 10.17 era que o espinheiro seria devorado pela chama do Santo. O espinheiro não era permanente.

Não podemos saber com certeza, mas é possível que Paulo estivesse se referindo ao seu espinho na carne em sua carta aos Gálatas:

> *Vós sabeis que primeiro vos anunciei o evangelho estando em fraqueza da carne; e não rejeitastes nem desprezastes a tentação que tinha na minha carne; antes, me recebestes como um anjo de Deus, como o próprio Jesus Cristo. Qual é, logo, a vossa bem-aventurança? Porque vos dou testemunho de que, se possível fora, arrancaríeis vossos olhos para dá-los a mim (Gl 4.13-15).*

A carta de Paulo aos Gálatas foi endereçada principalmente às igrejas em Antioquia (da Pisídia), Icônio, Listra e Derbe – quatro cidades na província romana da Galácia onde Paulo fundou igrejas durante sua primeira viagem missionária (Atos 13.4–14.23).

Por algum motivo, a enfermidade de Paulo o levou a viajar para o sul da Galácia. Por quê? Ninguém sabe ao certo. Alguns imaginam que Paulo se dirigiu para a elevação mais alta e fria de Antioquia por causa das febres. Outros supuseram que Paulo estava planejando viajar *através* do sul da Galácia para outros pontos, mas ele diminuiu a velocidade e parou na

---

[27] A Almeida Clássica Corrigida diz *espinheiros* e *sarças*, mas o hebraico está no singular e não no plural.

Galácia por causa da enfermidade. Seu espinho possivelmente restringiu sua habilidade de viajar tão livremente quanto ele desejava?

Paulo especifica que a enfermidade física que ele suportou na Galácia foi em sua carne. Como o espinho, ele disse que sua enfermidade na Galácia estava "na minha carne". Sua enfermidade física na Galácia poderia ter sido seu espinho na carne? É possível.

Observe na citação de Gálatas acima que Paulo disse: "arrancaríeis vossos olhos para dá-los a mim". Essa afirmação parece bastante aleatória, a menos que tenha alguma relevância para sua enfermidade física. Alguns intérpretes supuseram, portanto, que sua enfermidade na Galácia era um problema em seus olhos. Esta teoria não é demonstrável, mas plausível. Paulo estava deficiente em seus olhos?

Paulo lutou contra essa enfermidade enquanto estava na cidade de Listra, na Galácia. Curiosamente, foi em Listra que dois milagres notáveis aconteceram. A primeira foi a cura instantânea de um homem aleijado de nascença (Atos 14.8-10). Embora ele próprio tivesse uma enfermidade física na época, Paulo falou uma palavra de fé, e o aleijado deu os primeiros passos de sua vida. Paulo podia ministrar cura divina a outros enquanto ainda não experimentava sua própria cura. Obviamente, não precisamos ser curados ainda antes de podermos orar ousadamente pelos enfermos.

O segundo milagre notável em Listra foi o apedrejamento de Paulo. Os inimigos do evangelho o apedrejaram e o deixaram para morrer, mas depois que os discípulos se reuniram ao redor dele e oraram, ele se levantou e foi embora (Atos 14.19-20). A vida de ressurreição percorreu todo o seu ser em resposta às orações dos santos. Parece que ele foi instantaneamente curado de tudo – exceto daquela enfermidade física incômoda mencionada em Gálatas 4.13. Isso é misterioso. Como ele poderia ter a vida de ressurreição fluindo por todo o seu corpo, mas ainda não ser curado daquela debilitante enfermidade física? Esse é o tipo de mistério que envolve o tema da correção. Deus tinha um propósito para ressuscitar Paulo, e Ele também tinha um propósito para sua enfermidade física enquanto estava na Galácia. Se a enfermidade da Galácia era a mesma coisa que o espinho na carne de Paulo, então o propósito de Deus para isso era que ele não fosse exaltado acima da medida.

Os crentes na Galácia estavam bem cientes da enfermidade física de Paulo, e Paulo reconheceu que eles poderiam tê-lo desprezado por causa disso. Mas ele os elogiou por receberem a ele e sua mensagem, mesmo apesar de sua enfermidade. Isso os protegeu de exaltar Paulo acima da medida, mas não os impediu de receber o evangelho.

Era um demônio

Paulo disse que foi esbofeteado em sua carne por um *mensageiro de Satanás*. Isso significa que Satanás enviou um mensageiro em uma missão contra Paulo. Satanás enviou um demônio – um espírito de enfermidade, se a linguagem de Lucas 13.11 for adequada – para atormentar Paulo em seu corpo.

Além disso, Paulo observa que este mensageiro *"me foi dado"* (2Co 12.7). Um demônio foi dado a Paulo. Mas por quem? Se o espinho tivesse vindo diretamente de Satanás, Paulo provavelmente teria dito algo como: "Fui atacado" ou "Fui agredido" ou "Veio contra mim" ou, como ele diz em outro lugar, "Fui impedido". Mas Paulo disse que o espinho "me foi dado". Ele descreve o espinho como um presente. Nada que vem de Satanás é um presente. Só Deus dá presentes. O espinho foi dado a Paulo, portanto, por Deus. *Deus deu a Paulo um demônio.* Como você encontra uma categoria teológica para isso? Deus deu a autorização e Satanás a enviou. Deus e Satanás estavam envolvidos, o que é típico da correção.

Que Deus deve usar poderes malignos para propósitos divinos não é uma ideia nova nas Escrituras. Por exemplo, a Escritura diz que "um espírito mau, da parte do Senhor" assombrava Saul (1Sm 16.14). Não sabemos se era um espírito celestial ou demoníaco. Em outro exemplo, Micaías viu um espírito vir diante do trono de Deus e dizer: "Eu sairei e serei um espírito de mentira na boca de todos os seus profetas" (1Rs 22.22). Então Deus enviou aquele espírito para aquela missão sinistra. Novamente, não sabemos se era um espírito celestial ou demoníaco, mas eu pessoalmente suspeito que era um demônio. Se isso for verdade, ele veio diante do trono de Deus semelhante à forma como Satanás fez em Jó 1.6. Meu objetivo ao mencionar esses exemplos é mostrar que Deus, em Sua soberania, pode usar até demônios para Seus propósitos.

O demônio que aflige Paulo não entrou em sua alma ou espírito, nem habitou nele. Ele não estava possuído por demônios ou endemoniado. Em vez disso, o demônio atacou sua carne. Ele se apegou a Paulo como uma sanguessuga. E a enfermidade cravou em sua carne como um espinho. Um espinho na carne iria importunar e hostilizar, mas não iria imobilizar. É por isso que Paulo o chamou de espinho, porque embora não o tenha detido, certamente o retardou e o atrapalhou.

É possível que Paulo tivesse esse espinho em vista quando falou três vezes sobre ser impedido por Satanás.

> *Não quero, porém, irmãos, que ignoreis que muitas vezes propus ir ter convosco (mas até agora tenho sido impedido) para também ter entre vós algum fruto, como também entre os demais gentios (Rm 1.13).*

> *Pelo que também muitas vezes tenho sido impedido de ir ter convosco (Rm 15.22).*

> *Por isso, quisemos uma e outra vez vos visitar, pelo menos eu, Paulo, mas Satanás nos impediu (1Ts 2.18).*

Esteja ele se referindo ou não ao seu espinho, é claro que Satanás foi capaz de atrapalhar suas viagens até certo ponto. Como apóstolo, ele foi chamado para viajar, e foi exatamente nesse ponto que Satanás o impediu. Posso imaginá-lo fazendo várias tentativas para chegar a Tessalônica ou Roma, mas, quando estava prestes a comprar sua passagem, o demônio o esbofeteava, a enfermidade irrompia e Paulo tinha de adiar seus planos.

Paulo não estava sozinho nesse aspecto. Satanás ainda busca impedir os crentes, especialmente quanto ao seu chamado.

O espinho de Paulo é relevante para nós

Eu costumava pensar que o espinho de Paulo era uma anomalia, uma exceção altamente incomum que aconteceu com ele por causa de seus encontros únicos com Deus. Eu tinha ouvido dizer: "A menos que você tenha muitas revelações como Paulo, você não precisa se preocupar em receber um espinho na carne". Mas agora eu percebo que o espinho de Paulo não era raro; foi o tipo de coisa que Deus tem feito com Seus servos ao longo da história. Ele entende como nosso corpo está organicamente unido à nossa alma e sabe como usar as restrições físicas para temperar a mente, a alma e o espírito.

O que Deus fez com Paulo, Ele ainda está fazendo hoje.

Benjamin Franklin disse uma vez: um grama de prevenção vale um quilo de cura. Esse provérbio é aplicável no domínio da correção. A disciplina de Deus em nossas vidas às vezes é como um ataque preventivo. Uma pequena correção hoje pode nos salvar de um grande desastre amanhã.

No calor do cadinho, pode não parecer um grama de prevenção, mas sim um quilo de prevenção. Em outras palavras, pode parecer muito intenso para ser simplesmente uma medida preventiva. Mas quando você considera que o fruto da correção faz uma enorme diferença em nossas recompensas eternas, a aflição entra em foco pelo que realmente é – leve e momentânea em contraste com o peso excessivo e eterno de glória que virá dela (2Co 4.17).

Paulo foi curado?

Muitas pessoas presumem que Paulo nunca foi libertado de seu espinho na carne. Por três vezes, Paulo implorou a Jesus para tirá-lo dele. Você notará que em Sua resposta a Paulo, Jesus nunca disse: "Não". Sua resposta era mais como: "Não agora".

Quando Deus o faz passar por um período de correção, você pode implorar a Ele para libertá-lo, mas às vezes Sua resposta é: "Ainda não". Quando a temporada de correção de Deus ainda não acabou em sua vida, não é possível forçar sua saída reunindo fé. A fé não é um meio pelo qual ameaçamos Deus. Paulo teve que esperar em Deus por sua cura, não porque ele não tivesse fé suficiente, mas porque ainda não era a hora de Deus remover a correção. Aquele que usava a coroa de espinhos teve a graça de capacitar Paulo para suportar seu espinho.

Paulo não sabia como lidar com o espinho – até que Jesus falou com ele. Paulo escreveu: "E Ele me disse". Quando Jesus falou, a turbulência na alma de Paulo foi tranquilizada e ele sabia como seguir em frente. Quando você está passando por uma correção com a qual não sabe como lidar, não há nada melhor do que uma palavra da boca do Mestre!

Paulo não foi curado no momento em que implorou a Deus por cura. Há razão para acreditar, entretanto, que Paulo acabou sendo libertado do espinho. Deixe-me explicar.

Foi por volta de 55 ou 56 DC que Paulo escreveu em 2 Coríntios 12 sobre seu espinho. Cerca de dez ou onze anos depois, Paulo escreveu sua segunda carta a Timóteo (que foi a epístola final de Paulo antes de sua morte). Nessa carta, Paulo falou das aflições físicas que suportou enquanto estava na Galácia. (Timóteo estava com ele naquela viagem.) Observe o que Paulo disse sobre essas aflições:

> *Tu, porém, tens seguido minha doutrina, modo de viver, intenção, fé, longanimidade, amor, paciência, perseguições, aflições, tais quais me aconteceram em Antioquia, em Icônio e em Listra. Quantas perseguições sofri, e o Senhor de todas me livrou! (2Tm 3.10-11).*

Paulo disse a Timóteo que o Senhor o livrou de *todas* as aflições que ele suportou na Galácia. Paulo já tinha o espinho na carne quando ministrou na Galácia? Parece provável (Gl 4.13). Se Paulo teve seu espinho no tempo em que estava na Galácia, então claramente ele foi livrado dessa aflição, porque ele disse a Timóteo que estava livre de todas as aflições que ele suportou na Galácia.

Por que isso é importante? Porque a maneira pretendida de Deus para corrigir é que o filho castigado eventualmente seja curado (Hb 12.13). Assim como parece pela evidência de que Paulo foi curado de seu espinho, Deus deseja curá-lo da aflição da correção que o esbofeteia. Não se contente com nada menos.

Uma estranha história do Velho Testamento

Adicionarei uma história bizarra do Velho Testamento aqui, basicamente porque não sei onde mais encaixá-la neste livro. Então, estou colocando esta história estranha ao lado do espinho estranho de Paulo. No contexto da história, o rei Acabe tinha acabado de salvar da morte Ben-Hadade, rei da Síria, a quem Deus não queria que fosse poupado.

> *Um dos homens dos filhos dos profetas disse ao seu companheiro, pela palavra do Senhor: "Fere-me". E o homem recusou feri-lo. Então ele lhe disse: "Porque não obedeceste à voz do Senhor, quando te apartares de mim um leão te ferirá". E, assim que se apartou dele, um leão o encontrou e o feriu. Depois o profeta encontrou outro homem e disse-lhe: "Fere-me". E aquele homem o esmurrou e o feriu. Então o profeta foi e pôs-se no caminho do rei, a esperá-lo, disfarçado com cinza sobre os olhos. Sucedeu que, ao passar o rei, ele clamou: "Teu servo estava no meio da*

peleja, quando um homem voltou, trazendo outro, e me disse: 'Vigia este homem; se ele fugir, tua vida responderá pela dele, ou pagarás um talento de prata'. Estando o teu servo ocupado com outras coisas, ele desapareceu". Então o rei de Israel lhe disse: "Esta é a tua sentença; tu mesmo a pronunciaste". Então ele se apressou e tirou a cinza de sobre os olhos; e o rei de Israel o reconheceu como um dos profetas. Ele disse ao rei: "Assim diz o Senhor: 'Visto que soltaste da mão o homem que Eu havia condenado, tua vida responderá pela dele, e teu povo, pelo seu povo'" (1Rs 20.35-42).

Esta é uma história terrível para todos os envolvidos. Foi terrível para o profeta porque, como mensageiro de Deus, ele teve que solicitar uma ferida em seu corpo. Foi terrível para o vizinho do profeta, que perdeu a vida por ser bem-educado e gracioso. Foi terrível para o homem que golpeou o profeta em temerosa autopreservação. E foi terrível para o rei Acabe, que recebeu o juízo profético do profeta ferido.

Que tipo de instrumento ou arma foi usado para ferir o profeta? O quão mal ele foi ferido? O suficiente para convencer Acabe de que ele foi ferido em batalha.

Talvez haja algo semelhante, afinal, entre o espinho de Paulo e a ferida deste profeta. Ambos tiveram que sofrer na carne a fim de levar sua mensagem efetivamente a outros.

Às vezes, Deus fere Seus profetas. É um momento terrível quando os mensageiros de Deus devem ser golpeados e feridos para serem uma parábola viva de sua mensagem de Deus. Acredito que vivemos exatamente nesse momento.

Aqui está o que aprendi com esta história: algumas mensagens exigem um profeta ferido.

21

Caricaturas da disciplina infantil

Este livro é dedicado à disciplina do Senhor em nossas vidas. No entanto, antes de encerrarmos, quero usar alguns capítulos para lidar com o tópico da disciplina infantil, porque os dois estão intimamente relacionados.

Quero dizer, desde o início, que me oponho veementemente aos excessos na correção infantil. A Bíblia fala contra os maus-tratos de nossos filhos, e uma posição equilibrada sobre a disciplina infantil resiste veementemente a punições excessivas ou cruéis. Deus proíba que alguém use as instruções da Bíblia sobre disciplina para maltratar os seus filhos. A disciplina infantil é cuidar gentil e carinhosamente de uma criança para se tornar uma pessoa íntegra, piedosa e produtiva na sociedade.

Mas nem todo mundo vê isso positivamente.

Disciplina infantil. Correção. Punição. Surra. Essas são palavras controversas e polêmicas hoje. Desde 1979, quando a Suécia tornou as palmadas em crianças nos lares punidas por lei, uma série de outras nações promulgou legislação semelhante, compartilhando uma tendência mundial de depreciar e difamar a prática da disciplina infantil por meios físicos e corporais.

A partir de janeiro de 2016, os pais podem enfrentar acusações criminais em muitos países por baterem em seus filhos[28]: Albânia, Andorra, Argentina, Áustria, Benin, Bolívia, Brasil, Bulgária, Cabo Verde, Costa

---

28 https://en.wikipedia.org/wiki/Corporal_punishment_in_the_home

Rica, Croácia, Chipre, Dinamarca, Estônia, Finlândia, Alemanha, Grécia, Honduras, Hungria, Islândia, Irlanda, Israel, Quênia, Letônia, Liechtenstein, Luxemburgo, Macedônia, Malta, Moldávia, Holanda, Nova Zelândia, Nicarágua, Noruega, Peru, Polônia, Portugal, República do Congo, Romênia, San Marino, Coreia do Sul, Sudão do Sul, Espanha, Suécia, Togo, Tunísia, Turcomenistão, Ucrânia, Uruguai, Venezuela, entre outros.

Além disso, várias agências internacionais e nacionais se opõem às palmadas em crianças. Seu desejo é fazer com que todas as formas de disciplina corporal sejam puníveis por lei em todos os lares, escolas e nações[29].

Este movimento mundial para denegrir e criminalizar todo uso de punição corporal é uma resposta à crueldade de alguns pais, mas está em oposição direta à sabedoria das Escrituras. A palavra de Deus ordena especificamente que os pais usem uma vara para corrigir e castigar seus filhos.

> *Castiga teu filho enquanto há esperança, mas para o matar não alçarás tua alma (Pv 19.18).*

---

29 A seguir está uma lista de algumas dessas agências.

A UNESCO recomenda que o castigo corporal seja proibido em escolas, lares e instituições como forma de disciplina, e alega que é uma violação dos direitos humanos, além de contraproducente, ineficaz, perigoso e prejudicial para as crianças. www.unesco.org/new/en/unesco

Save the Children se opõe a todas as formas de punição corporal contra crianças. www.savethechildren.net/alliance/index.html

A *Australian Psychological Society* afirma que o castigo corporal de crianças é um método ineficaz de dissuadir comportamentos indesejados, promove comportamentos indesejáveis e não demonstra um comportamento desejável alternativo. www.psychology.org.au

A Sociedade Canadense de Pediatria revisou pesquisas sobre palmadas e concluiu que elas estavam associadas a resultados negativos, e os médicos não recomendavam palmadas.

No Reino Unido, o *Royal College of Paediatrics and Child Health* é contra palmadas e se opõe a bater em crianças em todas as circunstâncias. http://en.wikipedia.org/wiki/Corporal_punishment_in_the_home-cite_note-pmid12949335-41 # cite_note-pmid12949335-41

O *Royal College of Psychiatrists* também assume a posição de que a punição corporal é inaceitável em todas as circunstâncias. www.rcpch.ac.uk/ e www.rcpsych.ac.uk

A Academia Americana de Pediatria acredita que o castigo corporal possui alguns efeitos colaterais negativos e apenas benefícios limitados, e recomenda o uso de outras formas de disciplina para gerenciar comportamento indesejado. www.aap.org

International Humanist and Ethical Union: www.iheu.org

End All Corporal Punishment of Children: www.endcorporalpunishment.org

Center for Effective Discipline: www.stophitting.com

The No Spanking Page: www.neverhitachild.org

Project NoSpank: www.nospank.netUNICEF: www.unicef.org

A estultícia está ligada ao coração do menino, mas a vara da correção a afugentará dele (Pv 22.15).

Não retires a disciplina da criança, porque, fustigando-a com a vara, nem por isso morrerá. Tu a fustigarás com a vara e livrarás sua alma do inferno. (Pv 23.13-14).

A vara e a repreensão dão sabedoria, mas a criança entregue a si mesma envergonha sua mãe (Pv 29.15).

Muitos psicólogos insistem que o castigo corporal não produz resultados positivos, mas apenas negativos nas crianças. Essa opinião contradiz a afirmação da Bíblia de que ele pode livrar as crianças da estultícia, da vergonha, da destruição e do inferno.

Quando a Bíblia fala sobre como usar uma *vara* em nossos filhos, não significa que devemos ter um porrete em casa. Explico minha compreensão de uma vara contemporânea no próximo capítulo.

A imagem bíblica de uma vara é tirada da cultura pastoril dos israelitas. Um pastor normalmente carregava dois objetos de madeira – um bastão, que era uma bengala longa e fina com um cajado usado para orientar ou levantar um cordeiro, e uma vara, que era um porrete ou clava mais curto e grosso. Seu objetivo principal era afastar os predadores do rebanho e, secundariamente, disciplinar as ovelhas rebeldes.

Algumas pessoas hoje se opõem à ideia bíblica de usar uma vara para corrigir uma criança. Se devemos nos opor a isso, devemos concluir que o conselho de Deus é severo, que somos mais bondosos e misericordiosos do que Ele, e sabemos melhor do que Ele como criar nossos filhos.

Mas o conselho de Deus para usar a vara é extremamente misericordioso. Visto que disciplinar uma criança livrará sua alma do inferno (Pv 23.14), o que poderia ser mais misericordioso? A menos que você não acredite na existência do inferno, nesse caso posso entender como o castigo físico pode parecer irracional.

Aqueles que aconselham: "não bata em seus filhos", cinicamente reduziram a correção *a bater*. Eles alegam que ela produz comportamento agressivo e antissocial, lesões físicas, inibe o desenvolvimento do cérebro e a saúde mental, ameaça o senso de segurança da criança e é uma violação dos direitos humanos das crianças. Quando eles olham para uma correção sendo feita, eis o que eles veem: pais batendo com raiva em seus filhos em frustração com seus erros e imaturidade.

Agora, é verdade – alguns pais de fato atacam seus filhos com raiva e frustração. Mas essa não é uma imagem precisa do que a correção deveria ser, essa é a caricatura gasta. A verdadeira correção é caracterizada por afeto, moderação, sabedoria, perceptividade, compreensão e determinação paciente.

O que está levando as nações da Terra a proibir as palmadas compassivas de crianças? A resposta está em Efésios 6.12: "Porque não temos de lutar contra carne e sangue, mas, sim, contra os principados, contra as potestades, contra os príncipes das trevas deste século, contra as hostes espirituais da maldade, nos lugares celestiais". O inferno declarou guerra à correção. Há uma ofensiva enérgica em todo o mundo pelos poderes das trevas para convencer a Terra de que corrigir as crianças é severo, repressivo, prejudicial, abusivo, cruel, antiquado e obsoleto.

E há uma razão para isso. O plano de Satanás é distorcer e amargurar uma geração contra a bondade e a sabedoria da mão disciplinadora de Deus. Se um pai que corrige seus filhos com bondade pode ser pintado como um tirano, então a próxima conclusão razoável é ver Deus como opressor e tirânico quando Ele corrige.

Esta é a principal razão pela qual a guerra espiritual em torno do tópico da correção é surpreendentemente intensa. Satanás procura caricaturizar a paternidade de Deus para que os homens O rejeitem, difamem e blasfemem.

Satanás deseja que a geração de hoje tenha uma visão distorcida e injusta da correção, para que não tenha um sistema de ideias e crenças para lidar com os juízos do Senhor no tempo do fim. Se uma geração inteira vê o castigo físico (correção) como abusivo e digno de recriminação legal, eles estão posicionados para se ofenderem com Deus pela maneira como Ele julga o mundo e corrige Seus filhos. O próprio conceito de correção está sob tremendo fogo porque Satanás deseja que a geração de hoje veja Deus como opressor e tirânico em Seu estilo de liderança.

Pais amorosos não patrulham todas as ações de seus filhos, dispostos a penalizar todas as infrações com umas palmadas. Mas também não são descomprometidos, ausentes e negligentes, dando pouca consideração ao progresso de seus filhos. Deus é da mesma forma. Ele é amoroso, atencioso, terno e muito interessado em nosso bem-estar. A correção é uma medida usada apenas quando necessária e é designada para um resultado positivo e redentor.

O movimento anti-palmadas de hoje parece, aparentemente, ser motivado pela compaixão pelos pequeninos da Terra. Embora isso seja verdadeiro em certa medida, na verdade é alimentado em grande medida por um esquema sinistro de trevas. O furor não é simplesmente sobre a proteção de crianças em famílias onde há maus-tratos, é sobre difamar a palavra e a reputação de Deus.

Em resposta às caricaturizações da bondade de Deus, quero começar dizendo o que a disciplina infantil *não é*. Isso nos ajudará a ver o que ela realmente é.

A correção não é maus-tratos

A disciplina infantil, executada de maneira adequada, não é cruel, mas corretiva e benéfica.

A disciplina pode ser abusiva? Absolutamente. E frequentemente é. Esse é um dos motivos pelos quais este tópico é tão controverso. Alguns pais ficam com tanta raiva que açoitam os filhos excessivamente ou de forma inadequada. Mas só porque alguns pais pecam contra seus filhos em sua forma de disciplina não significa que toda disciplina seja errada ou deva ser banida. Se as pessoas dirigem bêbadas, devemos proibir a direção? Não proibimos a direção, mas dirigir bêbado; da mesma forma, não devemos proibir a disciplina infantil, mas os maus-tratos.

Quando legitimamos a correção, não estamos dando aos pais permissão para descarregar suas frustrações sobre os filhos. Os pais devem andar no temor do Senhor, pois prestaremos contas a Deus por nossa paternidade. Nos casos em que os pais foram excessivos, rudes ou abusivos, devemos confessar nossos pecados a Deus, pedir perdão a nossos filhos (quando eles tiverem idade suficiente para entender) e orar com eles por reconciliação, perdão e cura.

Na disciplina física, os pais piedosos procuram guiar seus filhos a um coração mole e uma vontade submissa, sem abater seu espírito. Provérbios 17.22 diz que "um espírito abatido seca os ossos". Se abatermos o espírito, tornamo-nos abusivos; mas se moldarmos e dirigirmos o espírito com sabedoria, faremos uma grande bondade a nossos filhos.

A verdadeira correção não é cruel, mas bonita.

A correção não é um alívio para a raiva e a frustração

Em segundo lugar, a correção não é um alívio para a frustração dos pais.

Algumas pessoas veem as palmadas como adultos tirando proveito de sua força superior para desafogar sua exasperação e frustração em pessoas que são menores e mais fracas do que eles. Essa não é minha opinião. Corrigir não é pais reprimindo sua raiva até que eles estourem e explodam em um episódio de espancamento. Em vez disso, a correção é feita com uma resolução calma e controlada, com sabedoria e compreensão equilibrada.

A raiva pode realmente enfraquecer a autoridade dos pais. Como exemplo, considere a autoridade de um policial. Se ele pará-lo por excesso de velocidade e depois criticar você, isso na verdade diminui sua credibilidade e reputação. De qualquer forma, você pagará a multa; mas se ele tratar você com sobriedade, você irá honrá-lo e respeitá-lo – mesmo enquanto ele estiver lhe dando uma multa.

Da mesma forma, quanto mais calmo um pai for, mais eficaz será a disciplina. Queremos que nossos filhos percebam que não estamos tendo um ataque de raiva; antes, somos mordomos fiéis diante de Deus, cumprindo nosso dever de criar conscienciosamente nossos filhos "na doutrina e admoestação do Senhor" (Ef 6.4).

Corrigir não é prejudicial

Os oponentes da correção afirmam que ela prejudica as emoções e a alma de uma criança. Eles dizem que pode até danificar o corpo de uma criança.

Permita-me ser repetitivo. Se a correção alguma vez prejudicar o corpo de uma criança, houve exagero A vara pode deixar uma vermelhidão temporária nas nádegas de uma criança, mas nunca deve tirar sangue, quebrar ossos ou deixar hematomas. É legítimo para uma sociedade ter leis para proteger as crianças de pais que danificam o corpo de seus filhos.

A questão não é ferir o corpo de uma criança. O objetivo é bater no corpo com força suficiente para fazer a criança ficar esperta. Deve produzir lágrimas genuínas. Deve doer, mas não deve causar danos.

A correção sincera, administrada com cuidado, não prejudica a alma, a mente ou a psique de uma criança. Na verdade, ele faz exatamente o oposto. Ele permite que uma criança aprenda uma lição valiosa sem ser prejudicada. A criança aprende a abandonar comportamentos que seriam prejudiciais em seu futuro.

A correção é o uso compassivo de um castigo menor hoje para salvar uma criança de um dano maior amanhã. Por exemplo, uma criança é espancada por dar lugar à raiva hoje, na juventude, para que seja capaz de se controlar e não destruir, nos anos que virão, outras pessoas (como conhecidos, cônjuge, filhos) por meio da raiva descontrolada.

Castigos corporais executados com cuidado não causam danos às crianças; o que os prejudica é a língua indisciplinada dos pais. Se os pais não acreditam em varas, então que recurso eles têm para encurralar os comportamentos inaceitáveis de seus filhos? A alternativa frequentemente empregada, infelizmente, é a língua. *A língua pode causar danos à criança muito mais profunda e permanentemente do que qualquer vara.*

Considere o que a Bíblia tem a dizer sobre o poder da língua.

Assim também, a língua é um pequeno membro e gloria-se de grandes coisas. Vede quão grande bosque um pequeno fogo incendeia. A língua também é um fogo; como mundo de iniquidade, a língua está posta entre os nossos membros e contamina todo o corpo, inflama o curso da natureza, e é inflamada pelo inferno. Porque toda a natureza, tanto de bestas--feras como de aves, tanto de répteis como de animais marinhos, doma-se e tem sido domada pela natureza humana. Mas nenhum homem pode domar a língua. É um mal que não se pode refrear, está cheia de peçonha mortal (Tg 3.5-8).

Há alguns cujas palavras são como pontas de espada, mas a língua dos sábios é saúde (Pv 12.18).

A morte e a vida estão no poder da língua (Pv 18.21).

Seja vossa palavra sempre agradável, temperada com sal, para que saibais como vos convém responder a cada um (Cl 4.6).

Quando os pais desabafam gritando, se enfurecendo, xingando ou depreciando seus filhos, eles podem causar um dano tremendo a seus corações impressionáveis. Uma vara pode deixar uma marca vermelha temporária na pele, mas as palavras podem cortar e perfurar a alma, produzindo feridas que podem infeccionar e deixar cicatrizes para o resto da vida.

Em vez de prejudicar seus filhos com suas palavras, pais amorosos encontrarão uma maneira calma e amorosa de bater em seus filhos, conforme necessário, para ajudá-los a adotar um comportamento piedoso.

A correção não ensina violência às crianças

Chegamos a uma quarta caricatura da disciplina infantil. Alguns acham que, quando batemos em nossos filhos, estamos ensinando-os a bater em quem os contraria. Na verdade, o oposto é verdadeiro. A vara de correção não ensina seu filho a ser violento. Em vez disso, afasta dele a loucura da violência e da ira. Uma das razões pela qual batemos em nossos filhos é a violência. Se nossos filhos forem agressivos ou violentos com os outros batendo neles, eles recebem umas palmadas para ensiná-los a não bater.

Existem duas categorias básicas de coisas pelas quais batemos em nossos filhos: comportamentos que a Bíblia proíbe e atitudes que a Bíblia proíbe. Sempre que corrigimos nossos filhos, queremos nos basear em uma passagem ou princípio bíblico para mostrar a nossos filhos que o que eles fizeram é errado não apenas diante das pessoas, mas diante de Deus.

Por exemplo, é apropriado bater em crianças por terem ataques de raiva. A Bíblia fala claramente contra a raiva, e quando nossos filhos têm acessos de raiva, temos o dever divino de discipliná-los de acordo.

Esta é mais uma razão pela qual a correção não deve ser feita com raiva. É hipócrita espancar com raiva uma criança por ela ficar com raiva.

Observe como a passagem a seguir fala contra explosões de ira.

> *Porque as obras da carne são manifestas, as quais são: prostituição, impureza, lascívia, idolatria, feitiçaria, inimizades, porfias, emulações, ira, pelejas, dissensões, heresias, invejas, homicídios, bebedices, glutonarias e coisas semelhantes a estas, acerca das quais vos declaro, como anteriormente já vos disse, que os que cometem tais coisas não herdarão o reino de Deus (Gl 5.19-21).*

É errado os filhos darem lugar a explosões de ira, e é errado os pais disciplinarem em explosões de ira.

Um dos propósitos bíblicos da vara é tirar a estultícia do coração de uma criança (Pv 22.15). Não há nada mais estulto do que dar lugar às obras da carne porque, como a passagem acima afirma, aqueles que praticam tais coisas não herdarão o reino de Deus. Usamos a vara, portanto, para expulsar a estultícia da ira, do ódio e das contendas de suas vidas.

Uma das coisas estultas que se prendem ao coração de uma criança é a rebelião e a desobediência. Quando uma criança manifesta esses comportamentos estultos, um pai piedoso usará a disciplina adequada para afastar essa estultícia deles. Nesses casos, queremos explicar aos nossos filhos: "Querida, você está levando estas palmadas porque desobedeceu à mamãe. A Bíblia diz: 'Filhos, obedeçam a seus pais'. Você entende o que você fez de errado?"

É maravilhoso quando podemos citar as Escrituras no processo disciplinar, porque demonstra nossa submissão à autoridade da palavra de Deus e ajuda nossos filhos a perceber que nossa avaliação de seu comportamento é apoiada por uma autoridade maior do que apenas a nossa própria opinião. Nossa submissão à palavra de Deus os ensina submissão à palavra e vontade de Deus.

Corrigir não é cruel e desumano

Finalmente, os oponentes da correção física a caricaturizam como má, bárbara e desumana. Eles reivindicam estudos e pesquisas para fundamentar suas conclusões.

Em vez de desumanizar, no entanto, a correção realmente infunde dignidade na alma. Demonstra às crianças que as amamos o suficiente para suportar um desagrado temporário a fim de obter um benefício positivo e duradouro.

Instrui o menino no caminho em que deve andar, e até quando envelhecer não se desviará dele (Pv 22.6).

A palavra hebraica para *instruir* vem do radical que significa *desenvolver uma sede, criar um desejo*. A instrução e a disciplina têm o objetivo de incutir na criança o apetite pela retidão. Longe de ser cruel, o ato de corrigir pode direcionar a criança ao caráter piedoso e ao autocontrole.

A correção produz uma oportunidade maravilhosa de infundir confiança e identidade na criança. No processo de punição, o coração da criança torna-se mole e aberto à instrução e ao afeto. O que o pecado tentou endurecer no coração da criança, a correção e o arrependimento agora suavizarão. Com a vara, surge uma janela maravilhosa para a formação do caráter. É um momento em que pais e filhos são profundamente amáveis e próximos. Nesse momento, palavras podem ser expressas para uma criança que formam bases sólidas de confiança, caráter e identidade. "Eu o amo muito. Eu o perdoo totalmente. Você agora está limpo diante de Deus. Você tem um coração tão bom. Você quer fazer o bem e adoro isso em você. Você está crescendo para ser uma pessoa piedosa. Estou muito orgulhoso de sua vontade de mudar. Obrigado por me entender. Você tem um destino incrível em Deus".

Corrigir não é cruel; a ausência de correção é cruel. Quando uma criança peca, mas não é orientada sobre como descarregar sua culpa, ela a carrega para o futuro. *Isso* é cruel. Um pai tem a chave para a exoneração de um filho, e o cruel seria não fornecer alívio para a culpa de um filho. A correção dá à criança uma oportunidade de penitência e arrependimento. Os pecados são confessados, o fardo é removido, o perdão e a luz de Cristo brilham, o afeto é trocado entre pai e filho e o filho sai da troca com o coração livre, limpo, desimpedido e feliz.

Isso não é cruel e desumano, mas gracioso e digno.

Corrigir é correção atenciosa

Tendo dito o que a correção não é, deixe-me agora dizer a mesma coisa em termos positivos. *A correção é a formação terna e afetuosa da alma de uma criança para que ela possa se tornar um adulto completo, saudável e produtivo.* Às vezes, é a coisa mais gentil e amorosa que um pai pode fazer.

A vara é a punição calma, intencional e estratégica de nossos filhos, no momento e da maneira adequados, a fim de elevá-los ao seu potencial máximo. Representa a disposição de um pai amoroso de fazer tudo o que for necessário para criar um filho de maneira adequada, mesmo correndo o risco de o filho interpretar errado. Nesse momento, uma criança pode se sentir injustiçada ou punida injustamente. Mas a intenção do amor é ajudar a criança a compreender o propósito nobre dos pais.

De acordo com Provérbios, o pai cruel é aquele que retém a vara: "O que retém a vara não ama seu filho, mas, sim, o ama aquele que a seu tempo o castiga" (Pv 13.24). Os filhos são flechas (Sl 127.4) e é responsabilidade dos pais torná-los retos. Flechas retas, quando disparadas, atingem o alvo de seu chamado e propósito.

Nosso Pai celestial lida com Seus filhos da mesma maneira. Ele confrontará comportamentos negativos em nossas vidas para nos salvar da destruição. Se Deus nos trata com cuidado, não deveríamos fazer o mesmo por nossos filhos?

22

Sugestões práticas para a disciplina infantil

Tendo defendido a prática bíblica da disciplina infantil, agora quero ser prático e oferecer sugestões sobre como corrigir nossos filhos na juventude. Por que isso é necessário? Porque alguns de nós cresceram em um lar onde não havia palmadas e outros em um lar onde a disciplina era violenta ou excessiva. Espero ser útil, portanto, dando algumas orientações práticas sobre como disciplinar nossos filhos de maneira bíblica.

Esteja disposto a bater

Alguns crentes foram doutrinados contra palmadas antes de virem a Cristo por pessoas que não reconheciam a sabedoria e autoridade da palavra de Deus. Agora que são discípulos de Cristo, eles podem se encontrar divididos entre o conselho humanista de seu passado e a verdade das Escrituras.

Escolha a verdade. Permita que a palavra de Deus forme seus valores e molde suas convicções. Como Paulo escreveu: "Não vos conformeis a este mundo, mas transformai-vos pela renovação do vosso entendimento, para que experimenteis qual seja a boa, agradável e perfeita vontade de Deus" (Rm 12.2).

Se você jurou em sua alma nunca bater em seus filhos, simplesmente se arrependa. Decida-se a criar seus filhos de acordo com a sabedoria da palavra de Deus.

Corrija com moderação

A vara não é a única ferramenta que os pais possuem para corrigir e moldar os filhos. Nem sempre ela deve ser a primeira resposta. Pais sagazes saberão quando é hora de bater.

Existem dois meios principais para corrigir as crianças: punição física (correção) e instrução verbal (repreensão). Jesus usa os dois conosco: "Eu repreendo e castigo todos quantos amo" (Ap 3.19). Paulo reconheceu os dois meios quando escreveu: "Vós, pais, não provoqueis vossos filhos à ira, mas criai-os na doutrina e admoestação do Senhor" (Ef 6.4).

Falei sobre isso antes, mas deixe-me repetir que as palavras *doutrina* e *admoestação* são significativas. *Doutrina* é a palavra grega *paideia*, que indica a educação e a instrução de uma criança para inculcar disciplina. Figurativamente, carrega a ideia de correção ou castigo. A palavra grega para *admoestação* é *nouthesia*, chamar atenção, que por implicação significa repreensão, advertência ou admoestação. Em traços amplos, *paideia* enfatiza o correção não-verbal e *nouthesia* enfatiza a correção verbal.

Ao longo da educação de uma criança, os pais usam *nouthesia* (admoestação) muito mais do que *paideia* (doutrina) para instruir uma criança até a maturidade. Então deixe-me ser claro. A correção não apenas *não* é a única maneira de disciplinarmos nossos filhos, é o meio *menos* usado. A instrução verbal desempenha um papel muito mais dominante no desenvolvimento de nossos filhos.

A doutrina e a admoestação são inversamente proporcionais, com base no nível de maturidade de nossos filhos. Deixe-me explicar. Na primeira infância, a doutrina é usada intensamente e a admoestação verbal não é usada extensivamente – particularmente nas primeiras fases da vida, quando as crianças entendem um golpe físico muito mais do que uma repreensão verbal. Então, conforme as crianças crescem e amadurecem, as proporções desses dois ingredientes mudam. A doutrina (correção não verbal) começa a diminuir e é substituída por grandes quantidades de admoestação verbal. Por quê? Porque à medida em que nossos filhos amadurecem, eles crescem em sua capacidade de absorver e responder à correção verbal.

A mesma tendência geral também é verdadeira em nossa caminhada com Cristo. Geralmente, o Senhor usa progressivamente menos correção e mais instrução à medida que amadurecemos e demonstramos a capacidade de responder à Sua voz.

Use os menores meios possíveis

A correção sempre busca alcançar um objetivo nobre e correto na vida de uma criança. *Sempre empregue os meios menos severos possíveis para alcançar o fim desejado.* Não devemos ficar aquém do fim desejado por sermos muito brandos, mas também não devemos continuar a punir quando alcançamos o fim desejado no coração da criança. Faça apenas o necessário e, então, é o suficiente.

Seja sensível ao nível de maturidade de uma criança

Cada criança amadurece de maneira diferente. Portanto, não há idade definida para um pai começar ou parar de bater. A idade difere com cada criança, de acordo com sua maturidade e temperamento. Provérbios 13.24 diz: "O que retém a vara não ama seu filho, mas, sim, o ama aquele que a seu tempo o castiga". O significado da palavra hebraica para *a seu tempo* é *cedo*. Bem cedo na vida. Isso está de acordo com a forma como versão da Bíblia Viva traduz Provérbios 19.18: "Dê a seu filho o castigo necessário enquanto ele é criança e ainda há esperança de corrigir a desobediência. Deixar de castigar é o mesmo que condenar seu filho a uma vida infeliz".

Não bata em crianças quando elas ainda são muito pequenas para absorver o significado de um golpe. À medida que crescem, as crianças chegam a um ponto onde começam a compreender o significado de um pequeno golpe. Pais amorosos vão discernir o quanto seus filhos são capazes de compreender à medida que crescem e ajustar suas práticas de correção de acordo com isso.

Sempre temos compaixão de nossos filhos preciosos. Muitas vezes optamos por ser tolerantes e benevolentes porque somos ternos com suas fraquezas. Graças a Deus que Ele também é benevolente conosco!

Corrija ações pecaminosas

As crianças devem ser corrigidas quando fazem algo que é contrário à orientação do Senhor nas Escrituras. Se eles violam um preceito bíblico sem saber que é errado, nós os instruímos nesse preceito. Se eles já sabiam que a ação estava errada, mas o fizeram de qualquer maneira, a correção precisa ser mais forte.

Um dos princípios fundamentais que ensinamos a nossos filhos no início da vida é o de Efésios 6.1, que se baseia em um dos Dez Mandamentos (Êx 20.12).

Vós, filhos, sede obedientes a vossos pais no Senhor, porque isto é justo (Ef 6.1).

Cada criança precisa conhecer este versículo, e essa desobediência incorre em consequências negativas. Ao obrigarem a obedecer às expectativas bíblicas, o acompanhamento dos pais é essencial. Por exemplo, suponha que um pai diga: "Se você fizer isso, receberá uma varada" e, em seguida, suponha que o filho o faça de qualquer maneira. Esse pai precisa ter o cuidado de cumprir sua palavra. Não fique frustrado e repita o mesmo aviso, mas apenas mais alto. Siga Tiago 5.12, que diz: "Mas que vossa palavra seja sim, sim, e não, não". Simplesmente cumpra sua palavra.

Explique a seus filhos que, quando desobedecem, estão pecando não apenas contra você, mas também contra Deus. Certifique-se de que eles entendam que estão sendo disciplinados pelo erro cometido.

Sempre tenha isto em mente: obediência atrasada é desobediência. Se uma criança responder somente depois de você ter repetido sua chamada várias vezes, isso não é obediência. Obediência é atender ao seu chamado pela primeira vez (Mt 4.20). Crianças que não obedecem imediatamente devem ser repreendidas ou corrigidas.

Alguns exemplos de comportamentos pecaminosos que disciplinamos são desobediência ou quebra de regras conhecidas (Ef 6.1), mentira (Cl 3.9), roubo (Êx 20.15), comportamento violento em relação a outro (Gn 6.11-13), causar contendas entre crianças (Rm 13.13), palavras torpes (Cl 3.8), zombarias (2Rs 2.23), murmurações (Fp 2.14), conduta sexualmente inadequada (Cl 3.5) etc. Em cada caso, sempre tenha um versículo para apoiar sua ação disciplinar. Você notará que o comportamento violento está na lista. A Bíblia fala claramente contra a violência, portanto, quando uma criança bate em outra pessoa de forma intencionalmente agressiva, esse tipo de comportamento violento deve ser corrigido. Observe que causar conflito também está na lista. Se uma criança está fazendo algo intencional que está produzindo conflito em um relacionamento com outra criança ou dentro de um grupo, então a produção de conflito deve ser disciplinada. Não tolere uma tensão entre irmãos. Nunca permita que o comportamento pecaminoso de uma criança comprometa o espírito de paz que está em sua casa.

Não batemos em crianças por cometerem erros inocentes. Não corrigimos, por exemplo, se uma criança perde o controle de um objeto doméstico, o deixa cair e ele se quebra acidentalmente. Por outro lado, se a criança sabia que não tinha permissão para tocar aquele objeto, mas o pegou de qualquer maneira, então ela pode levar umas palmadas – não por quebrá-lo, mas pela desobediência de pegá-lo.

A primeira etapa do processo disciplinar é ajudar a criança a identificar e entender como ela pecou. Se a criança tem idade suficiente para entender, aponte para a passagem ou princípio bíblico que é a base de sua disciplina.

Corrija atitudes pecaminosas

Nós corrigimos nossos filhos, portanto, por ações pecaminosas. Mas isso não é tudo. Nós também os disciplinamos por atitudes pecaminosas. Não é suficiente corrigir apenas o comportamento errado; devemos também corrigir respostas emocionais erradas.

Por exemplo, uma mãe disse certa vez a seu filho que ele estava se comportando mal e que devia se sentar. Depois de finalmente se sentar, o menino respondeu: "Posso estar sentado externamente, mas por dentro ainda estou de pé!" Essa história ilustra que as crianças podem se comportar de uma maneira tecnicamente correta, mas com uma atitude errada. Mesmo que seu comportamento seja correto, atitudes pecaminosas devem ser tratadas.

Explicamos a nossos filhos por que certas atitudes são pecaminosas. Nunca os irritamos disciplinando-os por algo que eles não sabiam que estava errado. Explicamos o que está errado e, se eles continuarem a pecar, trazemos a correção.

Deixe-me mencionar algumas atitudes pecaminosas que os pais devem corrigir. Esta não é uma lista completa, mas apenas alguns exemplos para mostrar como identificar atitudes pecaminosas de acordo com a palavra de Deus.

Corrija as crianças por perderem a paciência (Tg 1.20; Cl 3.8). Gálatas 5.20 identifica "explosões de ira" como pecaminosas. As crianças devem aprender a controlar as emoções da raiva e não dar lugar a elas. Se perderem a paciência, lide firmemente com a situação até que a raiva tenha se dissipado e haja autêntica contrição.

Corrija crianças por discutirem. Filipenses 2.14 diz: "Façam todas as coisas sem... contendas". Discutir não é uma atividade benigna a ser tolerada; ela dá lugar a atitudes pecaminosas e deve ser tratada.

Confronte a rebelião (1Sm 15.23). Queremos cultivar um espírito submisso e obediente em nossos filhos (1Pe 5.5).

Não permita que seus filhos façam cara feia. Fazer cara feia é apenas uma forma de raiva internalizada (Cl 3.8). É-nos dito: "Regozijai-vos sempre no Senhor" (Fp 4.4), por isso às vezes é apropriado dizer a seus filhos para pararem com isso – rapidamente.

Corrija o desrespeito para com os adultos. Levítico 19.32 diz: "Diante das cãs, te levantarás, e honrarás a face do velho, e terás temor do teu Deus". Instrua seus filhos a honrar os adultos. Se eles se recusam a cumprimentar os adultos com honra, repreenda-os.

Use uma vara

Quando a Bíblia fala em usar uma vara, a implicação parece ser que devemos usar um objeto neutro para bater em nossos filhos. É tentador para os pais, na pressa e na conveniência do momento, usar a mão para disciplinar os filhos. Por exemplo, pode ser fácil dar um tapa em uma criança tagarela, mas é melhor desacelerar nossos reflexos e usar um instrumento diferente de nossa mão. Ocasionalmente, é compreensível se precisarmos dar um tapinha rápido na nádega de uma criança por causa do momento, mas faça disso uma exceção. Nossa mão é para ternura, segurança e bênção

– não para dar tapas. Deixe seus filhos sempre associarem sua mão com ternura.

Que tipo de "vara" podemos usar? Talvez um cinto largo de couro ou uma colher de pau lisa.

O propósito da vara é fazer doer. A Escritura ensina que a dor é um impedimento para o comportamento errado. Salomão disse claramente: "Os vergões das feridas são a purificação dos maus, como também as pancadas que penetram até o mais íntimo do ventre" (Pv 20.30). Uma varada dolorosa produz bom comportamento e ajuda a limpar o coração. Se não for doloroso, perdemos o foco.

Fique calmo

Se suas emoções forem aquecidas na iminência de uma infração, lembre-se do que Deus disse a Israel em Êxodo 33.5: "Se um momento Eu subir no meio de ti, te consumirei; porém agora tira de ti teus atavios, para que Eu saiba o que te hei de fazer". No espírito desse incidente, sente-se com seu filho, fique em silêncio, acalme-se e reserve um tempo para ponderar qual deve ser o próximo passo.

Alguém pode dizer: "Mas é por isso que eu não bato. Não quero descarregar minha raiva em meus filhos". Abster-se de corrigir não é a resposta certa. Em vez disso, lide com seus problemas de raiva e, em seguida, corrija seus filhos com sabedoria e ternura.

Não grite com seus filhos. Se o fizer, você mesmo estará introduzindo conflitos em sua casa. Arrependa-se e pare de gritar. Arrependa-se por permitir que o pecado deles controle suas emoções. Não levante a voz – você segura a vara. Cada vez que você perder a paciência com seus filhos, peça desculpas a eles e peça-lhes que orem por você de acordo com Tiago 5.16.

Elementos do processo disciplinar

Ao bater em seus filhos, considere usar algumas dessas medidas.
- ➢ Forneça a dignidade da privacidade. Tente disciplinar uma criança longe dos olhos e ouvidos dos outros.
- ➢ Algumas circunstâncias exigem disciplina tardia, mas no espírito de Eclesiastes 8.11, cuide disso assim que for razoavelmente possível.

- Explique o motivo da correção. Tenha certeza de que eles compreendem seu pecado. Faça disso um momento de ensino.
- Depois, abrace a criança. Expresse afeto abundante. Mostre que seu relacionamento está totalmente restaurado.
- Orem juntos. Deixe a criança se arrepender. Conceda uma bênção.
- Mude o humor imediatamente. O pecado está perdoado e esquecido. É hora de rir e brincar.

Quando passamos por esse processo com nossos filhos, sentimos muitas das emoções que Deus sente quando Ele nos castiga. Como Ele, sentimos um amor incrível por nossos filhos. Sentimos a tensão de desejar não ter que corrigir sabendo que, se realmente amamos nosso filho, nós vamos fazê-lo. Sentimos o alcance de um coração que anseia por nosso filho. E então percebemos: é assim que Deus se sente em relação a nós! Ele é um Pai tão bom e gentil.

A chave-mestra para criar filhos piedosos

Nenhum pai está à altura da tarefa de educar seus filhos na doutrina e admoestação do Senhor. O desafio é maior do que qualquer um de nós. Nós invocamos a Deus, portanto, para obter ajuda em cada etapa da jornada. Somente com Sua ajuda, podemos criar nossos filhos de maneira adequada.

Alguém que esteja lendo este livro pode pensar: "Eu estraguei tudo. Não corrigi meus filhos quando deveria". Não há condenação para as falhas do passado. Apenas confesse, receba perdão e aumente suas orações por seus filhos. Deus pode redimir o que está omisso quando nós confessamos e entregamos nossos erros passados a Ele. Em Joel 2.25, o Senhor disse: "Eu vos restituirei os anos que foram comidos pelo gafanhoto", o que significa que Ele é capaz de restaurar coisas do nosso passado que nunca frutificaram por causa de nossa negligência. Deus pode redimir anos de negligência. Então, continue de onde você está e siga em frente com Deus.

Mesmo se criarmos nossos filhos perfeitamente, nossa perfeição ainda não é bom o suficiente. Por quê? Porque vivemos em uma zona de guerra onde o inimigo está sempre à espreita para devorar nossos filhos. Nosso melhor nunca é suficiente. Nós desesperadamente precisamos da ajuda de Deus.

Portanto, quero compartilhar o que considero ser a *chave-mestra* para criar filhos piedosos. É simplesmente isso: enquanto você ora com seus filhos, imponha suas mãos sobre eles e coloque o Espírito Santo sobre eles. Conceda uma bênção sobre eles. A bênção sacerdotal de Números 6.24-26 pode ser um guia útil.

A presença permanente do Espírito Santo repousando sobre nossos filhos é *a diferença*. Coloque Seu nome e Espírito sobre eles.

João Batista cresceu e se tornou um grande e piedoso homem. Mas sugiro que não foi por causa de seus pais. Os pais dele eram idosos quando João nasceu e, de modo geral, pessoas idosas não são pais ideais. Eles tendem a ser inflexíveis, não muito brincalhões, nem sempre realmente envolventes, e não extremamente tolerantes a ruídos e atividades.

Estou sugerindo que João cresceu em tão notável piedade não por causa de seus pais, mas apesar de seus pais. A chave estava com o Espírito Santo. Gabriel predisse de João: "Ele será cheio do Espírito Santo desde o ventre de sua mãe" (Lc 1.15). Foi isso que fez a diferença na vida de João – ele estava cheio do Espírito Santo. Ore, portanto, para que o Espírito Santo preencha seus filhos. Abençoe-os com Sua presença. Ele faz toda a diferença.

Aqui está um exemplo de oração, enquanto você impõe as mãos sobre o seu filho: *Pai Celestial, peço que coloques Teu nome e Teu Espírito Santo sobre minha filha agora. Encha-a com o Espírito Santo. Espírito Santo, estou Te pedindo para que venhas sobre ela, vivas nela, e nunca a deixes. Ajuda-a sempre a viver em obediência à Tua palavra. Faze dela uma mulher piedosa que ama Jesus de todo o coração. Peço isso em nome de Jesus. Amém.*

23

Respondendo questões e objeções

Neste capítulo, eu respondo algumas das perguntas mais difíceis e as objeções mais fortes que os crentes costumam fazer sobre o tema da correção do Senhor. Não estou afirmando ter as respostas perfeitas ou mais completas para essas perguntas, mas darei o meu melhor. Mesmo que você não concorde com minhas respostas, espero que este capítulo ajude a expor tudo para que possamos olhar para essas coisas com cuidado e manejar bem a palavra da verdade (2Tm 2.15).

Seja paciente quando algumas das respostas forem repetitivas quanto ao conteúdo anterior neste livro. A repetição é intencional porque percebo que nem todo mundo que está lendo este capítulo terá lido o livro inteiro.

Além disso, sei que este capítulo é longo. Em vez de dividi-lo em duas partes para facilitar a leitura, apenas coloquei todas as objeções em um capítulo. Vamos lá.

Deus às vezes corrige Seus filhos com doenças?

Ao identificar a natureza da correção, as Escrituras usam palavras como *ferida, manco, açoite* e *afligir*. A ideia de "estar doente" está presente, mas não é fundamental nos textos. Mais comumente, a imagem é a de ser aleijado ou ferido.

No capítulo 11, expliquei como *manco* em Hebreus 12.13 parece descrever uma condição em que os crentes ficam aflitos, restritos, constrangidos, incomodados e angustiados, mas não tão angustiados a ponto de serem incapazes de buscar a Deus. Deus não nos corrige para nos tornar incapazes de funcionar espiritualmente, mas para nos tornar desesperados por um relacionamento autêntico com Ele.

Muitas formas de doença tornam o sofredor incapaz de buscar a Deus com o coração e a mente livres. Por exemplo, condições como enxaquecas, náuseas, fadiga crônica e dor intensa podem tornar o sofredor incapacitado, o que não é a maneira de Deus operar. Além disso, doenças potencialmente fatais, como câncer e insuficiência cardíaca, não permitem a busca por Deus – como você pode buscar a semelhança de Cristo se você está morto? Portanto, estou convencido de que Deus raramente usa doenças graves para corrigir Seus filhos. A maior parte disso vem do ladrão, que rouba, mata e destrói.

Tendo dito isso, sei que Deus é soberano, e Ele não será limitado nos meios que usa para promover Seus propósitos em nossas vidas. Se Ele quiser usar a doença, Ele pode. Ele permitiu que Satanás usasse sua doença preferida – furúnculos – para afligir Jó. De forma semelhante, Ezequias foi atingido por um furúnculo que o deixou tão doente que quase morreu (Is 38). A doença foi certamente destinada por Deus para aprofundar seu coração para sua posteridade[30]. Infelizmente, Ezequias não parecia ter sido mudado pela aflição, mesmo tendo sido curado. Deus mostrou com Jó e Ezequias que Ele pode corrigir com doença (neste caso, furúnculos) se Ele quiser.

Em outro caso, Deus quis usar uma doença nos pés de Asa para redirecionar seu coração. Em vez de buscar a cura de Deus, entretanto, Asa consultou médicos e morreu em sua aflição (2Cr 16.12).

No Salmo 118.17-18, o escritor falou que foi corrigido por uma doença que quase tirou sua vida, mas então ele se regozijou com a salvação do Senhor. Então esse foi um raro caso de Deus corrigindo com doença.

Deus atingiu Miriã com a temida lepra e então a curou (Nm 12.1-15), obviamente para afirmar algo. Paulo "recebeu" uma aflição demoníaca que o atingiu, afligindo sua carne como um espinho (2Co 12.7-10). No

---

[30] Explico a história de Ezequias em meu livro "O Fogo das Respostas Tardias" (*The Fire of Delayed Answers*).

entanto, a Bíblia usa *aflição* e não doença para descrever o espinho de Paulo. (Eu abordo sobre o espinho de Paulo no capítulo 20.)

Os exemplos bíblicos de Deus usando doenças para castigar são muito poucos. Portanto, acredito que podemos concluir que a doença raramente é usada por Deus como meio de correção. Normalmente Deus usa outros meios, como aflição, enfermidade (manquejo), outras pessoas, pressões financeiras ou circunstâncias.

A doença aproxima as pessoas de Deus?

Na maioria dos casos, não. Geralmente leva as pessoas ao desespero, definhamento, tristeza e morte. É o diabo quem oprime as pessoas com doenças e enfermidades (Atos 10.38). Jesus veio para curar e libertar as pessoas das obras de Satanás.

A doença pode nos motivar, entretanto, a clamar a Deus. Às vezes, os apóstatas são motivados por doenças a retornar ao Senhor. Às vezes, os crentes são motivados pela doença a implorar a Deus pela cura. Essa resposta agrada ao Senhor. Às vezes, Deus permite que o diabo atinja o crente com uma provação porque Deus vê um fim redentor para isso. Um santo pode passar por uma provação mais perto de Deus do que nunca. O que Satanás planejou para o mal, Deus pode redimir para o bem.

Durante Seu ministério terreno, Jesus nunca adoeceu ninguém, apenas curou os enfermos. Se Jesus corrige nos ferindo, por que Ele não feriu ninguém durante Seu ministério terreno?

Jesus, o Rei, veio demonstrar como é o reino quando o Rei está conosco. Quando o Rei está presente, todo aquele que vem a Ele é curado instantaneamente em Sua presença. Toda vez. Era essencial que Jesus demonstrasse e estabelecesse essa verdade. É por isso que nossos corações anseiam tão intensamente pela vinda do reino de Deus. Quando Ele está conosco, tudo que está quebrantado e ferido é curado. Jesus curou todos que *vieram a Ele* para demonstrar inequivocamente que é Sua vontade curar *todos* os que buscam a Sua cura com sinceridade. Era essencial que Seu ministério terreno estabelecesse essa verdade sem questionamento.

Jesus, no entanto, aleijou pessoas no passado. Por exemplo, praticamente todos os estudiosos concordam que quando Gênesis 32.24 diz: "Jacó, porém, ficou só; e lutou com ele um Homem, até que a alva subia", que o Homem era o próprio Cristo em uma forma pré-encarnada. Foi Jesus quem estendeu Sua mão na luta e aleijou Jacó no quadril.

Os textos na Bíblia mostram que cada vez que Deus castigava, isso era feito com o Pai e o Filho trabalhando implicitamente juntos. Nunca houve uma correção em que Jesus não participasse.

Foi no Novo Testamento, após Sua ascensão e glorificação, que Jesus disse a João: "Eu repreendo e castigo todos quantos amo" (Ap 3.19). É impossível negar – Jesus corrige Seus amados.

Durante Seu ministério terreno, Jesus nunca adoeceu ninguém para ensinar algo, mas curou a todos. Você está dizendo que Ele agora torna as pessoas doentes para realizar uma obra mais profunda em suas vidas?

A igreja de Jesus Cristo sempre respondeu bem à perseguição, muitas vezes encontrando sua maior vitalidade espiritual nos momentos de maior oposição. A perseguição tem um poder de poda inerente. Ela elimina a mornidão e promove o fervor espiritual.

A correção tem o mesmo poder de poda inerente. Mesmo em contextos onde a igreja não sofre perseguição, Deus não deixa de ter meios para inflamar Seu povo. Ele pode corrigir nossas vidas para produzir mudanças espirituais profundas. A aflição em si não nos muda, mas se nos leva à face de Cristo, a busca de Jesus na palavra e na oração transforma vidas.

Há momentos em que é a vontade de Deus que fiquemos doentes?

Parece ser raro, mas sim, existem casos raros.

Mas também acho que a resposta é não. Deixe-me usar uma ilustração para explicar o que quero dizer. Suponha que eu tenha um filho que está sendo hostil com os irmãos e, após repetidas infrações, eu o mande para seu quarto por algumas horas. Minha intenção é usar os limites de seu quarto para corrigi-lo, a fim de que amadureça na maneira como se relaciona com seus irmãos. É minha vontade que ele seja limitado apenas ao seu quarto? Na verdade, não. Minha vontade é que ele se relacione com seus irmãos com bondade e seja livre para andar e brincar. Mas por causa de seu comportamento imaturo, estou usando sua "prisão no quarto" para tentar realizar minha vontade real para a vida dele, que é um comportamento maduro. Até que ele perceba isso, minha vontade temporária é sua prisão no quarto.

Portanto, embora a doença ou enfermidade possa ser a vontade temporária de Deus por um período de aprendizado e amadurecimento na fé, Sua vontade final para nossas vidas é que cresçamos e nos tornemos a Cabeça, nos tornemos completos em Cristo e sejamos inteiros e livres para servir. Portanto, é a vontade de Deus curar.

Se a doença ou a enfermidade nos torna crentes melhores, isso não significa que devemos pedir ainda mais?

Essa pergunta pode supor que, se pouco é bom, muito é melhor. Isso não é verdade quando se trata de medicamentos, vitaminas, vacinas ou alimentos, e não é verdade quando se trata de correção.

A evidência bíblica é que, ao sermos corrigidos, devemos pedir cura e libertação, não uma provação mais dolorosa.

Se Deus é parcialmente responsável pela enfermidade de alguém, seria errado pedir a cura? Isso seria pedir a Deus que fizesse algo contrário à Sua vontade?

Não, não seria errado pedir cura ou libertação. Conforme declarado no capítulo 12, não há contradição em pedir a Deus que nos livre de uma calamidade que Ele orquestrou. Quando Ele envia uma calamidade, Ele deseja que nos voltemos para Ele de todo o coração e invoquemos Seu nome para a libertação.

Se alguém que está doente, enfermo ou aflito me pede para orar por sua cura, como posso saber se ele está sendo corrigido por Deus ou atacado pelo diabo?

Às vezes Deus lhe dará discernimento para conhecer os espíritos que atuam em uma determinada aflição (1Co 12.10). Se Deus lhe dá esse discernimento, você pode orar com maior autoridade e compreensão.

Se Deus não lhe dá discernimento, então aqui está o meu conselho: Ore por cura. Ore por cura *toda vez* que uma pessoa doente ou aleijada vier até você – a menos que Deus especificamente lhe dê uma maneira diferente de orar. Busque a cura divina de forma insistente. Não deixe a possibilidade de correção torná-lo hesitante. Seja ousado e ofereça a oração da fé!

Deixe seu primeiro impulso assumir que a aflição é demoníaca. Se Deus quer que você veja a situação diferentemente, Ele pode revelar isso a você. Em geral, minha orientação é orar contra as obras do diabo, acreditar na cura e não me preocupar com nenhum aspecto de correção. Não acho que precisamos estar sobrecarregados ou distraídos com qualquer maneira pela qual Deus possa estar corrigindo a vida de alguém, a menos que o Senhor decida nos conceder discernimento sobre a provação.

Além de informações divinas ou impressões do Espírito Santo, é impossível para nós saber se uma aflição é parcialmente uma correção do Senhor. Em todas as situações de oração, confie em Jesus para obter orientação e ore de acordo com o que você vê o Pai fazendo (Jo 5.19). O Espírito Santo foi dado para nos ajudar a orar de acordo com a vontade de Deus (Rm 8.26-27). Siga a orientação do Espírito Santo ao orar pela pessoa doente (Rm 8.14).

Se uma pessoa aflita me pede para orar por sua cura, e eu sinto que ela está sob a correção do Senhor, como devo orar?

A menos que especificamente constrangido e redirecionado pelo Espírito Santo, ore por sua cura – porque Deus deseja curar e libertar. Peça que a vontade de Deus seja feita em suas vidas, assim como Sua vontade perfeita é feita no céu.

Jesus nunca disse a ninguém: "você precisa ter essa aflição por mais tempo ainda, porque Deus ainda não terminou de usar este cadinho redentoramente em sua vida". Portanto, não acho que devemos dizer coisas assim também. Em vez disso, ore por cura.

Mesmo quando Deus designou uma prisão de correção para alguém por um período, o processo de lutar pela libertação é um elemento importante na jornada. Lute fervorosamente com o cativo para que a libertação venha e para que todos os propósitos de Deus sejam realizados. Ore para que Deus receba o máximo de glória com sua história.

Há momentos em que não é a vontade de Deus curar alguém?

Sim. Por exemplo, quando Lázaro ficou doente, não era a vontade de Jesus curá-lo naquele momento porque Ele queria realizar um milagre ainda maior – a ressurreição.

Porém, na grande maioria dos casos, Deus deseja curar. Se alguém não é curado, provavelmente não é que Deus queira que ele fique doente; provavelmente há algo mais impedindo a cura, e devemos buscar com o Senhor a maneira de superar esse obstáculo.

A menos que o Espírito Santo claramente lhe direcione de outra forma, ore sempre por cura e libertação. A norma do reino que Jesus modelou é para a cura – sempre e agora.

Se há momentos ocasionais em que não é a vontade de Deus curar uma certa pessoa, por que Jesus curou a todos imediatamente?

Excelente pergunta!

Jesus curou todos que buscaram Seu toque de cura para demonstrar o coração do Pai. Ele mostrou que é a vontade e desejo do Pai curar todos os que vêm a Ele com um coração sincero, todas as vezes. Se Jesus tivesse deixado apenas um seguidor sem cura, sempre questionaríamos a vontade de Deus toda vez que somos solicitados a orar por uma pessoa doente. Mas agora não temos dúvidas – agora sabemos que é a vontade de Deus curar a todos, em todas as situações (exceto aqueles que não querem Seu toque). O exemplo de Jesus fortalece nossa fé.

Entre na presença de Jesus e você será curado. Toda vez. Por quê? Porque Ele é o Curador, e cura é exatamente o que Ele faz. Deixe-me ilustrar essa verdade com uma história do evangelho de João que eu amo. Lázaro era um amigo de Jesus que adoeceu mortalmente. Suas irmãs enviaram um mensageiro a Jesus, convocando-O para vir e curá-lo. Quando Jesus recebeu a mensagem, Ele permaneceu onde estava. Jesus realmente ficou onde estava até que Lázaro morresse. Depois que Lázaro estava morto, Jesus partiu em uma viagem para Betânia, em direção ao túmulo de Lázaro. E aqui está o que Jesus disse aos Seus discípulos sobre isso: "Folgo, por amor de vós, de que Eu lá não estivesse, para que acrediteis; mas vamos ter com ele" (Jo 11.15).

Por que Jesus ficou feliz por não estar em Betânia quando Lázaro adoeceu? Porque se Ele estivesse lá, eles teriam pedido a Ele para curar Lázaro, e Ele certamente o teria feito. Porque Jesus sempre cura todos que vão a Ele e ficam em Sua presença. Todos. Toda vez.

Jesus ficou feliz por não estar ali para curar Lázaro porque o Pai queria que Ele fizesse algo ainda mais espetacular – ressuscitar Lázaro dos mortos. Essa ressurreição espetacular fortaleceria a fé de Seus discípulos – "para que acrediteis".

O ponto de Jesus é claro: se Ele estiver presente e alguém ficar doente em Sua presença, Ele curará todas as vezes em que for chamado.

Entre na presença imediata de Jesus e eu garanto que você será curado! Porque Ele sempre cura a todos. Imediatamente.

Chegar à presença imediata de Jesus torna-se a busca do crente corrigido que faz dessa meta sua peregrinação.

O Senhor disse: "Meu povo foi destruído porque lhe faltou conhecimento" (Os 4.6). Esse versículo significa, pelo menos em parte, que alguns crentes morrem em suas enfermidades por falta de conhecimento sobre a vontade de Deus para curar?

Sim, esse é um significado desse versículo. Alguns crentes levam as verdades sobre a soberania de Deus ao extremo e supõem que em Sua soberania Ele escolheu não curá-los. No entanto, Deus em Sua soberania revelou que é Seu desejo curar – sempre! É possível que os crentes que não têm conhecimento aceitem passivamente uma enfermidade que Deus deseja que eles resistam e vençam.

Devemos nos apegar apaixonadamente à soberania de Deus sem cair passivamente em uma forma de piedade que nega o poder de nosso glorioso evangelho (2Tm 3.5).

Alguns crentes estão aflitos porque estão em um processo de correção com Deus. Se eles me pedem para orar por sua cura, e eu não sei o tempo de Deus para sua libertação, como posso orar com fé? A fé não é baseada no conhecimento da vontade de Deus em relação à cura?

Com esta pergunta, estamos no cerne da questão. Esta é a questão central para aqueles que têm pouco espaço em sua teologia para a correção do Senhor. A objeção deles é que ensinar a correção do Senhor, pelo menos como é ensinado neste livro, enfraquece a fé para a cura. Seu zelo é defender e preservar a glória da cura divina.

Em primeiro lugar, quero dizer que aplaudo seu zelo pela cura divina. Eu compartilho isso totalmente! Amo que eles resistam a qualquer coisa que possa enfraquecer a fé autêntica do reino. Eu me sinto da mesma forma. Estou lutando com eles por uma explosão da glória de Deus na Terra, onde nenhuma doença conhecida pelo homem poderá subsistir na presença de Sua glória. Amém, venha até nós em Seu poder, Senhor Jesus!

Para orar com eficácia pelas pessoas, devemos orar com fé. Qualquer coisa que enfraqueça ou mine a oração da fé não é amiga do reino de Deus. Se ensinarmos a correção do Senhor de uma forma que intimida os crentes em sua fé para a libertação divina, então ensinamos a doutrina de maneira inadequada. Hebreus 12 termina seu ensino sobre a correção com as palavras, "antes seja curado". Cura é sempre a última palavra na correção.

Uma das perguntas misteriosas que costumam ser feitas, mesmo por aqueles que veem mais milagres em seus ministérios de cura do que a maioria é: *por que algumas pessoas não são curadas?* A resposta está velada em grande parte pelo nosso entendimento. Acho que a resposta, em parte, está na compreensão bíblica da correção. Quando entendemos o que Hebreus 12 ensina sobre esse assunto, percebemos que alguns santos estão em uma peregrinação específica com Deus e sua cura se desenvolverá à medida que eles continuarem a caminhar em Deus.

Portanto, se você está orando por alguém que acha que pode estar sendo corrigido pelo Senhor, ore de acordo com o que você *sabe*: Deus quer curá-lo! Não se preocupe com o que você *não* sabe (por exemplo, este é o tempo de Deus?). Ore ousadamente por um milagre imediato, de acordo com 2 Coríntios 6.2: "Eis agora o tempo aceitável, eis agora o dia da salvação".

Quando aqueles que estão sendo corrigidos pelo Senhor não são curados no momento, a doutrina da correção nos informa que a cura é *definitivamente* a vontade de Deus para suas vidas. Então, em vez de desistir e concluir: "não sei se você será curado", podemos dizer: "Deus vai curar você. Continue pedindo, continue buscando, continue batendo. Nunca ceda, nunca desista. Você está caminhando para um encontro com a glória de Deus. Implore mais do que nunca! Vá atrás do prêmio".

Em vez de minar a fé, portanto, a doutrina da correção realmente *aumenta* a fé para a cura. Ela fortalece nossa confiança para continuar lutando por avanços, sabendo que a cura é inevitável. E se Deus escolhe curar amanhã em vez de hoje, é apenas porque Ele sabe que a história será ainda mais poderosa por causa da espera.

Portanto, quando os enfermos vierem até você, faça a oração da fé!

"*E a oração da fé salvará o doente, e o Senhor o levantará*" *(Tg 5.15)*.

Se Deus me quer manco agora porque Ele está me corrigindo, como posso ter fé para a cura?

Deus quer curá-lo. Mas aqui está uma razão pela qual é Sua vontade que você esteja manco agora: Ele quer que você seja motivado pela manqueira para buscar a fé, a cura e a unidade com Cristo. Sem o manquejo, você relaxaria sua busca. O manquejo fará com que seu espírito busque diligentemente (Sl 77.6), levando você a uma busca apaixonada pela palavra da fé nas Escrituras. Não é a provação que muda você; é a busca desesperada de Deus na provação que muda você. Deus sabe como lhe manquejar de uma maneira que fará com que seu espírito busque com a maior diligência.

Você não pode se dedicar à oração incessante sem ser mudado. A oração implacável transforma vidas. É o contexto em que a fé cresce.

Deus nunca pretendeu que a Sua correção fizesse com que você se resignasse a lidar com a dor pelo resto de seus dias. Ele pretendia motivá-lo a pressionar violentamente o coração Dele pela cura que é sua.

Viva em Sua palavra, noite e dia. Deixe a palavra de Cristo habitar ricamente em você. Você vai crescer na fé ao mergulhar na palavra de Deus (Rm 10.17). Jesus nos assegurou: "Se estiverdes em Mim, e Minhas palavras estiverem em vós, pedireis tudo o que quiserdes, e vos será feito" (Jo 15.7). Siga essa promessa de Cristo com todo o seu coração, alma, mente e força. Sua promessa não pode falhar.

O que você pedir será feito por você! Nunca ceda até que você o alcance.

Ao devorar as Escrituras e orar sem cessar, você crescerá na fé. Como um grão de mostarda, a fé crescerá em seu coração até que se torne uma fé que move montanhas (Mt 17.20). Isso é o que Deus queria para você o tempo todo, mas Ele sabia que a correção era necessária para ajudá-lo a chegar lá.

Como Deus pode ser bom em todos os momentos e, ao mesmo tempo, orquestrar calamidades malignas em nossas vidas?

Por favor, retorne ao capítulo 1 e leia meus comentários lá. Mas deixe-me dizer aqui que Deus é tão bom que fará o que for necessário para assegurar nossas afeições e fazer com que o jardim de nossos corações se torne o mais frutífero possível. Por exemplo, a Sulamita em Cânticos 4.16 reconheceu que se o jardim de seu coração produzisse o máximo de frutos, ela precisaria não apenas das cálidas brisas de verão do vento sul para refrescar seu jardim, mas também das frias rajadas de inverno do vento norte. O inverno pode parecer ruim na época, mas é vital nos ciclos de crescimento e frutificação. Mais tarde, quando a colheita for feita, seremos gratos pela maneira como a bondade de Deus nos conduziu em todas as estações.

Se Deus corrige usando aflição ou enfermidade, como isso concilia com Tiago 1.17, que diz: "Toda boa dádiva e todo dom perfeito vêm do alto, descendo do Pai das luzes, em quem não há mudança nem sombra de variação"? Como podemos dizer que a doença e a enfermidade são uma "boa dádiva e um dom perfeito"?

Aflição, doença, enfermidade ou manquejo não são "bons" ou "perfeitos", em qualquer grau que Satanás esteja envolvido. Dissemos no capítulo 18 que às vezes Deus usa Satanás como uma vara em Sua mão para corrigir Seus filhos, como fez com Jó e Paulo. Sempre que Satanás se envolve, as águas ficam turvas. Ele sempre tenta causar mais angústia do que Deus pretendia. Satanás sempre passa dos limites, conforme discutido no capítulo 19.

Na maioria dos casos de correção, tanto Deus quanto Satanás estão envolvidos. No entanto, existem raras ocasiões em que só Deus é o agente que deixa manco. Tenho duas histórias da Bíblia em mente aqui. O primeiro é o manquejo do quadril de Jacó. O próprio Jesus lutou com Jacó em Peniel (Gn 32.24), e Jesus foi o único elemento causador em deixar Jacó mancar. O manquejo de Jacó veio a ele exclusivamente do alto, de onde recebemos "toda boa dádiva e todo dom perfeito" (Tg 1.17). Concluo, portanto, que o manquejo de Jacó foi uma dádiva boa e perfeita para ele.

A outra história que tenho em mente é quando o Senhor tocou em Zacarias, deixando-o mudo por dez meses. Isso aconteceu durante um encontro com Gabriel, um anjo poderoso do alto (Lc 1.20). Satanás não estava envolvido de forma alguma. A mudez veio do alto. Concluo, portanto, que a mudez de Zacarias foi uma dádiva boa e perfeita para ele.

Mesmo quando Deus corrige, Suas operações em nossa vida são boas e perfeitas.

Deus é glorificado por me deixar doente, enfermo ou aflito?

Não necessariamente. Alguns crentes se tornam vítimas no meio da correção e, em vez de os propósitos redentores de Deus serem realizados, o plano de Satanás os deixa de lado. Paulo falou da "apostasia" (2Ts 2.3) que acontecerá no final dos tempos. Uma razão pela qual alguns crentes apostatarão é porque eles não entenderão os bons propósitos de Deus na correção. Eles concordarão com as acusações do adversário, se tornarão amargos contra Deus e apostatarão. Nesses casos, o desejo de Deus de ser glorificado por meio da correção não será realizado.

Deus quer que você persista com fé até o fim, para que Ele seja glorificado por meio de sua provação. Ele será glorificado quando você for curado! É possível, no entanto, que Deus seja glorificado em sua vida, mesmo durante a sua correção – se você se comprometer pela fé com os Seus propósitos. Você não tem que esperar que a correção termine para que Deus seja glorificado em sua vida. Romanos 4.20 diz que Abraão deu glória a Deus durante os vinte e cinco anos em que esperou que Deus lhe desse seu prometido bebê milagroso. Em outras palavras, Abraão dizia às pessoas: "Deus vai cumprir Sua promessa". Mesmo na jornada, portanto, enquanto você sente a reprovação de sua "incompletude", Deus ganhará glória por meio de sua obediência e testemunho. Apenas permanecer na fé durante sua enfermidade, por si só, glorifica a Deus.

Como concilio a vontade de Deus de me fazer prosperar com o desígnio de Deus de me disciplinar?

Não há contradição entre os dois. Deixe-me explicar.

Em sua terceira epístola, João ofereceu esta oração: "Amado, desejo que te vá bem em todas as coisas e que tenhas saúde, assim como bem vai tua alma" (3Jo 2). Claramente, Deus deseja nos fazer prosperar. No entanto, sabemos pelo registro bíblico (o livro de Juízes é especialmente claro neste ponto) que não nos saímos tão bem com a prosperidade. A prosperidade muitas vezes nos torna indulgentes, acomodados, passivos, preguiçosos e mornos – às vezes se tornando o motivo pelo qual Deus deve corrigir em nossa vida.

Deus disciplina para que Ele possa nos fazer prosperar. Um dos objetivos de Sua correção é nos tornar tão disciplinados em nossas almas que a prosperidade não nos arruinará. Se as disciplinas espirituais se tornarem parte de nosso DNA, manteremos a disciplina espiritual em meio à prosperidade e saúde. Isso é o que João quis dizer com seu qualificador, "assim como bem vai tua alma". A alma prospera apenas na medida em que mantemos as disciplinas espirituais de jejum, oração e imersão na palavra. João estava dizendo: "quero que você prospere, mas apenas na medida em que sua alma prospere por meio das disciplinas espirituais". João sabia que, se nossa prosperidade material ultrapassar nossa prosperidade de alma, é provável que caiamos de volta na mornidão preguiçosa.

Em vez de ser contraditório, a relação entre a disciplina de Deus e a prosperidade é realmente simbiótica.

Se estou enfrentando uma provação, como posso saber se devo me submeter a ela porque é de Deus ou resistir a ela porque é do diabo?

Eu lido com essa questão no capítulo 19, mas deixe-me adicionar alguns comentários aqui. Quando nossa provação é inteiramente de Deus, é uma coisa bastante simples nos submetermos a Ele. Nós descansamos em Sua bondade e sabedoria. E quando nossa provação vem do diabo, geralmente não ficamos confusos sobre o que fazer – sabemos que devemos lutar contra ele com todas as reservas em nosso ser.

Nossa confusão e luta geralmente cercam as calamidades nas quais Deus e Satanás atuam como instrumentos. Voltemos ao exemplo de Jó. Deus estava envolvido na calamidade de Jó porque Ele começou a briga com Satanás e supervisionou todo o processo. Satanás também estava envolvido, no entanto, atacando cruelmente Jó com luto, saqueadores, perdas e doenças. Jó estava dividido entre Deus e Satanás. Quando ambos estão envolvidos, você não quer se submeter a isso, porque a última coisa que quer é se submeter a algo que o diabo está colocando em você. Mas você também não quer resistir a isso, porque não quer resistir aos tratos educativos de Deus em sua vida. Em casos como este, quando você sente que não pode se submeter ou resistir, fica completamente confuso sobre o que fazer a seguir.

É a perplexidade de estar dividido entre os dois que acelera os propósitos do Senhor na correção. Tudo o que você pode fazer é tremer em Sua presença e se lançar à Sua misericórdia. Quando você não souber como aguentar por mais tempo, Ele vai segurá-lo. Sua misericórdia é suficiente.

Ao corrigir um filho, um pai terreno cuidadoso não iria tão longe a ponto de ferir seu filho. Por que Deus deseja ferir Seus filhos? Ele é um Pai sádico?

Não, Ele não é sádico. Ele é o Pai mais amoroso, atencioso, envolvido e comprometido que você já conheceu. Ele ama Seus filhos o suficiente para fazer o que é necessário para ajudá-los a entrar em seu destino pleno.

Existem muitas razões pelas quais a correção de Deus é tão intensa, mas por enquanto, considere estes quatro fatores: a intensidade de Deus, nosso quebrantamento, nossa grande herança e o contexto do tempo de guerra. Vamos fazer um de cada vez.

Intensidade de Deus: nosso Pai celestial é extremamente intenso. Tanto que Ele é literalmente uma chama viva de fogo consumidor. Ele é zeloso, justo, santo e eterno. Em outras palavras, Ele é muito mais intenso do que seu pai terreno. Ele não é um mortal na casa dos trinta, Ele é o Criador eterno do universo. O fato de sobrevivermos à Sua correção é um milagre em si.

Nosso quebrantamento: fomos tão profundamente quebrantados pelo pecado, em tantos níveis em nossas almas, que às vezes medidas fortes são exigidas pelo Pai para nos mudar completamente.

Nossa grande herança: quando você considera o quão fracos somos e quão grandes são as alturas às quais Deus está nos elevando, você percebe o quão fortemente Deus deve trabalhar em nossas vidas. A intensidade da correção reflete, portanto, a glória da herança para aqueles que respondem bem. As coisas mais elevadas vêm com uma etiqueta de preço.

O contexto de tempo de guerra: Deus está fazendo esta obra gloriosa em nossas vidas no contexto de uma guerra. Existem regras de combate às quais o Senhor segue em Sua guerra contra Satanás, que está sempre chorando: "Desleal! Não é justo! Você está usando Sua vantagem injustamente ao usar essa pessoa de uma maneira tão poderosa!" (Em Zacarias 3.1, é assim que Satanás se opôs à maneira como Deus estava usando Josué.) Deus responde apontando para a intensidade da correção: "não é injusto. Veja o preço que ele pagou para chegar onde está! Ele mais do que pagou o preço por esta atribuição". A correção é intensa, portanto, podemos nos qualificar para uma promoção no exército de Deus.

Existem outras razões pelas quais a correção de Deus às vezes é tão intensa – veja o capítulo 14 sobre os três propósitos da correção. Meu ponto aqui é simplesmente este: quando adquirirmos compreensão de como e por que Deus está corrigindo, iremos adorá-Lo por Sua compassiva misericórdia em nossas vidas. Devíamos ter sido consumidos (Lm 3.22), mas em vez disso, aqui estamos com ampla influência (Sl 18.19), de pé em lugares espaçosos (Sl 18.33), com braços que foram treinados para dobrar um arco de bronze (Sl 18.34). Sua graça é impressionante!

Não devemos supor que nós, pais humanos, somos mais misericordiosos do que nosso Pai celestial. Estamos acreditando em uma mentira se pensarmos que Deus seria um Pai melhor se Ele tirasse de nós Suas sugestões de correção. Se Ele disciplinasse da maneira que o fazemos, ainda estaríamos rastejando no barro lamacento deste plano terreno.

É correto aceitar minha enfermidade como minha sorte na vida, percebendo que Deus a está usando para me tornar uma pessoa melhor?

No capítulo 12, mostro um gráfico para ilustrar o paradoxo entre crentes orientados para a fé e crentes orientados para a soberania. A maioria de nós tende a favorecer um lado. A pessoa que fez a pergunta acima provavelmente favoreceria o lado da soberania do espectro.

Para aqueles que são inclinados a favorecer a soberania de Deus, eles são mais propensos a aceitar uma enfermidade como seu destino na vida. Em vez de sentir necessidade de lutar pela cura, eles são mais propensos a descansar na soberania de Deus e entregar suas vidas à bondade e ao cuidado providencial de Deus.

Para aqueles que apoiam o lado da fé do espectro, eles são mais propensos a agarrar a promessa de Hebreus 12.13, "antes, seja sarado", e lutar pela cura prometida pelo Senhor.

Deus aprecia cada um de Seus filhos por sua singularidade. Portanto, seja você mesmo, seja confiando ou lutando, e saiba que o Senhor Se agrada de você nessa jornada. O principal é ser guiado pelo Espírito Santo em como você responde à sua provação.

Mas também quero dizer que não escrevi este livro para deixar ninguém bem sem a cura. Não estou tentando diminuir, mas aumentar sua expectativa de cura divina.

Quando Jesus disse: "Tome cada dia sua cruz", Ele quis dizer "Aceite cada dia a doença"?

Não acredito que seja isso que Jesus quis dizer. Tomar sua cruz, no meu entendimento, é morrer diariamente para os desejos da carne, o desejo de preservar nossas próprias vidas e a tendência carnal de controlar e dirigir nosso próprio curso de vida. Há coisas que não gostamos ou não queremos fazer, mas as aceitamos de boa vontade em obediência, por causa de nossa dívida de amor para com nosso Redentor.

Se Deus está me disciplinando com enfermidade, e o processo em mim ainda está incompleto, é possível que nenhuma quantidade de oração vá me curar agora?

Suponho que seja uma possibilidade. A fé para a cura é um presente de Deus. Se Deus ainda não está liberando fé para uma certa cura, não podemos fabricar essa fé em nosso próprio zelo. Devemos continuar a esperar Nele ansiosamente, pressionando intensamente na fé, sabendo que chegará o dia em que Ele nos capacitará a fazer a oração da fé.

No entanto, não vejo Jesus dizendo: "não estou pronto para curá-lo ainda, então realmente não importa o quão fervorosamente você ore. Não importa como você ore, Eu não vou curá-lo agora". Em vez disso, vejo Jesus dizendo: "Eu realmente quero curar você. Agora mesmo! Mas há coisas em você que estão impedindo de Me tocar com fé. Quero que a Minha correção ajude você a ver essas coisas. Levante-se e venha atrás de Mim!"

Sempre que a oração da fé é oferecida, por meio da capacitação do Espírito Santo, a cura certamente acontecerá – seja a fé exercida pela pessoa por quem oramos ou pela pessoa que ora por ela. Em nossas orações, buscamos esse tipo de fé que move montanhas. Nunca relaxe sua busca até tocá-la!

Como vemos a correção do Pai modelada e ensinada no ministério terreno de Jesus?

Eu vejo a correção do Pai modelada na vida de Jesus em Seu açoite, crucificação, morte e descida ao inferno. Então eu vejo a cura do Pai na gloriosa ressurreição de Cristo.

Durante o ministério terreno de Jesus, Ele repreendeu Seus discípulos com frequência, mas nós não O vemos fazendo nenhuma correção naquele momento. Talvez Sua correção não fosse necessária naquele momento por causa de Sua presença física com eles. Parece que Sua correção viria mais tarde. Foi só depois de Sua ressurreição que Ele disse a João: "Eu repreendo e castigo todos quantos amo. Sê, pois, zeloso e arrepende-te" (Ap 3.19).

Nas cartas às sete igrejas, Jesus alertou sobre ações para com Suas igrejas que nunca vimos durante Seu ministério de três anos na Terra. Por exemplo, em Apocalipse 2.16, Jesus falou sobre lutar contra os crentes em Pérgamo com a espada de Sua boca – algo que Ele nunca fez quando esteve na Terra. Além disso, em Apocalipse 2.23, Jesus disse que feriria de morte os filhos de Jezabel – algo que Ele nunca fez quando esteve na Terra. Eu proponho que não é inconsistente, portanto, ver Jesus fazendo algo em Apocalipse 3.19 (corrigir Seus entes queridos) que Ele não fez durante Seu ministério terreno.

Quando ilustra sua compreensão da correção, Bob, você costuma citar o exemplo de Jó. É possível estabelecer uma teologia sólida sobre o tema a partir da vida de quem viveu na época do Antigo Testamento?

Estou persuadido de que uma teologia correta de correção deve ser consistente com o testemunho de *toda* a Escritura sobre este tópico, de Gênesis a Apocalipse. Procurei usar a Bíblia inteira ao tratar sobre esse assunto.

E vou defender o exemplo de Jó. O fato é que Deus estabeleceu o livro de Jó como a pedra angular das Escrituras (foi o primeiro livro da Bíblia escrito). Ele fez isso intencionalmente porque a pedra angular da verdade e da revelação é o estabelecimento de precedentes, aos quais toda verdade deve se alinhar. Visto que Deus colocou esse livro em primeiro lugar nas Escrituras, ouso alinhar meu entendimento com aquele livro – mesmo que alguns construtores rejeitem essa pedra angular e digam que você não pode construir a verdade sobre ela.

Jesus nunca ficou doente, nem deixou ninguém doente ou manco enquanto esteve na Terra. Como, então, você vê a experiência de Jó consistente com a vida e o ministério de Jesus?

Se pensamos que há uma contradição entre a vida de Jó e a vida de Jesus, então estamos deixando algo passar, porque a Escritura é uma unidade completa. Para ver Jó na vida de Cristo, vou à crucificação. Quando você vê a cruz no livro de Jó, você percebe que Deus colocou a cruz nos próprios alicerces das Escrituras. No caso de Jó e Jesus, o homem mais justo da Terra sofreu mais do que qualquer pessoa. Jó disse: "Nu saí do ventre de minha mãe e nu voltarei para lá" – o que descreve a cruz. Assim como Jó assumiu um lugar de honra e justificação, Jesus ressuscitou dos mortos. Não há contradição para mim em ver Aba Pai corrigindo os dois filhos. Para resumir, vejo Jó na vida de Cristo desta maneira:

- O ministério terreno de Cristo corresponde à prosperidade e ao sucesso inicial de Jó.
- A crucificação e morte de Cristo correspondem à provação de Jó.
- A ressurreição de Cristo corresponde à restauração e exaltação de Jó.

Além disso, leia novamente o capítulo 15, onde mostro que, mesmo que a cruz de Jó o qualificasse para maior autoridade espiritual, a cruz de Jesus O qualificou para receber toda autoridade no céu e na Terra. Em ambos os casos, suas correções foram *qualificadoras*.

Se dissermos que a enfermidade às vezes é a vontade de Deus para nossas vidas, não estamos invalidando a obra da cruz e, especificamente, a cura que Suas pisaduras compraram para nós (1Pe 2.24)?

Não. Fomos curados por Suas pisaduras na cruz, e essa cura está disponível para nós – agora. Quando somos corrigidos pelo Senhor e depois sarados por Ele (Hb 12.13), a base dessa cura são as pisaduras de Jesus. O poder da cruz é eternamente eficaz!

Eu tenho uma enfermidade. A possibilidade de que ela me foi dada por Deus está realmente matando minha fé. Como posso acreditar na cura agora?

Se uma verdade da palavra de Deus está matando sua fé, talvez sua fé não fosse tão sólida quanto você poderia imaginar. Às vezes, Deus remove falsos apoios de nossa teologia – o que para nós parece o esvaziamento de nossa fé – para reconstruir nossa fé em alicerces imóveis que resistirão às maiores tempestades da vida.

Deus tem cura para você – mesmo que sua provação seja uma correção (Hb 12.13). Busque a fé e busque sua cura até que ela se concretize em sua vida. A cura é sua!

Novamente, se sua enfermidade é uma correção, um dos propósitos principais do Senhor em sua provação é que você alcance a fé que move montanhas. Deixe que a dor da sua enfermidade o motive a buscar a fé em Jesus com mais fervor do que nunca.

Deixe-me apontar para uma passagem interessante que pode ajudar. Paulo escreveu: "Tendo, porém, o mesmo espírito de fé, como está escrito: 'Eu cri; por isso, falei'. Nós também cremos; por isso, também falamos" (2Co 4.13). Paulo estava citando o Salmo 116, dizendo que tinha o mesmo espírito de fé do escritor do Salmo 116. Aqui está o versículo que Paulo citou: "Cri, por isso falei; 'estive muito aflito'. Eu dizia na minha precipitação: 'Todos os homens são mentirosos'" (Sl 116.10-11). O salmista era um homem de fé, e sua fé o fez falar. Porque a fé fala. O que ele falou? "Estive muito aflito". Agora, para alguns, isso não se qualificaria como uma declaração de fé, mas de incredulidade. Mas as Escrituras dizem que foi uma confissão de fé. Ele estava dizendo: "Estou aflito por Deus e acredito que Deus tem um propósito para essa aflição. Isso tem um destino. Não acabou". Em seguida, ele continuou dizendo: "Todos os homens são mentirosos", porque outros estavam olhando para sua aflição e a diagnosticando erroneamente. Eles o viram como incrédulo ou sob juízo divino. Mas ele estava afirmando ser favorecido por Deus – em uma provação que Deus havia designado para um propósito santo. Então, na pressa de sua alma, ele categoricamente chamou todos os homens de mentirosos. Ele era um homem de fé vivendo sob uma aflição.

A questão é que, quando você sofre de uma enfermidade, Deus quer que você permaneça na fé. Acredite que Deus tem um propósito sagrado para sua jornada. Vá atrás de tudo o que Deus tem para você – incluindo cura.

Se você não foi curado hoje, não desanime. Esteja certo de que a cura é sua porção. Encoraje-se, permaneça na carreira, cresça na fé e busque Jesus até tocar a orla de Suas vestes. Apenas um toque é tudo que você precisa.

Se Jesus sempre quer curar aqueles a quem Ele fere, por que Jacó não foi curado de seu ferimento na coxa?

Eu não sei. Mas farei algumas observações. O manquejo de Jacó não atrapalhou seu destino espiritual. Mesmo com isso, ele entrou na plenitude da redenção do Senhor por sua vida. Ele teve todos os seus filhos de volta, ele foi estabelecido na prosperidade no Egito, ele abençoou o Faraó e recebeu o funeral do milênio. O manquejo de Jacó foi uma marca, dada a ele por Cristo, que por sua vez deixou uma marca profunda em seus filhos. O manquejo não o imobilizou, mas o marcou como o pai da nação de Israel. Foi um troféu de seu encontro com Deus que sua descendência jamais esqueceu. Sempre que viam seu pai caminhando, eles eram propensos a se lembrarem: "Ele nunca andou assim até o dia em que viu Deus". Além disso, tornou-se a marca registrada da nação de Israel. O manquejo de Jacó sempre falou sobre a identidade e o legado de Israel.

Também destacarei que somente Jesus fez com que Jacó mancasse. O diabo não estava envolvido de forma alguma. Assim, o manquejo foi dado a ele com perfeição. Foi um memorial perfeito da mão de Deus em sua vida.

Mesmo que Jacó não tenha sido curado, acredito que as crianças corrigidas deveriam reivindicar a garantia de Hebreus 12.13 de que Deus deseja que a parte manca seja sarada.

O fato de Jacó ter permanecido sem cura ressalta que, quando se trata da correção do Senhor, estamos examinando uma área que está um tanto envolta em paradoxo, mistério e soberania. *Ninguém* tem um entendimento perfeito de todas as profundezas do coração de Deus – especialmente eu. Isso significa que devemos permanecer humildes, flexíveis, apoiados em nosso Amado e confiantes em Sua bondade e misericórdia.

> Ó profundidade das riquezas, tanto da sabedoria como da ciência de Deus! Quão insondáveis são Seus juízos, e quão inescrutáveis, Seus caminhos! Porque quem compreendeu o intento do Senhor? Ou quem foi Seu conselheiro? Ou quem deu primeiro a Ele para que Lhe seja devolvido? Porque Dele, por Ele e para Ele são todas as coisas. Glória, pois, a Ele eternamente. Amém. (Rm 11.33-36).

Permita-me acrescentar mais uma coisa, com base em Miqueias 4.6. "Naquele dia", diz o SENHOR, "congregarei a que coxeava e recolherei a que Eu tinha expulsado e a que Eu havia maltratado". Este versículo fala daqueles a quem Deus afligiu. Parece-me, portanto, que o versículo está falando de crentes corrigidos – tornados mancos porque Deus os afligiu.

Aqui está a promessa no versículo: "Naquele dia... congregarei a que coxeava". Os coxos, em virtude de sua deficiência, são naturalmente isolados, dispersos e ocultos por toda a sociedade. Só há uma coisa que faria com que o coxo se reunisse: uma liberação de cura divina. Quando Deus visita Seu povo com a cura prometida, e as pessoas estão saindo de suas cadeiras de rodas, deixando suas próteses para trás e os cegos jogando fora suas bengalas, os coxos se reunirão de todos os lados para serem curados. Garanto a você, Jesus vai visitar Sua igreja com cura divina. E quando Ele o fizer, o coxo se congregará ao Seu grande nome e será curado de toda enfermidade e aflição.

Louvado seja Seu santo nome! Esse dia de Miqueias 4.6 está chegando!

Se deixarmos de atender à correção do Senhor, Ele continuará a corrigir nossas vidas até que finalmente entendamos?

O Espírito de Deus lutará conosco por muito tempo porque Ele é longânimo, mas pode chegar um momento em que Ele para de falar. Devemos ter em mente a advertência de Provérbios 29.1, "O homem que muitas vezes repreendido endurece a cerviz será quebrantado de repente sem que haja cura".

Deus bate?

A resposta, por incrível que pareça, é *sim*. Quando Isaías falou sobre como Deus corrigiu Israel para chamar a atenção deles, ele escreveu: "Contudo, este povo não se voltou para quem o feria, nem buscou o Senhor dos Exércitos" (Is 9.13). Quando Ezequiel profetizou o juízo de Deus sobre Jerusalém porque o povo se recusou a obedecer ao Senhor, ele escreveu: "E sabereis que Eu, o Senhor, castigo" (Ez 7.9).

Deus queria que o povo de Israel soubesse em termos inequívocos que Ele é o Senhor que castiga Seu povo para corrigi-los. "Eu, o Senhor, castigo" – que nome! Deus bate!

Sobre o que Paulo estava falando em 1 Coríntios 5.5, quando disse para entregar um homem a Satanás para a destruição da carne para que seu espírito fosse salvo?

Paulo estava se referindo a um caso em que um crente vivia em pecado aberto e sem arrependimento. Se aquele crente permanecesse naquele estilo de vida de pecado impenitente, ele perderia sua vida no juízo que viria. Portanto, Paulo exortou a igreja a entregar aquele crente a Satanás enquanto ainda havia esperança. Satanás afligiria o homem em sua carne (Satanás sempre fica feliz em afligir quando recebe permissão), e a esperança é que o homem caia em si, se arrependa e seja salvo do juízo eterno. Neste exemplo de correção, vemos Deus e Satanás trabalhando juntos – Deus, removendo Seu escudo protetor, e Satanás, afligindo este crente desobediente em sua carne.

Alguém certa vez perguntou: "as consequências de um vício são resultado da correção de Deus?"

Não. O pecado produz a morte (Rm 6.23), e muitas vezes é acompanhado pelas consequências negativas de nossas escolhas nocivas. Nesses casos, devemos buscar diligentemente a cura do Senhor porque acredito que a provisão do Calvário inclui a redenção dos efeitos prejudiciais de nossos pecados anteriores.

Aqui, então, está a conclusão do assunto:
- A correção é o uso compassivo de Deus de meios não-verbais para nos corrigir e disciplinar para nosso progresso e maturidade.
- Não devemos ignorar Suas correções, nem devemos ficar desanimados com elas. Em vez disso, devemos nos arrepender e mudar porque percebemos o quanto Ele nos ama.
- Ficamos consolados quando Ele não nos deixa sozinhos, porque isso significa que realmente somos Seus filhos e não bastardos (filhos do diabo).
- É útil entender que uma mistura de cinco agentes causais pode estar por trás de nossa provação: Deus, Satanás, as pessoas, nós mesmos e viver em um mundo doente.
- Sua correção nos instrui e produz em nós uma rica colheita espiritual: vida eterna, justiça, santidade, fervor, visão clara, semelhança com Cristo, sabedoria, intimidade e autoridade espiritual.
- Aqueles que são mancos serão curados enquanto permanecem na carreira.
- A doutrina da correção, devidamente ensinada, aumenta nossa fé para a cura divina.
- Embora Deus use a correção para punir e purificar, Seu maior propósito é nos qualificar para uma maior atribuição no reino.
- À luz dos gloriosos benefícios da correção, ficamos cheios de gratidão quando Ele faz de tudo para possuir a totalidade de nossos corações.
- Compreender como Deus nos cria nos ajudará a criar nossos filhos com compaixão e sabedoria.
- Graças sejam dadas a Deus, que está nos ajudando a *lembrar* dessa verdade maravilhosa sobre Seus gloriosos propósitos para nossas vidas. *Ele é tão bom*!

24

Carta de Joel

Para encerrar, quero compartilhar uma carta que meu filho mais velho, Joel, me escreveu em 2014. Esta foi sua saudação para mim no meu aniversário naquele ano. Esta carta é um olhar sobre a correção através dos olhos de meu filho. Ele tinha trinta anos quando escreveu isso, e eu tinha cinquenta e sete. Não editamos sua carta de forma alguma. Espero que seja uma bênção.

    Sou muito grato por você. Para ser bem direto ao ponto, não posso agradecer a Deus o suficiente por deixá-lo sofrer nos últimos 20 e poucos anos. Sem isso, eu nunca saberia como resistir às tempestades da vida. Suportamos algumas provações difíceis nos últimos anos e, embora eu sinta que superei algumas delas com o coração contrito, sei que não é por causa de minha própria compreensão, perspectiva e fé. Quando a tempestade da sua vida atingiu o litoral do seu coração, você não entrou em pânico apenas e lutou para sobreviver. Você construiu um abrigo para mim (e nossa família) no meio da tempestade. Não me conectei com ele até ficar doente anos atrás, mas você construiu uma casa sobre uma rocha sólida e trouxe todos nós para ela. Uma vez lá, você demonstrou um compromisso essencial para suportar as provações. Você nos mostrou como orar. Você nos ensinou que não havia um plano B, havia apenas Deus, Sua correção amorosa e Seu objetivo final de nos conformar à semelhança de Cristo. Por sua causa, pude ver a mão de Deus em minhas próprias provações e não perdi o ânimo, mesmo quando estava no fim da minha carne. Você me ensinou como perdoar e dar a outra face. Você me ensinou como amar meu próximo, mesmo quando ele não é digno de amor. Você me ensinou como cuidar dos pobres e chorar com os que choram. Você até me ensinou como me alegrar com aqueles que se alegram; mesmo quando a alegria nos causa dor. E, mesmo assim, você me mostrou a inveja em meu coração pelos outros, e de novo, nisso, me mostrou como amar. Você me mostrou como seguir zelosamente o chamado de Deus em minha vida, mas me alertou sobre os perigos de prosperar no louvor do homem. Você me mostrou como me importar com o que Deus Se importa e abandonar o egoísmo a que estou propenso. Você me mostrou como ter fome e sede de justiça e como me arrepender.

Você é um bom pai, e não posso expressar a gratidão em meu coração por Deus não nos deixar escapar de uma história chata e previsível. Espero falar por todos aqui quando digo que somos gratos por termos sido inseridos em sua história. Obrigado por nos liderar, nos amar e nos ver crescer com a alegria que só um verdadeiro pai pode ter por seus filhos.

Eu amo você, pai.

Feliz aniversário.

Joel

Gostou?

Você foi abençoado por este livro? A leitura desta profunda obra foi uma experiência rica e impactante em sua vida espiritual?

O fundador da Editora Atos, que publicou este exemplar que você tem nas mãos, o Pastor Gary Haynes, também fundou um ministério chamado *Movimento dos Discípulos*. Esse ministério existe com a visão de chamar a igreja de volta aos princípios do Novo Testamento. Cremos que podemos viver em nossos dias o mesmo mover do Espírito Santo que está mencionado no livro de Atos.

Para isso acontecer, precisamos de um retorno à autoridade da Palavra como única autoridade espiritual em nossas vidas. Temos que abraçar de novo o mantra *Sola Escriptura*, onde tradições eclesiásticas e doutrinas dos homens não têm lugar em nosso meio.

Há pessoas em todo lugar com fome de voltarmos a conhecer a autenticidade da Palavra, sermos verdadeiros discípulos de Jesus, legítimos templos do Espírito Santo, e a vermos o amor ágape, como uma família genuína. E essas pessoas estão sendo impactadas pelo *Movimento dos Discípulos*.

Se esses assuntos tocam seu coração, convidamos você a conhecer o portal que fizemos com um tesouro de recursos espirituais marcantes.

Nesse portal há muitos recursos para ajudá-lo a crescer como um discípulo de Jesus, como a TV Discípulo, com muitos vídeos sobre tópicos importantes para a sua vida.

Além disso, há artigos, blogs, área de notícias, uma central de cursos e de ensino, e a Loja dos Discípulos, onde você poderá adquirir outros livros de grandes autores. Além do mais, você poderá engajar com muitas outras pessoas, que têm fome e sede de verem um grande mover de Deus em nossos dias.

Conheça já o portal do Movimento dos Discípulos!

www.osdiscipulos.org.br